ENZYKLOPÄDIE
DEUTSCHER
GESCHICHTE
BAND 32

ENZYKLOPÄDIE
DEUTSCHER
GESCHICHTE
BAND 32

HERAUSGEGEBEN VON
LOTHAR GALL

IN VERBINDUNG MIT
PETER BLICKLE
ELISABETH FEHRENBACH
JOHANNES FRIED
KLAUS HILDEBRAND
KARL HEINRICH KAUFHOLD
HORST MÖLLER
OTTO GERHARD OEXLE
KLAUS TENFELDE

DIE RITTERLICH-HÖFISCHE KULTUR DES MITTELALTERS

VON
WERNER PARAVICINI

3., um einen Nachtrag erweiterte Auflage

OLDENBOURG VERLAG
MÜNCHEN 2011

Bibliografische Information der Deutschen Nationalbibliothek

Die Deutsche Nationalbibliothek verzeichnet diese Publikation in der Deutschen Nationalbibliografie; detaillierte bibliografische Daten sind im Internet über http://dnb.d-nb.de abrufbar.

© 2011 Oldenbourg Wissenschaftsverlag GmbH
Rosenheimer Straße 145, D-81671 München
Tel: 089 / 45051-0
www.oldenbourg-verlag.de

Das Werk einschließlich aller Abbildungen ist urheberrechtlich geschützt. Jede Verwertung außerhalb der Grenzen des Urheberrechtsgesetzes ist ohne Zustimmung des Verlages unzulässig und strafbar. Das gilt insbesondere für Vervielfältigungen, Übersetzungen, Mikroverfilmungen und die Einspeicherung und Bearbeitung in elektronischen Systemen.

Umschlagentwurf: Dieter Vollendorf
Titelbild: Modell des Grabmals Herzog Ludwigs VII. von Bayern-Ingolstadt, Ulm 1430; Bayerisches Nationalmuseum, Foto © Bayerisches Nationalmuseum
Satz: Schmucker-digital, Feldkirchen b. München
Druck und Bindung: Grafik+Druck, München

Dieses Papier ist alterungsbeständig nach DIN/ISO 9706

ISBN 978-3-486-70416-7

Vorwort

Die „Enzyklopädie deutscher Geschichte" soll für die Benutzer –
Fachhistoriker, Studenten, Geschichtslehrer, Vertreter benachbarter
Disziplinen und interessierte Laien – ein Arbeitsinstrument sein, mit
dessen Hilfe sie sich rasch und zuverlässig über den gegenwärtigen
Stand unserer Kenntnisse und der Forschung in den verschiedenen
Bereichen der deutschen Geschichte informieren können.
Geschichte wird dabei in einem umfassenden Sinne verstanden:
Der Geschichte der Gesellschaft, der Wirtschaft, des Staates in seinen inneren und äußeren Verhältnissen wird ebenso ein großes Gewicht beigemessen wie der Geschichte der Religion und der Kirche,
der Kultur, der Lebenswelten und der Mentalitäten.
Dieses umfassende Verständnis von Geschichte muß immer wieder
Prozesse und Tendenzen einbeziehen, die säkularer Natur sind, nationale und einzelstaatliche Grenzen übergreifen. Ihm entspricht
eine eher pragmatische Bestimmung des Begriffs „deutsche Geschichte". Sie orientiert sich sehr bewußt an der jeweiligen zeitgenössischen Auffassung und Definition des Begriffs und sucht ihn
von daher zugleich von programmatischen Rückprojektionen zu
entlasten, die seine Verwendung in den letzten anderthalb Jahrhunderten immer wieder begleiteten. Was damit an Unschärfen und
Problemen, vor allem hinsichtlich des diachronen Vergleichs, verbunden ist, steht in keinem Verhältnis zu den Schwierigkeiten, die
sich bei dem Versuch einer zeitübergreifenden Festlegung ergäben,
die stets nur mehr oder weniger willkürlicher Art sein könnte. Das
heißt freilich nicht, daß der Begriff „deutsche Geschichte" unreflektiert gebraucht werden kann. Eine der Aufgaben der einzelnen
Bände ist es vielmehr, den Bereich der Darstellung auch geographisch jeweils genau zu bestimmen.
Das Gesamtwerk wird am Ende rund hundert Bände umfassen. Sie
folgen alle einem gleichen Gliederungsschema und sind mit Blick
auf die Konzeption der Reihe und die Bedürfnisse des Benutzers in
ihrem Umfang jeweils streng begrenzt. Das zwingt vor allem im darstellenden Teil, der den heutigen Stand unserer Kenntnisse auf
knappstem Raum zusammenfaßt – ihm schließen sich die Darlegung und Erörterung der Forschungssituation und eine entspre-

chend gegliederte Auswahlbibliographie an –, zu starker Konzentration und zur Beschränkung auf die zentralen Vorgänge und Entwicklungen. Besonderes Gewicht ist daneben, unter Betonung des systematischen Zusammenhangs, auf die Abstimmung der einzelnen Bände untereinander, in sachlicher Hinsicht, aber auch im Hinblick auf die übergreifenden Fragestellungen, gelegt worden. Aus dem Gesamtwerk lassen sich so auch immer einzelne, den jeweiligen Benutzer besonders interessierende Serien zusammenstellen. Ungeachtet dessen aber bildet jeder Band eine in sich abgeschlossene Einheit – unter der persönlichen Verantwortung des Autors und in völliger Eigenständigkeit gegenüber den benachbarten und verwandten Bänden, auch was den Zeitpunkt des Erscheinens angeht.

Lothar Gall

Inhalt

Vorwort des Verfassers 1

I. *Enzyklopädischer Überblick* 3
  1. Grundbegriffe: ‚Ritter', ‚Hof', ‚Kultur' 3
    1.1 Ritter und Rittertum 3
    1.2 Der Hof 6
    1.3 Ritterlich-höfische Kultur 6
  2. Entstehung 19
    2.1 Ein neuer Adel 20
    2.2 Demographisches und wirtschaftliches Wachstum . 21
    2.3 Differenzierung von Adel, Bauer, Bürger 21
    2.4 Neue Bindungen 22
    2.5 Die neue Frau 24
    2.6 Geistige und religiöse Voraussetzungen 26
  3. Ausbreitung 28
    3.1 Geographische Ausbreitung 28
    3.2 Ständische Ausbreitung 32
    3.3 Deutsche Besonderheiten 35
  4. Wandlungen 38
    4.1 Um 1300 38
    4.2 Um 1400 40
    4.3 Um 1500 42
  5. Konkurrenz, Ausklang, Ende 45
    5.1 Kirche 45
    5.2 Wissenschaft 49
    5.3 Humanismus und Renaissance 49
    5.4 Bürgertum 50
    5.5 Staat, Reformation, Gegenreformation 53
    5.6 Verblassende Spuren 54

II. *Grundprobleme und Tendenzen der Forschung* 57
  1. Wege und Irrwege: Der Gang der Forschung 57
  2. Eine unfaßliche Erscheinung: Der Hof 65

3. Kodifizierungen: Der Codex Manesse und andere
   Liederhandschriften 71
4. Personifikation ritterlich-höfischer Kultur: Der Herold . 77
5. Internationalität: Der Fall Merode 86
6. Ritter ohne Hof: Die großen Turniere 1479–1487 93
7. Traditionsbildung: Das Familienbuch der Herren von
   Eptingen 102
8. Der letzte Ritter? Kaiser Maximilian I. (1459–1519) . . 108
9. Nachtrag zur 3. Auflage 113

III. Quellen und Literatur 117

Abkürzungen 117

A. *Quellen* 117
   1. Akten, Urkunden, Historiographie 117
   2. Dichtung 117
   3. Autobiographien, Familienbücher, Reise-
      beschreibungen 118
   4. Turnierbücher 118
   5. Wappenbücher 119

B. *Literatur* 120
   1. Allgemeines 120
   2. Fürsten, Adelige, Ritter, Städter, Bauern 121
   3. Hof und Hofkritik 122
   4. Entstehung und Frühzeit 123
   5. Von der Heidenfahrt zur Kavalierstour 124
   6. Ritterorden und Adelsgesellschaften 125
   7. Höfische Literatur, höfische Liebe, höfische Frau . . 125
   8. Feste, Repräsentation, Verhaltensweisen 128
   9. Statussymole 128
   10. Krieg und Turnier 129
   11. Höfisches Personal: Herolde, Fahrende, Narren,
       ‚Helden'. 131
   12. Renaissancen, Spätzeit, Ende 132

C. *Nachtrag 2011* 134

Register 159

Themen und Autoren 167

Vorwort des Verfassers

Léopold Genicot zum 80. Geburtstag

Die ritterlich-höfische Kultur, „eines der merkwürdigsten und bedeutendsten Phänomene der mittelalterlichen Welt" (J. FLECKENSTEIN), „für viele Jahrhunderte die europäische Laienkultur schlechthin" (O. BRUNNER), ist eine Sonderform der Kultur von Oberschichten, wie sie sich bis in vor- und frühgeschichtliche Zeiten und bis in die Gegenwart beobachten läßt. Zu einem größeren Teil besteht sie aus Konstanten eines gehobenen, „herrenmäßigen" Lebensstils der Verschwendung in Regierung, Krieg, Kirche und Sport (TH. VEBLEN). Deshalb wird in diesem Buch nur dann von Wohnung und Befestigung, Mobiliar und Kleidung, Waffen und Pferden, Jagd und Sport, Essen und Trinken, Musik und Tanz, Freigebigkeit und Mäzenatentum, Dichtern und Geschichtsschreibern die Rede sein, wenn es sich um aussagekräftige Varianten handelt, zumal die Sachkultur des Mittelalters in einem eigenen Band dieser Reihe behandelt werden wird (H. BOOCKMANN).

Zu einem kleineren Teil stellt die ritterlich-höfische Kultur aber etwas ungemein Neues dar, das sich sowohl von der Oberschichtenkultur der vorangehenden und der folgenden Zeit unterscheidet (wenngleich die Nachwirkungen bis zur Gegenwart fühlbar sind) als auch von den konkurrierenden Kulturen in Kirche und Gelehrsamkeit, Bürgertum und Humanismus, bei allen stets vorhandenen Überschneidungen. Im folgenden wird demgemäß fast nur von diesen neuen Elementen gehandelt werden. Daß dies allein vor dem Hintergrund der Wirtschaft und Gesellschaft des 12. bis 16. Jahrhunderts möglich ist, insbesondere der Geschichte von Fürsten, Adel und Ritterschaft, liegt auf der Hand. Auch hierin kann ich mich indes kurz fassen, da entsprechende Bände der Reihe diesen Gegenständen gewidmet sind und sein werden: von Th. ZOTZ und R. ENDRES über den Adel; von F. IRSIGLER über die Stadt; von W. RÖSENER über die ländliche Gesellschaft; von L. KUCHENBUCH über den wirtschaftlichen Wandel.

Der vorliegende Band ist von einem Historiker geschrieben worden, nicht von einem Altgermanisten oder Mittellateiner. Dies hat einen weniger engagierten Blick auf die „höfische" Literatur zur Folge: Sie ist hier nur ein Bereich unter andern, wenngleich ein besonders bedeutender und problematischer. Erkenntnisziel ist die geistige und praktische Lebensform einer bestimmten Oberschicht, nicht die Erklärung einer Epoche der deutschen Literaturgeschichte.

Der Titel des Bandes ist mit Bedacht gewählt. Kultur meint hier die Gesamtheit der Lebensformen, nicht nur die schönen Künste. Höfisch heißt diese Kultur, weil sie von Fürstenhöfen ausgeht. Sie wäre unvollständig, ja irreführend beschrieben, wenn sie nicht auch ritterlich hieße. Denn es gibt auch rein höfische Kulturen. Vielmehr ist gerade im „Ritterlichen" das eigentlich Neue enthalten.

Schließlich ist darauf hinzuweisen, daß es eine bodenständig *deutsche* ritterlich-höfische Kultur nicht gibt. Die östlich des Rheins zu beobachtenden Phänomene sind vielmehr eine Spielart der vom europäischen Kernland zwischen Rhein und Seine ausgehenden kulturellen Bewegung. Auf die Abweichungen wird zu achten sein. Aber der europäische Bezug gehört zu ihrem Wesen.

Zu danken habe ich D. A. CHRIST (Basel), E. SCHUBERT (Göttingen), J. MORSEL (Paris/Göttingen) und K. F. WERNER (Rottach-Egern), die mir im Druck befindliche Manuskripte zur Verfügung stellten; F. P. KNAPP (Kiel), der das schließlich einer ehernen Umfangsbeschränkung zum Opfer gefallene ‚Frauendienst'-Kapitel durchsah; J. FLECKENSTEIN (Göttingen), G. MELVILLE (Münster) und H. THOMAS (Bonn), die Sonderdrucke sandten und verschiedene Hinweise gaben; A. PARAVICINI (Kronshagen), die das Register fertigte; vor allem aber dem Herausgeber O. G. OEXLE (Göttingen), der in freundschaftlichem Scharmützel dem widerspenstigen Autor einen kürzeren und besseren Text abrang. A. RANFT, H. KRUSE und vielen anderen, die an vorbereitenden Übungen und Seminaren an der Christian-Albrechts-Universität zu Kiel teilnahmen, schulde ich mehr, als sie vielleicht ahnen.

Kronshagen, am 1. August 1993　　　　　　　　　　Werner Paravicini

I. Enzyklopädischer Überblick

1. Grundbegriffe: ‚Ritter', ‚Hof', ‚Kultur'

1.1 Ritter und Rittertum

‚Ritter' ist ein vieldeutiger und damit verwirrender Begriff. Es sind Ritter
zu unterscheiden Amt, Würde, Stand und Idee.

Militia bezeichnet ein spätantikes öffentliches Amt in Armee, Amt
Verwaltung und Kirche. Mit ihm verbunden ist ein Würdezeichen,
der Rittergürtel, das *cingulum militiae,* das dem Amtsträger verliehen wird, weshalb das 11.–14. Jahrhundert in aller Regel zum Ritter
gegürtet, nicht zum Ritter geschlagen hat. Die von spätmittelalterlichen Herolden proklamierte antike Wurzel des Rittertums hat also
einen echten Kern. Dagegen besteht keine direkte Kontinuität zwischen dem römischen *miles* (einem Soldaten) und dem mittelalterlichen *miles,* dem Ritter. Dieser stellt vielmehr eine neue, unterste
Stufe in der öffentlichen Dienstthierarchie dar (K. F. WERNER). Adliger ist man, Ritter wird man (O. G. OEXLE). Daran bleibt erkennbar,
daß es sich um ein Amt handelt.

Ritter, *miles* ist andererseits ein mittelalterlicher Titel, der einen Würde
Mann, der in einem bestimmten Ritual zum Ritter erhoben worden
war, von demjenigen Standesgenossen unterscheidet, der diese
Rangerhöhung nicht erfahren hatte. Das Ritual besteht aus mehreren Elementen und verändert sich im Laufe der Zeit. Römisch ist
die Übergabe des Gürtels als Amtsabzeichen (in den späteren Texten zumeist metaphorisch gebraucht), germanisch die Gürtung mit
den Waffen, besonders mit dem Schwert (Schwertleite) und den
Sporen, christlich der im 10.–11. Jahrhundert aufkommende
Schwertsegen, der mit Bad, Einkleidung, Nachtwachen und Fasten
in der Kirche zur Ritterweihe verbunden wird – so noch 1374 in
Flandern. Längst war aber (wohl eben dort, zu Ende des 12. Jahrhunderts) die unfeierliche Kurzform des ‚Ritterschlags' mit dem
Schwert aufgekommen, die seit 1377 auch im Reich nachweisbar ist,
sich immer mehr durchsetzt und von dem Spruch „besser Ritter
denn Knecht" (‚St. Georgssegen') begleitet wird. Das 15. Jahrhundert kennt schließlich mehrfache Ritterschläge an derselben Person.

Wer als Adliger der Ritterwürde entbehrt heißt: *armiger, scutarius*, (Edel-)Knecht, (Edel-)Knappe, auch *domicelus*, ‚Junker' (Jung-Herr). Allein der zum Ritter Erhobene führt den Titel *dominus*, „Herr", vor seinem Namen, darin dem Priester gleich. Dieser Rittertitel sagt über den Rang der Person in der hoch- und spätmittelalterlichen Oberschicht noch nichts aus: Könige und Fürsten wurden (seit dem 11. Jahrhundert) ebenso zum Ritter erhoben wie Edelleute niedrigster Stufen oder (später) verdiente Juristen, Soldaten und Bürgersleute; die von den verschiedenen Rängen geführten Reitersiegel zeigen es an. Adel und Ritterwürde haben ursprünglich nichts miteinander zu tun, aber im 13. Jahrhundert galt es für einen Hochadligen und König als Makel *(indignum)*, die Ritterwürde nicht zu besitzen. Es gelingt sozialen Aufsteigern, im Laufe des 12. Jahrhunderts über den Erwerb des Rittertitels Aufnahme in den Adel zu finden, in dem sie auf der untersten Stufe Platz nehmen. Der alte Adel nimmt diesen Aufstieg seiner Dienstleute, der um 1300 abgeschlossen ist, hin, konstituiert sich aber über das Bewußtsein seiner alten Freiheit zu einem höheren Adel der (Frei-)Herren und Grafen. Dieser Unterschied von hohem und niederem Adel ist im Reich besonders ausgeprägt.

Stand — Dieser niedere Adel heißt ‚Ritterschaft' *(militia)* im rechtlichen Sinne. Sie kann sich sowohl landständisch organisieren als auch reichsständisch, wenn vom Reich lehnbar (Reichsritterschaft). Sie nennt sich Ritterschaft, weil der Erwerb der Ritterwürde den neuen Rang ehemals begründet hatte. Diese Ritterschaft besteht, auch wenn keines ihrer Mitglieder die Ritterwürde erworben hat. Tatsächlich nimmt, nachdem dieses ständische Prinzip ab ca. 1300 feststeht, der Anteil der wirklichen Ritter ständig ab. Diese Leute nennen sich ritterbürtig, schildbürtig, zum Schild geboren, auch Knappen von den Wappen, (Edel-)Knechte, lat. *armiger, scutifer*. Auf diese Weise wird die ursprüngliche Dienst- oder Lebensalterbezeichnung „Knecht" zum Standesbegriff.

Idee — *Militia*, Rittertum oder Ritterschaft ist aber auch der umfassende Begriff für die standestypischen Verhaltensnormen, in denen sich Vorstellungen verschiedener Herkunft zu einer neuen Einheit vermischen, aber nicht vereinigen, denn es bleiben Widersprüche bestehen.

Älteste Schichten — Jeder Aristokratie eigen ist die Achtung für den ranggleichen, denselben Normen verpflichteten Standesgenossen, auch wenn es sich um den Gegner auf dem Schlachtfelde handelt oder um einen Andersgläubigen. Aus dem standestypischen Verhalten im Kampf

1. Grundbegriffe: ‚Ritter', ‚Hof', ‚Kultur'   5

entsteht eine ritterlich-höfische Idealkultur des Kriegshandwerks, durchaus mit literarischem Einschlag.

Christlich-kirchliche Wurzeln hat dagegen ein zweiter Satz von Normen, der den Ritter zum Schutz von und zum Kampf für Glauben und Kirche und zum Kreuzzug gegen die Heiden verpflichtet. Jeder miles hat ein miles christianus zu sein. Dem traditionellen Verhalten von militärischen Oberschichten, Spezialisten der Gewalt, sollte im Zuge der Kirchenreform und der Entstehung des Kreuzzugsgedankens seit dem 11. Jahrhundert eine neue Richtung gegeben werden. Höchster Ausdruck dieses Bestrebens war zu Anfang des 12. Jahrhunderts die Gründung von geistlich-mönchischen Kampforden im Heiligen Land, verteidigt 1128/1130 von Bernhard von Clairvaux in seinem Traktat *De laude novae militiae* zugunsten der Templer. Im Reich waren außerdem die Johanniter und, vom frühen 13. Jahrhundert an, der Deutsche Orden aktiv. Vollständig gelingen konnte dieses Zusammenzwingen einander ausschließender Verhaltensweisen indes nicht. Christlichen Ursprungs, wenngleich auch älteren Traditionen der Fürsorge des Mächtigen für die Wehrlosen verpflichtet, ist außerdem der Schutz, den der Ritter Armen, Witwen und Waisen gewähren sollte. Dieser sittlichen Verpflichtung wegen konnte die Ritterschaft im 14. Jahrhundert auch als ein „Orden" begriffen und von ihren Lobrednern als solcher gepriesen werden: Härter sei er als die mönchischen Bettelorden (Lohengrin V. 5375 ff.; vgl. Frauenlob, Kein orden herter mac gesin). *Religiöse Grundlagen*

Einen Sonderfall dieses Schutzes stellt die Verteidigung der Frau dar. Gänzlich neu und aus christlicher Wurzel nicht zu erklären ist aber, daß Frauenschutz zu Frauendienst wird, daß Herrschaft und Liebe, Erotik und Erziehung sich verbinden. Nur der ist ein wahrer Ritter, der liebt und dient. Zur Vorstellung von einem Ritter gehört auch der Besitz einer höfischen Bildung, die über das Kriegshandwerk weit hinausgeht. Die Verbindung zwischen den vier Ritter-Begriffen ist eng; keiner kann ganz ohne den anderen gedacht werden. *Frauendienst, Bildung*

Ehre ist ein Zentralbegriff jeder aristokratischen Kultur und aller ständischen Gesellschaften, ja zunächst jeden menschlichen Zusammenlebens, bedeutet sie doch die graduierte Anerkennung der prinzipiellen Gleichwertigkeit und Normenkonformität des anderen. In der durch Institutionen nur schwach gestützten Gesellschaft des Mittelalters hatte ‚Ehre' jedoch einen besonders hohen Stellenwert und führte zur Ausbildung eines besonderen *honor militaris*. Für den ritterlichen Adligen gab es spezifische Formen des Ehr- *Ehre* erwerbs und der Ehrerhaltung: Heidenkampf und Fernwallfahrt, Turnierteilnahme, höfische Liebes- und Umgangsformen, Dichten in höfischen Formen und Themen, Achtung des ‚ritterlichen' Ehrenworts in Krieg (Gefangenschaft) und Frieden (Geldschulden), und Freigebigkeit in jeder Form. Bezeichnend ist hierbei der herrschende Formalismus: Nicht gleichrangigen oder gleichgläubigen Gegnern gegenüber galt die Ehrverpflichtung nicht.

1.2 Der Hof

Die neue Verhaltensnorm ist nicht in der Einsamkeit entstanden, sondern dort, wo viele zusammenkamen, am Fürstenhof (vgl. Teil II 2), als Importgut aus Frankreich und den Niederlanden. Haus und Haushaltung des Herrn wandeln sich in ständiger Erweiterung und Differenzierung zum in Ämtern verfaßten Hof und in neuer architektonischer Pracht in langem Wandel zur ständigen Residenz. Der Wandel ist auch daran erkennbar, daß im 11. Jahrhundert mit *curia* ein neues Wort für den Hof aufkommt und *palatium, aula* oder *curtis* ablöst. Der Hof neuen Typs entsteht im Zuge der Territorialisierung in Deutschland von der 2. Hälfte des 12. Jahrhunderts an und besonders im 13. Jahrhundert, wobei der Königshof zunächst noch das Vorbild ist (während in der Stadt *curia* zur Bezeichnung für den städtischen Rat wird). Die Höfe, im Prinzip besondere Friedensbereiche, sind der soziale Ort der ritterlich-höfischen Kultur. „Hallenfreude" und „Saaljubel" hatte es auch in vorhöfischer Zeit gegeben; gemeinsames Mahl und gemeinsame Unterhaltung, Hochsitz und Vorrang waren nicht neu. Aber sie erhielten jetzt eine neue Qualität. Über die Mindestausstattung eines Fürstenhofes bestehen schon um 1170 verpflichtende Leitvorstellungen, so von den notwendigen „vier Ämtern" Schenk, Truchseß, Marschall und Kämmerer. Um 1300 entstehen die Ämter der Hofnarren und der Herolde (vgl. Teil II 4) als typische Begleiterscheinung und Indikatoren ritterlich-höfischer Kultur. Die Bezeichnung *curienses* für Höflinge (sonst *aulici* = zunehmend: Hofbedienstete) ist seit 1336 belegt. Folgerichtig werden auch theologische Vorstellungen von dem neuen Hofbegriff eingefärbt, so daß auch Gott ‚hövesch' wird und von ‚gotes hövescheit' (Gottfried von Straßburg, ‚Tristan') die Rede sein kann.

1.3 Ritterlich-höfische Kultur

Wie bei jeder Kulturerscheinung sind auch bei der ritterlich-höfischen Kultur Tradition, Innovation, Rezeption und Diffusion zu unterscheiden (G. LABUDA). Die ritterlich-höfische Kultur in Deutschland ist ein Rezeptionsphänomen, wenn diese Rezeption in ihrem geographischen Bereich auch einer Innovation gleichkommt, wir es also eher mit Diffusion und Akkulturation zu tun haben als mit autochthonen Neuerungen. Es entstehen „eine neue Pädagogik, eine neue Ästhetik, und eine neue Ethik" (J. FLECKENSTEIN).

Neu ist zunächst ein Begriff vorbildlichen Verhaltens, das provenzalisch mit *cortezia* (wohl schon in den 1130er Jahren), lateinisch mit *curialitas* (Mitte des 12. Jahrhunderts), französisch mit „courtoisie" (nach 1150), deutsch mit dem Lehnwort „cortoisie" oder mit „hövescheit", Höfischkeit umschrieben wird, woraus in alsbald einsetzender Abschwächung und Eingrenzung der Begriff der Höflichkeit, ja des Trinkgelds entstanden ist, aber auch die Bezeichnung ‚hübsch'. Zunächst war *curialitas* in den Werken der lateinisch schreibenden Kleriker negativ besetzt, weswegen sie bei positiver Beurteilung auf *civilitas* auswichen; aber auch „höveschen" und „höfscheit" konnten die Bedeutung von *fornicare* und *fornicatio* (Unzucht) haben. Dieser Gebrauch ist im 14. Jahrhundert nicht mehr zu beobachten. Auch *urbanitas* („fein"), später Urbanität, und andere verwandte Ausdrücke kommen vor, wobei zu beachten ist, daß die Wiederaufnahme dieses antiken Begriffs in der agrarisch geprägten Welt des 12. Jahrhunderts stattfand und daß er sich bis zur Mitte des 13. Jahrhunderts nicht auf die Stadt als Lebensraum, sondern im Kern stets auf die Sprache bezog, dann auch die Fähigkeit bedeutete, mit jedermann freundlichen Umgang pflegen zu können. Es ist bezeichnend, daß die verwandten Phänomene in der Antike *urbanitas*, im Mittelalter *curialitas*, in der Renaissance aber *civilitas* hießen.

Curialitas umschreibt eine Gruppe von Haltungs- und Verhaltensvorschriften innerlicher und äußerlicher Art, die als ‚Ritterliches Tugendsystem' in der Altgermanistik diskutiert wurden, wobei sich die Suche nach einem widerspruchsfreien „System" als Illusion erwiesen hat. Es handelt sich u. a. um „zuht" *(disciplina)*, „schoene site" *(elegantia morum)*, „fröude" *(hilaritas, jocunditas)*, „mâze" *(temperantia)*, „milte" *(generositas, largitas, liberalitas)*, „hoher muot", „staete", „triuwe", wobei die „milte" des Fürsten die materielle Voraussetzung höfischen Lebens darstellt. ‚Höfisch' ist nicht, wer statisch alle Bedingungen erfüllt, sondern derjenige, der sein vorbildliches Verhalten durch stets neue Proben unter Beweis stellt. ‚Höfischkeit' ist nicht ruhend, sondern in Bewegung gedacht; das Abenteuer, die gesuchte Bewährung gehören notwendig dazu. Dabei sind Bewährung, Sieg, Liebesglück möglich: ein Gegenprogramm zur Weltverachtung kirchlicher und monastischer Autoren. Erstmals findet *eine* Leitvorstellung auf die gesamte Hofgesellschaft Anwendung: auf den Fürsten ebenso wie auf den Adel und die Ritterschaft, die Damen und die Hofgeistlichen.

Statussymbole

Statussybole an sich hat es immer gegeben. Ihre Auswahl aber hängt aufs engste mit dem Normensystem, dem Kräfteverhältnis, den Wertvorstellungen in einer Gesellschaft ab. Das Schwergewicht kann sich im Laufe der Zeit dementsprechend verlagern. Neben der Qualität sind die Quantität, neue Objekte und neue Anwendungsanlässe zu berücksichtigen.

<small>Kleidung</small>   Dies gilt zunächst für die Kleidung, die stets ein hervorragendes Statussymbol ist. Oberstes Gebot ist Kostbarkeit und höchstmögliche Entfernung von jeder Art von Arbeitskleidung (Ausnahmen: Kampf, Jagd, Reise). Vornehme Damen dürfen denn auch nur sticken und kostbare (Fest)Kleider herstellen, aber nicht etwa Wolle spinnen (was ‚Arbeit' wäre). Entzieht sich ein Fürst oder gar ein König diesem Zwang, wird dies von den Zeitgenossen vermerkt, mißbilligend von den Laien, zustimmend (in der Regel) von Klerikern. Es ist beobachtet worden, daß die Kleidung im 12. Jahrhundert und dann wieder um die Mitte des 14. Jahrhunderts Schübe der Körperbetontheit und unerhörter Kostbarkeit erfahren hat, sowohl bei Frauen als auch bei Männern (die vielleicht sogar darin vorangingen). Von Belang ist die Entstehung eines auch beim Adel von der Alltagsbekleidung unterschiedenen Hofkleids und der Hoftracht. Kleiderordnungen versuchen vom 14. Jahrhundert an, die durch das Bürgertum gefährdete Sozialdistanz zu wahren. Aber schon in der um 1150 geschriebenen Kaiserchronik begegnet das Verbot für die Bauern, vornehme, bunte Kleider zu tragen.

<small>Gesten, Sprache</small>   Ausweis genossener Erziehung sind Gesten und Bewegungen: Der Griff in die Tasselschnur des Mantels im 13. Jahrhundert, das rechte Sitzen, Stehen und Gehen, Grüßen und Abschiednehmen, Auftragen und Vorschneiden, Reiten und Tanzen, das erst im 15. Jahrhundert seine Gemessenheit im Moriskentanz verliert und als „spezifischer Ausdruck der höfischen Kultur" gelten kann (J. BUMKE). Eng damit verwandt ist das rechte Sprechen, die Gruppensprache der *hoverede* (Rudolf von Ems, ‚Willehalm'), die Auswahl der Gesprächsgegenstände, der rechte Gebrauch von französischen und flämischen Fremdwörtern und Wendungen. Wichtig ist, wie

1. Grundbegriffe: ‚Ritter', ‚Hof', ‚Kultur'

stets in jeder Gruppe, das schnelle, witzige, Lachen auslösende Wort, eine die Identität fördernde Binnensprache, die außerhalb des jeweiligen Kreises nicht verstanden wird.

Ein Gipfel der neuen Kultur ist die höfische Mahlzeit. Die „Herrenspeise" hebt sich deutlich von dem ab, was gewöhnliche Menschen zu sich nehmen, wobei edle Fische und edles Fleisch infolge des fortschreitenden Fischfang- und Jagdprivilegs eine besondere Rolle spielen. Zeremoniell, Tisch- und Sitzordnung erhalten eine neue, strengere Qualität; jetzt entsteht die literarische Gattung der ‚Tischzuchten'. *(Höfische Mahlzeit)*

Der Adlige ist Kriegsfachmann. Seine exklusive Wehrhaftigkeit legitimiert seine privilegierte soziale Stellung. Folglich definieren ihn geradezu Schwert und Dolch, Lanze und Rüstung, wie auf unzähligen Grabdenkmälern des späteren (noch nicht des hohen) Mittelalters zu sehen ist. Dies ist nicht selbstverständlich, gab es doch Kulturen, die das Kämpfen als untergeordnete Dienstleistung ansahen. Das gleiche gilt für das Pferd und die Sporen als Ausweis des Reitens, bei Offizieren (neben dem Dolch) noch bis ins 20. Jahrhundert. Das Schwert symbolisiert aber nicht nur Wehrhaftigkeit, sondern auch politische und vor allem richterliche Gewalt: In der Manessischen Handschrift (s. Teil II 3) sind Schwert und Gürtel stets gemeinsam dargestellt. Amt *(honor)* und öffentlicher Dienst werden durch den Rittergürtel *(cingulum militie)* noch im 14. Jahrhundert anschaulich gemacht. *(Waffen, Pferd, Schwert und Gürtel)*

Wie stets ist die Wohnung Ausweis des Ranges, hier ist es der sogar namengebende Turm auf dem Berg, auf einer ‚Motte' (einem künstlich aufgehäuften Hügel) oder inmitten eines Weihers, später steinern mit Wall und Graben zur Burg erweitert; vom 14. Jahrhundert an der An- oder Edelsitz, versehen mit den jetzt nur noch repräsentativen Elementen der Wehrhaftigkeit. Neu ist die fortschreitende Differenzierung der Funktionen im Innern zwischen Halle und Gemach, Küche und heizbarer Stube (Kemenate, Dornse), letztere für die Frauen. *(Burg und Ansitz)*

Alles was mit der Jagd zusammenhängt, ist von Belang, weil die Hochjagd im 12. Jahrhundert Standesprivileg geworden war – und dementsprechend von kirchlicher Seite als unnütz und schädlich kritisiert wurde. Mehr noch als die agressive, schwer zu bändigende Dogge (die mitsamt ihrem Halsband auch im Wappenbild erscheint und Ordenszeichen wird) ist Inbegriff adliger Existenz, ja sein Ebenbild, der Falke auf der Faust, zusammen mit anderen Raubvögeln bis hin zum Adler. Spiel als Gegenteil von Arbeit ist *(Jagd, Hund und Falke; Spiel)*

Ausweis standesgemäßer Existenz. So wird auch das Schachbrett, auf dem der indische „Ratgeber" zur „Dame" geworden ist, ein Statussymbol.

Gold und Silber — Schließlich sind Gold und Silber in der höfischen Kultur nicht indifferente Farben und Metalle: Gold darf nur der Ritter führen, nicht der Knecht. Noch ist unbekannt, wann diese Regel verbindlich wurde. Die Schlacht der „Goldenen Sporen" bei Kortrijk 1302 belegt bereits die Praxis.

Höfische Liebe

Ein ganz und gar neues Element der Oberschichtenkultur der zweiten Hälfte des Mittelalters sind ‚Höfische Liebe' und Minnegeselligkeit. Der Begriff ist in den mittelalterlichen Texten allerdings nicht bezeugt, „cortez'amors" nur ganz selten. Nirgendwo sagen die Texte abschließend, was höfische Liebe sei. Erst der französische Romanist GASTON PARIS hat den Begriff des ‚amour courtois' 1883 geprägt und mit vier Merkmalen versehen: Diese Liebe sei (1) außerehelich, heimlich, körperlich; (2) langdauernder Dienst eines Mannes an einer (oft höherstehenden) Frau, wodurch sie (3) beim Manne eine Vervollkommnung im physischen und moralischen Sinne bewirke; schließlich sei sie (4) eine Kunst mit eigenen Regeln und Gesetzen, auch mit eigenen literarischen Formen in Brief und Gedicht. Inzwischen ist bewußt geworden, daß keines dieser Elemente wirklich zwingend vorhanden sein muß. Höfische Liebe läßt sich nicht definieren, es gibt keine festgefügte Minnetheorie, auch nicht im späteren Mittelalter. Es steht lediglich zweierlei fest; daß nunmehr zwischen hoher und niederer Minne unterschieden wird, sowohl im ständischen als auch im religiösen Sinne; und daß die Rede von der Liebe zuerst im Frankreich des 12. Jahrhunderts, dann vom 14. Jahrhundert an auch in Deutschland eine neue gesellschaftliche Bedeutung erhält. Sie kennzeichnet eine erreichte höhere Stufe im Prozeß der Zivilisation. „Wir haben es mit keiner festumrissenen Liebestheorie zu tun, sondern mit einer ‚höfischen' Diskussion über ‚höfisches' Liebesverhalten" (R. SCHNELL).

Konstanten der höfischen Liebe — In diesem literarisch-gesellschaftlichen Gespräch sieht die Forschung heute andere Konstanten als ehedem, nämlich: (1) Die Ausschließlichkeit der Liebesbeziehung, gleich ob sie dem Ehepartner gilt oder nicht; (2) deren Beständigkeit *(staete),* gesetzt gegen die Flüchtigkeit der „Schäfer"-Liebe; (3) Aufrichtigkeit *(triuwe);* (4) Selbstlosigkeit (anders als in der von List bestimmten Liebesauffassung Ovids und seiner Nachfolger); (5) Gegenseitigkeit; (6) Freiwilligkeit und Rücksichtnahme (auch in der Ehe); (7) Maß, Vernunft, ‚Über-Vernunft' (der nicht mehr sexuellen Liebe); (8) Leidensbereitschaft. Es liegt auf der Hand, daß diese Grundforderungen an die ‚hohe Minne' nicht rein zu verwirklichen, ja nicht einmal widerspruchsfrei zu diskutieren waren. Vielmehr ist gerade diese Widersprüchlichkeit Anlaß und Kern der Diskussion. Neu ist, daß davon gesprochen und darüber geschrieben wird.

Damit erhält der weltliche *amor* gegenüber der geistlichen *caritas* eine neue Selbständigkeit. Denn er wird positiv verstanden, als Quelle und Zentrum jeglicher Tugend. Die Laienkultur entwickelt ihre Maßstäbe mit Hilfe der Kleriker bei Hofe, aber sie unterwirft sich nicht einfach den christlichen Geboten. Alle Werte der höfischen Liebe sind ambivalent: Sie gelten jeweils auch in Bezug auf die Geliebte oder den Geliebten nach innen oder nach außen. *amor et caritas*

Wer aber gelebte höfische Liebe oder auch nur eine höfische Dame in der Wirklichkeit des hohen und späten Mittelalters suchte, die sich durch langen Dienst zur Hingabe hätte gewinnen lassen, der sucht vergebens. Die Wirklichkeit folgte anderen Regeln: Grobheit, Gewalt, Vergewaltigung sind selbst bei höchsten Herren alltäglich, schon der Verdacht eines Ehebruchs wird, zumal an der Frau, aber auch am Verführer viehisch und tödlich gerächt. Die Reinheit der dynastischen Erbfolge, der Charakter der Ehe als eines Familienbündnisses, die Verfügung über die Frauen als Mittel dynastischer Politik – all dies ließ Ehebruch und erotische Freizügigkeit als kaum zu sühnendes Vergehen gegen den Bestand und die Ehre der Familie und insbesondere des Mannes erscheinen. Die neue Stellung der Frau war also eine reine Fiktion, eine Utopie, doch keine folgenlose. Denn was die französische Literatur vorspielte, wurde in der deutschen nachgeahmt, um dann auch dort mit deutlicher Verzögerung ein Gesellschaftsspiel zu werden, mit Minnehöfen und Minneturnieren der Rede: Gesellschaftsspiele – keine Spiele der Wirklichkeit. Und doch wirkten sie auf die gesellschaftliche Wirklichkeit durch das Reden von so tiefgreifenden Konflikten: ein erster Ansatz, sie anders als mit Gewalt zu lösen. Liebe, Ehe, Vergewaltigung

Das Turnier

Höfische Liebe und Turnier haben viel gemeinsam. Augenfällig wird dies z. B. in einer Miniatur der Manessischen Handschrift (vgl. Teil II 5): Auf der Schabracke eines der Turnierpferde steht in großen Buchstaben die Wortdevise des Reiters: *Amor*. Frauen sind Zuschauer (literarisch in Frankreich schon ca. 1150, tatsächlich wohl erst seit dem 13. Jahrhundert), verliehen den Siegespreis („Turnierdank"), entscheiden im 15. Jahrhundert über die Zulassung zum Turnier, zusammen mit den Turnierrichtern. Pfänder, die sie gegeben haben, werden auf dem Turnier in ihrem Dienst getragen, oft anstatt eines Rüstungsteils: Hemd, Mantel, Schleier, Kopfbedeckung und Ärmel (welcher auch im Wappen geführt wurde). Neu ist nicht das Kampfspiel, beritten und unberitten, sondern seine alsbald sich ausbildende Ritualisierung und Regelhaftigkeit in schon früh klassifizierten Varianten.

Entstehung   Entstanden ist das „Turnier" im 11. Jahrhundert in Nordfrankreich, wozu politisch auch Flandern gehörte und kulturell auch der Hennegau gezählt werden muß. Die Nicht-Franzosen waren sich der Herkunft bewußt, indem sie das Turnier im 12. und 13. Jahrhundert als „gallischen Kampf" oder „französische Weise" bezeichneten. Davor und daneben gab es immer das, was man als ‚deutsche Weise' bezeichnen könnte, das Reiterspiel, in der Regel ohne Waffen ausgeführt, *gyrus* genannt oder noch öfter ‚Buhurt" (frz. behort), was wohl aus fränk. **bihurdan* (einzäunen) abgeleitet ist. Neu waren beim Turnier folgende Elemente:

Regelhaftigkeit   (1) Eine formelle Einladung mit Fristen zwischen drei bis sechs Wochen. (2) Die Verabredung von Bedingungen, zunächst finanzieller, dann auch kampfestechnischer Art. In der Regel verlor der Unterlegene Roß und Rüstung; es konnte aber, ebenfalls wie im Kriege, ein Lösegeld verabredet werden (oft in Höhe eines Jahreseinkommens). Weiter konnten die Art der Waffen und die Zahl der Waffengänge festgelegt und der Turnierpreis benannt werden: ein Ring, ein Juwel, ein Tier; in Magdeburg 1280 soll eine Prostituierte als Turnierpreis angekündigt worden sein – eine Persiflage des nur in der Literatur vorkommenden Preises der Hand einer Königstochter. (3) Die Teilung der Kämpfer in gleich starke Scharen. Geteilt wurde in der Regel nach Ländern *(marches),* darunter nach Lehnsverbänden, d. h. die gewachsenen Gruppen blieben beieinander, ebenso wie die ständigen Turnierparteien der Gesellschaften des 14. und 15. Jahrhunderts (vgl. Teil II 6). Eine ephemere Rolle spielte auch die Einteilung Nordwesteuropas in „Ruyers" und „Poyers" (s. Teil II 4). Diese verschiedenen Einteilungen finden sich in den Amtsbezirken der Herolde wieder. (4) Das Reiten in geschlossenen Verbänden. Dies kennzeichnete vor allem die frühen Turniere, die nicht als Einzelkämpfe angelegt waren, sondern als Massenveranstaltung in echter Kampfesformation. Es galt, in geschlossener Reihe, zumeist in Keilform, die gegnerische Formation zu durchbrechen, dann zu wenden (woraus frz. tournoyer von lat. *tornare* und somit das Wort ‚Turnier' entstanden sein könnte) und von hinten erneut aufzubrechen. Erst wenn die Reihen sich mischten, Bewegung unmöglich wurde, das Turnier „stand", traten die Einzelkämpfe in den Vordergrund. Die Turnierkämpfer waren von Helfern begleitet, die mit ihnen zusammen den Gegner zu entsatteln oder zu „zäumen", d. h. gewaltsam am Pferdezaum in den Friedensbezirk zu führen versuchten. (5) Der Einsatz scharfer Waffen. Er sorgte vollends dafür, daß das frühe Turnier ein getreues Abbild echten Kampfes war. Lanzen mit „Krönlein" (Dreispitz) und abgestumpfte Schwerter kommen erst im 13. Jahrhundert auf und sind in Deutschland erstmals literarisch im ‚Jüngeren Titurel' von ca. 1270/1280 bezeugt. Im 14./15. Jahrhundert wird der Kampf mit scharfen Waffen („à outrance") als eine besonders prestigereiche Turniervariante wieder aufgenommen. Wie im Kriege gab es also Tote und Verletzte, entstand Haß oder wurde Gelegenheit gesucht, Spiel in Ernst zu verwandeln. (6) Die Festlegung eines Sicherheitsbezirks. Die frühen Turniere kannten den umschrankten Turnierplatz noch nicht, der das Kampfgebiet drinnen und damit das Sicherheitsgebiet draußen allein durch seine Anlage schon definierte. In Deutschland ist der erste abgesteckte Turnierplatz literarisch um 1220 belegt.

Im Blick auf die Formen ist vom Turnier im engeren Sinne, das immer ein Massenkampf war, zu unterscheiden der Zweikampf des Tjosts (aus frz. jouste von lat. *juxta*); der *foreis* (aus frz. forest, Wald), die Aufforderung zum Einzelkampf durch Aufstellen außerhalb des Lagers; die ‚Tafelrunde', wohl ein Einzelkampf mit stumpfen Waffen innerhalb eines begrenzten Kampfplatzes, aus Westeuropa übernommen und 1240 literarisch (Ulrich von Liechtenstein, ‚Frauendienst'), 1329 historisch (König Johann von Böhmen in Prag) nachgewiesen, dem literarischen Vorbild der Artusromane nachgebildet. Die allgemeine Tendenz geht von der Massenveranstaltung zum Einzelkampf, zur Literarisierung und Reglementierung, die im 15. Jahrhundert ihren Höhepunkt erreicht. Der deutsche Sprachraum bleibt dabei traditioneller und konservativer als der Westen. Hier steht das Turnier im Zentrum adligen Selbstverständnisses. Pferd und Turnierreiter, aus Ton oder Metall gefertigt, sind schon um 1300 zum Kinderspielzeug geworden. *Formen*

Schließlich ist zu beachten, daß ein Turnier selten isoliert stattfand, sondern in der Regel Teil eines größeren Festes war: Gottesdienst, Mahlzeit und Tanz gehörten stets dazu. Anlaß war oft eine Hochzeit, ein Friedensschluß, ein Bündnis, oder die Fastnacht. Daß *Turnier als Teil des Fests* dabei politische Pläne geschmiedet wurden, ja manche Turnier- und Festveranstaltungen nur das Gewand von anders motivierten Fürstentreffen waren, liegt auf der Hand.

Ritterorden und Adelsgesellschaften

Auf dem Turnier entstanden Turnierparteien. Sie hatten die Tendenz, sich zu verfestigen, zumal sie oft älteren Bindungen entsprachen. Im Westen entstanden daraus seit 1325 die großen höfischen weltlichen Ritterorden unter fürstlicher Ägide. Aus dem Reich deutscher Zunge sind bislang 92 Gesellschaften (vor) 1331–1517 bekannt, von denen die allermeisten (70) der Herrschaftsstruktur des Reiches entsprechend nicht hierarchisch, sondern genossenschaftlich organisiert waren; ihre ‚Könige‘ wurden von den ‚Gesellen‘ gewählt. Wie andere Einungen der Zeit auch waren sie Gesellschaften und Bruderschaften zugleich, hielten gemeinsam Mähler ab und gedachten der Toten in eigenen Stiftungen. Dieselbe Form konnte verschiedenen Zielen dienen. In den 1380er Jahren erwuchs etwa die Löwen-Gesellschaft im südwestdeutschen Kernraum der adligen Einungsbewegung zum Rang einer politisch-militärischen Macht zwischen den Fürsten und den Städten, ohne daß ihr dauernder Erfolg beschieden gewesen wäre. Einen letzten Höhepunkt erreichten diese Einungen einhundert Jahre später in den zwölf Turniergesellschaften der „Vier Lande" (Franken, Rheinstrom, Schwaben, Bayern), die bedeutende ‚Höfe‘ in eigener Verantwortung veranstalteten. Doch scheiterte dieser Versuch der Selbstorganisation an inneren Widersprüchen des Standes; an die Stelle trat die Reichsritterschaft (s. Teil II 6). Es blieb die (auch beurkundete) Turnierfähigkeit als Kriterium der Zugehörigkeit zum Adel, in Bayern sogar zu einem höheren Turnier-Adel. Über die Zulassung zum Turnier wurde auch der Stadtadel eliminiert, der daraufhin (wie im Falle Nürnbergs ab 1446) eigene „Stechen" veranstaltete.

Wappen, Herolde, Hofnarren

Wappenwesen Mit gewissem Recht ist gesagt worden, daß das gesamte spätere Mittelalter sich in den Wappen wiederfinde (A. v. BRANDT). In der Tat ist es auffällig, daß Wappenwesen und ritterlich-höfische Kultur in Entstehung und Blüte chronologisch und inhaltlich untrennbar miteinander verbunden sind. Erkennungszeichen und Farben gibt es auch in anderen Kulturen, nicht jedoch das heraldische Zeichensystem. Aus dem Schmuck des Schildes und den Bildern der Banner, also aus dem Kriegswesen hervorwachsend (Wappen = Waffen ist

I. Grundbegriffe: ‚Ritter', ‚Hof', ‚Kultur' 15

aus dem Niederländischen übernommen, nicht aus dem Französischen), aber auch aus dem Siegelgebrauch, entstehen im nordwesteuropäischen Kernraum zwischen ca. 1120 und ca. 1150 zur selben Zeit wie erbliche Familiennamen auch erbliche Familienwappen, deren Teilungen und Farben sehr früh feststehen und nach sich festigenden Regeln (z. B.: nicht Farbe auf Farbe, Metall auf Metall) in eigener Fachsprache beschrieben werden. Im 13. Jahrhundert bildet sich in demselben Kernraum das System der Differenzierung aus, wonach der Erbsohn zu Lebzeiten des Vaters und die jüngeren Söhne überhaupt ihr Wappen durch Beizeichen oder ‚Brisuren' (auch die Sprache des Wappenwesens ist voll von französischen Lehnwörtern) mindern müssen. Vereinzelt seit der zweiten Hälfte des 12. Jahrhunderts, üblicherweise seit dem zweiten Drittel des 14. Jahrhunderts wurde der Schild durch den Helm ergänzt, und dieser durch eine individuelle, dann ebenfalls erbliche und differenzierte Helmzier (z. B. Büffelhörner) gekrönt, wodurch der Helm zur Maske wurde; später kamen in den Wappendarstellungen Schildhalter („Wilde Leute", Tiere) hinzu.

Das Wappenwesen, etwa von 1225/1230 an in ganz Europa verbreitet (mit Ausnahme der äußersten Peripherie: Island), wurde am frühesten im rheinischen Westen von Frankreich her übernommen (wo vielleicht gar nicht von einem zeitlichen Abstand die Rede sein kann), später je nach dynastischen Verbindungen und Bedeutung des Territoriums in Mitteldeutschland und im Osten, z. T. unter Aufgabe des Systems der Differenzierungen. Einzelne Wappenbilder haben einen direkten Bezug zur höfischen Minne, z. B. der Damenärmel im Wappen Trierischer Vasallen. Die Präsenz der Wappen im Leben des Mittelalters ist groß. Es schmückte nicht nur Schild, Wappenrock, Wimpel (der einfachen Ritter) oder Banner (der Banner- und Freiherren) in Krieg und Turnier. Es wurde Besitz- und Hoheitszeichen, Repräsentation der eigenen Person und Erinnerung an sie, ihre Stiftung oder einstige Gegenwart, so daß der Reiseweg des Edelmanns durch die Wappen gekennzeichnet war, die er in Kirchen und Wallfahrtsorten, in Wirtshäusern und schließlich auch in Badeorten und Universitäten hinterließ. *(Repräsentation durch Wappen)*

Nachdem die Wappen endgültig fixiert waren, verjüngte sich das Wappenwesen, im Westen bei den Fürsten beginnend, durch die Annahme von Bilddevisen, ‚Badges', ‚Impresen' (ab 1320/1330), dann, in der zweiten Hälfte des 14. Jahrhunderts, von Wahl- oder Sinnsprüchen, die zugleich mit Livreefarben und Monogrammen aufkamen. Damit wurde Individualität im Wappenwesen wie- *(Devisen und Zeichen)* der möglich. Von den Bilddevisen geht der Weg weiter zu den Emblemen (erstmals auf einer Pisanello-Medaille von 1438), die zwischen politischer Bedeutung und Gesellschaftsspiel stehen und denen eine große Zukunft beschieden war. Zu den frühesten deutschen Bilddevisen gehört der Eisvogel im Tuchring (= Minnepfand?) König Wenzels von Böhmen, der von den Visconti nach Mailand übernommen wurde, vermutlich anläßlich ihrer Herzogserhebung vom Jahre 1395. Schließlich kamen die Ordens- und Gesellschaftszeichen hinzu, die im 15. Jahrhundert außerordentlich häufig auf Grabsteinen, Fenstern, Wappentafeln dargestellt sind und nicht nur den Stand sondern – wie die Pilgerzeichen – auch die Weitgereistheit manifestieren; denn viele stammten von den Herrschern der iberischen Halbinsel und Zyperns.

Herolde
Etwa 150 Jahre nach den Anfängen der Wappen entsteht um 1330, wiederum im Westen beginnend, das Amt des Herolds als eines Wappen-, Zeremonial- und Überlieferungsspezialisten (vgl. Teil II 4). Herolde wurden zu Laudatoren, Registratoren, Historikern der ritterlich-höfischen Gesellschaft und haben eine eigene Heroldsliteratur hervorgebracht. Der Kern ihrer Tätigkeit war die Repräsentation und die Publikation von allen standestypischen, die Ehre ihrer Herren und des Adels insgesamt betreffenden Tätigkeiten und Vorbildern. Das Heroldswissen ist aber nie das Privileg dieser niederrangigen Spezialisten gewesen: Über Rang und Stand entschieden in aller Regel nicht sie, sondern die Standesgenossen. Es gibt zahlreiche Beispiele für ausgebreitetes heraldisches Wissen bei patrizischen Stadtbürgern. Das umfassendste Wappenbuch des deutschen Mittelalters wurde 1483 vom stadtadligen Konrad Grünenberg aus Konstanz zusammengestellt, und der bekannteste Kenner ritterlicher Altertümer des 15. Jahrhunderts ist der Münchener Patrizier Jacob Püterich von Reichertshausen. Es mag sich hier um frühe Antiquare gehandelt haben, die typischerweise am unteren Rand der ritterlich-höfischen Gesellschaft angesiedelt waren. Aber die Kenntnis von Wappen, Genealogie und Zeremoniell war notwendiges Wissen für jedes Mitglied der ritterlich-höfischen Gesellschaft.

Hofnarren
Der Herold hatte sich aus den Unterhaltungsberufen der „Fahrenden" herausentwickelt, die wegen ihrer Mobilität alle geeignet waren, den Ruhm eines Schenkenden zu verbreiten. Dies hat er gemein mit dem Hofnarren. Auch dieser bildet von etwa 1300 an ein Amt aus, wird seit ca. 1350 mit der bekannten Amtstracht von Schellenkappe und Marotte versehen (die bis heute im Kasperle fortdauert) und erlebt im 14. und 15. Jahrhundert eine Blüte, die mit

1. Grundbegriffe: ‚Ritter', ‚Hof', ‚Kultur' 17

derjenigen des Herolds vergleichbar ist. Es ist also zu vermuten, daß hier ein innerer Zusammenhang besteht.

Auch der Hofnarr kommt aus dem Westen, wo er schon vor 1300 am Hof des Grafen von Artois bezeugt ist. Vielleicht ist aber auch der italienische Süden das Ursprungsland, denn der früheste ausdrückliche Beleg im deutschen Sprachbereich ist zeitgleich und stammt aus Tirol. Bemerkenswerterweise gab es um 1400 auch Narren und Zwerge des Hochmeisters des Deutschen Ordens, des Bischofs von Ermland und sogar einzelner Ordensherren, im weit entfernten Osten. Der erste Narr eines Königs von Polen wird schon 1344 erwähnt; Litauen und Masowien folgen 1399 und 1409. Da im Jahre 1366 schon ein Narr der zypriotischen Lusignans begegnet, war die Mode also spätestens um 1400 bis in die Randgebiete des Abendlandes vorgedrungen. Daß wir erst 1422 vom Narren eines deutschen Königs hören, ist sicherlich ein Zufall der Überlieferung: Spätestens der in Frankreich aufgewachsene Karl IV. (gest. 1378) dürfte sich einen Hofnarren gehalten haben; denn in einem Formelbuch seiner Kanzlei ist eine undatierte, fiktive Erhebung eines Narren in den Grafenstand eingetragen. Die Art der Überlieferung und der Stand der Forschung machen es unmöglich, die Ausbreitung des Hofnarrentums von Westen nach Osten, von oben nach unten deutlich zu erkennen, wenngleich sie wahrscheinlich ist. Festzuhalten bleibt, daß es Narren bei Hofe schon um 1300 gab, daß sie um 1350 an fast allen weltlichen und geistlichen Fürstenhöfen nachzuweisen oder zu vermuten sind, um 1400 auch bei kleineren Grafen und Herren. In dieser Ausbreitung sind sie ein Phänomen des 14., nicht erst des 15. oder gar erst des 16. Jahrhunderts. Denn im Kern ist der Hofnarr die institutionalisierte *iocunditas* und repräsentiert damit einen eminent höfischen Wert.

Herkunft und Ausbreitung

Reise als Lebensform

Mobilität ohne wirtschaftliche Notwendigkeit war immer Ausweis herrenmäßiger Existenz. Die Vorstellung vom Ritter als Verteidiger der Kirche im Heidenkampf, die Existenz ferner Turniere, die Fernwallfahrten von Rom, Santiago und Jerusalem (wo seit den 1330er Jahren der Ritterschlag über dem Heiligen Grabe erworben werden konnte), die Entstehung zahlreicher attraktiver Höfe: all dies gab der Reisetätigkeit des Adels im hohen und späten Mittelalter einen besonderen Charakter. Den fahrenden Ritter hat es tatsächlich gegeben, allerdings gestützt auf ein Netz internationalen Söldnertums und höfischer Hospitalität, das sich von England bis Zypern, von

Dänemark bis Neapel erstreckte. Die Reise als Lebensform hat in dem hier beobachteten Zeitraum eine bemerkenswerte Veränderung von der Heidenfahrt zur Kavalierstour durchgemacht. Obwohl die verschiedenen Elemente: Heidenkampf, Pilgerfahrt, Hofbesuch und Bildungsreise stets gegenwärtig geblieben sind, verlagerte sich das Schwergewicht fort von Kampf und ruhmreicher Tat hin zur sozialen und schließlich auch fachlichen Qualifikation an der Universität (ab ca. 1450). Es liegt auf der Hand, daß mit dem Ansehen der Weitgereistheit und der geographischen Neugierde dieser Aspekt der ritterlich-höfischen Kultur zu den Voraussetzungen der europäischen Ausdehnung des späten Mittelalters gehört.

Gelehrtes Rittertum

Die ritterlich-höfische Kultur hat ihre eigene Gelehrsamkeit, ja Wissenschaft entwickelt, was M. KEEN berechtigt, von „learned chivalry" zu sprechen. Diese Wissenschaft, z. T. von Herolden verwaltet und fortgebildet (s. Teil II 4), hielt eine imaginäre Welt von Literatur, Ikonographie und Geschichte zur Verfügung, die für den einzelnen Edelmann ein allgegenwärtiges Bezugs- und Wertesystem darstellte, das sich nur am Rande mit der klerikal-juristischen Gelehrsamkeit und Wissenschaft überschnitt. Solche Überschneidungen liegen im Bildprogramm von König Artus und den Neun Helden vor, das Anfang des 14. Jahrhunderts entstand und sich alsbald über ganz Europa ausbreitete: In leicht faßlicher Form vereinigte es die christliche Gegenwart mit der der heidnischen und jüdischen Antike in den mit (imaginären) Wappen versehenen Gestalten Hector, Alexander, Cäsar; Josua, David, Judas Makkabäus; Artus, Karl dem Großen und Gottfried von Bouillon, dessen Schild identisch war mit demjenigen des Königreichs Jerusalem. In ähnlicher Weise verbanden spezifische Ritterheilige, von denen St. Georg der bekannteste ist, adlige Existenz mit christlicher Ethik.

Adlige ‚Gelehrte' und Dichter

Am bekanntesten ist diese ritterliche Gelehrsamkeit in Cervantes' Karikatur der Bücherstube des Don Quixotte geworden. Ein adliger Autor wie Ulrich von Liechtenstein war um 1255 imstande, mit dem ganzen Arsenal höfischer Thematik zu spielen. Als ritterliche Gelehrte späterer Zeit sind der sammelnde Manesse-Kreis in und um Zürich im ersten Drittel des 14. Jahrhunderts (Teil II 3), sowie im 15. Jahrhundert Jacob Püterich und Konrad Grünenberg zu nennen; diese allerdings waren, wie erwähnt, am städtischen Rand der Adelsgesellschaft angesiedelt. Spätmittelalterliche Dichter gab es auch unter den Grafen und Herren (Reinhard von Westerburg, Peter Graf von Aarberg, Hadamar von Laber, Hugo Graf von Montfort, Oswald von Wolkenstein), nicht nur unter den Berufsherolden, unter denen Gelre und Suchenwirt im 14. Jahrhundert hervorragen, wie überhaupt Minnedichtung stets in besonderem Maße Adelsdichtung gewesen ist. In diesen Zusammenhang gehören auch fürstliches Mäzenatentum und höfischer Literaturbetrieb, der allerdings „beide Kulturen", die weltliche und die klerikale umfaßte. Daß die Laienkultur mehr mündlich als schriftlich war, hat zwar die Überlieferung und damit unsere Kenntnis davon beeinträchtigt, nicht aber ihr Niveau.

Wesen und Bedeutung
Die ritterlich-höfische Kultur ist der Entwurf einer weltlichen Lebensform und Ehtik, der den Versuch macht, das Ansinnen christlicher Nächstenliebe und Entsagung sowohl mit herrenmäßiger Existenz und Gewaltanwendung als auch mit der neuen kämpferischen Intellektualität des 12. und 13. Jahrhunderts zu verbinden. Mit Recht ist sie als „die erste autonome Laienkultur des Abendlandes" bezeichnet worden (O. BRUNNER, J. LE GOFF). Dies gibt ihr einen Rang, der im Prunk und Flitter des verbreiteten Mittelalterbildes (wenn es nicht ganz verfinstert ist) in Vergessenheit zu geraten droht. Dabei darf der quantitative Aspekt nicht vernachlässigt werden: Die ritterlich-höfische Kultur des Mittelalters bringt nicht nur neue Inhalte und Formen, sondern sie zeichnet sich auch durch höheren Aufwand und höhere Frequenz der traditionellen Prachtentfaltung aus: Aus alten Elementen entsteht ein neues Bild. Sozial gesehen bedeutet auch dieses Mehr eine Veränderung des Lebensgefühls und zieht schärfere Grenzen zwischen den höfisch und den nicht-höfisch lebenden Menschen in einem ökonomischen Ausschlußverfahren, das schließlich nur noch die höfische Kultur der Fürstenhöfe übrigläßt und den ritterlichen Bestandteil mit seinem genossenschaftlich-kämpferischen Gehalt in den Hintergrund drängt.

2. Entstehung

Wie jede historische Erscheinung hat das hier beobachtete Phänomen eine ‚Geschichte' gehabt in dem Sinne, daß es begann, blühte und verging – nicht als gleichsam selbstbestimmte Pflanze geistigen Lebens, sondern als Ausdruck und Faktor bestimmter Probleme

Chronologie

und Anliegen der sich stets verändernden mittelalterlichen Gesellschaft insgesamt und ihrer traditionellen Elite im besonderen. Vier Epochen lassen sich unterscheiden: 1100–1300: Aufstieg und Dominanz; 1300–1500: Krise und Renaissance; 1500–1800: Vom Ritter zum Kavalier; 1800–2000: Der langsame Tod eines Lebensideals. Die ersten beiden sind Gegenstand dieses Bandes, die Folge kann lediglich angedeutet werden.

2.1 Ein neuer Adel

Lange hat die Forschung geglaubt, unter den Merowingern und Karolingern habe es keinen erblichen Adel, keine durch Geburt zum Herrschen und Mitherrschen legitimierte Oberschicht gegeben; vielmehr habe sich diese erst in den Zeiten des Herrschaftsverfalls unter den Schlägen der Normannen, Sarazenen und Ungarn im 9. und 10. Jahrhundert gebildet. Dies hat sich als ein Fehlschluß erwiesen. Stets existierte ein Adel, dessen Kriterium die Erblichkeit war. Dies heißt aber nicht, daß er sich nicht wandelte und erneuerte. In einer solchen Wandlung ist sicher die Situation zu suchen, in der die ritterlich-höfische Kultur entstand, ohne doch sogleich alle ihre Formen vollendet auszubilden. Der Strukturwandel des Adels auf dem Gebiet des ehemaligen Karolingerreichs während des 10.–12. Jahrhunderts läßt sich mit einigen Stichworten kennzeichnen:

Strukturwandel Es findet ein Wechsel vom genealogisch horizontalen zum genealogisch vertikalen Familienverständnis statt (von der *agnatio* zur *cognatio*). (2) Dem entspricht eine Privilegierung der linearen Deszendenz und Aszendenz, und zwar unter Bevorzugung der männlichen Linie und des ältesten Sohnes. (3) Das Familienbewußtsein wird auf ein Herrschaftszentrum bezogen, zumeist auf eine der zahlreich in dieser Krisenzeit errichteten Befestigungen, oft nur ein Holzturm auf aufgeschütteter Motte, aus dem später mit umringten Nebengebäuden erst die „Ritterburg" wird. (4) Diese Burg wird namengebend, in einer Zeit (5) des Übergangs von der Einnamigkeit zur Zweigliedrigkeit des Namens zumeist mit Herkunftspartikel (de, von) und der Entstehung von Familiennamen. (6) Dieses neue Namen- und Familienbewußtsein gründet in der Erblichkeit unabhängigen (allodialen) oder verliehenen, aber erblich werdenden (feudalen) Besitzes. An die Stelle des Amts tritt das Lehen. Der Adel gliedert sich in klar umgrenzte Familien, nicht mehr in diffuse Sippen.

2.2 Demographisches und wirtschaftliches Wachstum

Der Zerfall des Karolingerreiches in seine Bestandteile, die verschiedenen *regna*, und der Zerfall dieser in zahlreiche Fürstentümer als Inhaber der öffentlichen Gewalt ist eine wichtige Voraussetzung dafür, daß der Adel auch zahlenmäßig zunahm und mit ihm der Umfang der Gefolgschaften. Denn die Zeit bis um 1300 ist durch demographischen und wirtschaftlichen Aufschwung gekennzeichnet. Daß der Emanzipationsprozeß notwendig auch die unfreien Dienstleute (Ministerialen) des Adels erreichte, konnte nicht ausbleiben. Daß unter diesen die militärischen Ministerialen, die *milites* hervorragten, kann in einer Zeit nur geringfügig geordneter Gewalt nicht verwundern. Damit war die gesellschaftliche Situation erreicht, in der die ritterlich-höfische Kultur entstand.

2.3 Differenzierung von Adel, Bauer, Bürger

Eine weitere Voraussetzung ist die Entstehung des vom Adel alsbald als Gegenwelt begriffenen Bauernstandes. Es ist nicht so, daß es den ‚Bauern' immer gegeben hätte. In seinen Beschränkungen, ohne Waffen, ohne Jagdrecht, strenger als bisher seinem Herrn unterworfen, vermindert in seinen Aufstiegschancen, ist er eine Neuheit des 10. Jahrhunderts. Jetzt erst kann der Adel über den Bauerntölpel lachen, der die Welt und die höfischen Sitten nicht kennt, kann ihn als „vilain", zu deutsch „dörper" brandmarken und in bitterbösen Satiren verspotten (Neidhart von Reuental, Heinrich Wittenwiler). Dabei ist das Bewußtsein nie abhanden gekommen, daß der freie Großbauer dem kleinen Adligen nahe steht; desto mehr muß er, wie im ‚Meier Helmbrecht' (2. Hälfte 13. Jahrhundert), in seine Schranken verwiesen werden. Dagegen gehört die Herabsetzung von reichen (und oft adligen) Stadtbürgern einer späteren Stufe an, wie am ‚Guten Gerhard' (aus Köln) des Rudolf von Ems (Anfang 13. Jahrhundert) deutlich wird. Wesentlich ist, daß Dienstmannschaft und Adel sich nun als Kriegerstand definieren können; denn sie besitzen das Monopol der bewaffneten legalen Gewaltanwendung. Hinzu kommt, daß diese Krieger beritten sind: Auch der Dienstmann ist Reiterkrieger. Daher auch der außerordentliche Symbolwert des Pferdes. Dies ungeachtet der Tatsache, daß die höheren Ämter jeder Hofhaltung von Dienstleuten besetzt sind. Erst die Trennung von Tätigkeit und (Ehren-)Amt macht es später möglich, daß die oft unkriegerischen Symbole dieser nun erblichen Würden in den Wap-

Differenzierungen innerhalb des Adels: Fürsten, Herren, Ritter

pen der betreffenden Familien und auch der Kurfürsten (die die Reichserzämter innehaben) auftauchen.

Das 11. und 12. Jahrhundert bringt aber auch Differenzierungen innerhalb des Adels. Jetzt festigt sich eine Dreiteilung, die fortan die ständische Geschichte besonders im Reich bestimmen sollte: aus den Dienstleuten entstand im 12. Jahrhundert in fortschreitender Einschränkung der Verpflichtungen die „Ritterschaft", der niedere Adel (mit der Reichsministerialität an der Spitze), den der Mangel an „Freiheit" von den „edelfreien" Grafen und Herren abgrenzte. Über diese erhob sich im Laufe des 12. Jahrhunderts, seit 1180 deutlich erkennbar, der neue Fürstenstand, der den Prinzipat beanspruchte – wie ihn zuerst der römische *princeps* (Kaiser), dann der merowingische und karolingische König ausgeübt hatte – und im Reich bekanntlich auf Dauer durchsetzte, im Unterschied zu Frankreich, wo die *nobilitas* der Prüfstein des Adels blieb, nicht die Freiheit. Dabei gab es bei weitem mehr geistliche als weltliche Fürstentümer im Reich. Die Entwicklung im Reich mußte daher anders verlaufen als im Westen. Die Beziehungen zwischen Fürsten, Edelfreien, Dienstherren und Dienstmannschaft waren weder spannungslos noch eindeutig: Das 12. Jahrhundert ist voll von Spuren gegenseitiger Auseinandersetzungen – aber andererseits treten seit dem 12. Jahrhundert Edelfreie in die Ministerialität ein, um in den Genuß der materiellen Vorteile zu kommen, die den Dienstleuten gewährt waren oder die diese sich erkämpft hatten. Der neue Stand erhält dadurch vermehrtes Gewicht und eine große Dynamik. Voll konstituiert ist die Ritterschaft durch den Abschluß nach unten, der sich im 12. und 13. Jahrhundert in zwei Phasen vollzieht. Um 1200 soll nur noch der Ritterbürtige Ritter werden, d. h. die Ritterschaft war ein Berufsstand geworden: *ordo militaris*. Diesem konnten alle Waffenführenden angehören, vom Dienstmann bis zum König. Um 1300 war die Ritterwürde entbehrlich geworden, d. h. der Berufsstand hatte sich in einen Geburtsstand verwandelt: *genus militare*. Mit diesem, dem niederen Adel, hatten Herren (die sich nun *fry* und Freiherren nennen), Grafen und Fürsten nichts mehr zu tun. Die Idee des Rittertums bedurfte eines neuen sozialen Ortes.

2.4 Neue Bindungen

Den Differenzierungen in der Oberschicht stand eine neue Form von Bindung zunächst ausgleichend, dann bestätigend und verstärkend entgegen: das Lehnswesen, im Reich besonders ausgeformt in der pyramidalen Rangordnung des ‚Heerschildes'. Danach durfte der König von niemandem, der Fürst nur von geistlichen Standesgenossen, der Gleichrangige nur von Höherstehenden Lehen nehmen; andernfalls hätte er seinen ‚Heerschild' (den lehnrechtlichen Rang) gemindert. Nur im karolingischen Europa ist das Lehnswesen zur vollen Ausbildung gelangt. Seine spezifischen Formen haben die ritterlich-höfische Kultur mitgeprägt und finden sich zumal in der höfischen Liebe wieder.

Aus älteren Elementen (1) der Selbsttradierung des Vasallen zu Dienst und Gehorsam gegen Unterhalt und Schutz, ausgedrückt im Handgang der Mannschaftsleistung, (2) des Treueids des Gefolgsmanns, und (3) der Ausgabe eines (alsbald erblichen) Lehens an Land oder (später) Einkünften gegen Heer- und Hoffahrt im 8.–10. Jahrhundert zusammengewachsen, wurde der Lehnsdienst nie als Knechtsdienst verstanden und war eine zweiseitige Bindung, die den Herrn ebenso zu Schutz und Schirm verpflichtete wie den Mann zu Rat und Tat. Der Treubruch konnte des einen oder des anderen sein; über den Tatbestand der „Felonie" entschied das Lehngericht der jeweiligen Gleichrangigen. Die Lehnsverhältnisse schoben sich allenthalben zwischen die Fürsten und ihre Untertanen. Dazwischen konnten sich selbständige Herren etablieren, die in einen nur noch lockeren Verpflichtungsrahmen eingebunden waren. [Lehnswesen]

Dem norddeutschen Recht des Sachsenspiegels von 1220/1230 zufolge (Lehnrecht 2 § 1) waren lehnsunfähig und damit ohne Rang in der durch das Lehnswesen neu strukturierten Gesellschaft nicht nur die Kleriker (als Person), die Frauen (wiederum als Person), Geächtete, Uneheliche, sondern auch Bauern und Kaufleute bzw. Bürger: Im Norden gab es den lehnsfähigen Ritterbürger mit eigener Gefolgschaft nicht wie an Rhein und Donau, nur den Lehnbürger, der allein passives Lehnrecht hatte und wohl Grundbesitz, aber nicht Grundherrschaft erwerben konnte. Dieser noch nicht hinreichend erklärte und untersuchte Unterschied ist von Bedeutung für die geringe Ausbreitung der ritterlich-höfischen Kultur in den Städten des Nordens und Ostens. [Lehnsunfähige]

Die relativ selbständige, zu keinen *opera servilia* verpflichtende Stellung der Ritterschaft und jedes Lehnsmanns, sein Widerstandsrecht im Falle von Felonie des Herrn, sie haben der ritterlich-höfischen Kultur Europas einen unverwechselbaren Charakter von Freiheit gegeben, so wie die Gesten und Vorstellungen des Herrendienstes zum Grundmuster des Frauendienstes wurden. [Der Charakter der Freiheit]

2.5 Die neue Frau

Die Verehrung der Frau als Herrin in Roman und Minnedichtung läßt vermuten, daß auch in der Wirklichkeit, ja vielleicht zuerst im wirklichen sozialen, rechtlichen und politischen Leben die Stellung der Frau sich verbessert hätte. Der Forschung ist stets aufgefallen, daß höfische Liebe, Marienminne und religiöse Frauenbewegung parallele Erscheinungen gewesen sind. Maria war geradezu *die* Heilige des im 12. Jahrhundert aufblühenden Zisterzienserordens und des so einflußreichen Bernhard von Clairvaux. In Religiosität und *caritas* erlangten auch vornehme Frauen wie Elisabeth von Thüringen oder Jolande, Tochter des Grafen von Vianden, so etwas wie Autonomie, aber nur dort.

<small>Rechtsstellung und Ansehen der Frau</small>

Wer jedoch in den Urkunden Spuren eines realen Wandels sucht, wird enttäuscht. Nach wie vor wurden Frauen ohne Bezug auf einen Mann nicht gedacht. Stets standen sie unter Vormundschaft: des Vaters, der Brüder, des Ehemannes. Ihnen sollten sie dienen, ihnen nützlich sein, ihnen (männliche) Nachkommen tragen. In der Öffentlichkeit, in der Amtskirche spielten sie keine Rolle, galten überdies im physischen und moralischen Sinne als unrein; kirchliche und monastische Autoren wurde nicht müde, Misogynie zu predigen. Lediglich als Witwe und als Nonne war die Frau durchaus angesehen und in höherem Maße rechtsfähig. Doch rechtlos, zumal im erbrechtlich-güterrechtlichen Sinne, war die vornehme Frau nie: Über ihr Heiratsgut verfügte sie allein, über das gemeinsam erworbene Gut hatte sie Mitverfügungsrecht, als Witwe verfügte sie über das gesamte Gut. Vor allem: Was außer Hause der Mann, war im Hause die Frau. Da die Männer öfter im Heer und bei Hofe als zu Hause waren, war sie nicht nur Hausherrin, sondern Herrin schlechthin, die auch Verteidigung und Angriff leiten konnte; Beispiel hierfür gibt es genug. Dies galt für das 10. Jahrhundert ebenso wie für das 15. Von Selbstbestimmung der Frau, gar Toleranz gegenüber Ehebruch, kann jedoch keine Rede sein.

<small>Verbesserungen</small>

Doch gab es auch Veränderungen: Bis ins 12. Jahrhundert hinein kann der Mann die Frau verstoßen, wenn er ihrer Sippe die Mitgift zurückgibt, kann der Vornehme weitere (undotierte) Ehen minderen Rechts führen, wenigstens Konkubinen haben. Dann wird dies schwieriger, hält sich lediglich und noch lange auf der Ebene der Fürsten, wo die Vergewaltigung auch adliger Frauen offensichtlich alltäglich war und die zahlreichen Bastarde unterschiedliches Ansehen und sozial-rechtliche Stellung genossen. Dieser Wandel ist aber nicht auf die Wirkung der ritterlich-höfischen Kultur zurückzuführen, sondern auf die stete Erziehungs- und Zwangsarbeit der Kirche. Mit dem hier studierten Phänomen hat diese Entwicklung nur insoweit zu tun, als ein gemäßigteres Sexualverhalten und die höfische Liebe (trotz der literarisch-gesellschaftlichen Diskussion des Ehebruchs) gleichermaßen in der christlichen Lehre wurzeln. G. DUBY betont die Entsprechung zwischen der (sehr) allmählichen Durchsetzung des Zölibats für die Priester und der Entstehung des ‚Regelwerks' der höfischen Liebe zur Bändigung der ‚Jugend'. Im 12. Jahrhundert begegnen die ersten Fälle ausdrücklicher Gattenliebe, für die erstmals *amare, amor* und *fides* angewandt wird; die Norm beginnt zu wanken, was noch nicht heißt, daß sie aufgegeben wurde. Es hat den Anschein, als wäre im Adel des 12. Jahrhunderts und zunächst auf diesen beschränkt die ‚Liebe', ob weltlich oder geistlich, und die Gleichberechtigung der Geschlechter (und die Frauenschönheit) gleichsam erfunden worden – von den Männern, wobei die vorher nicht bezeugte „Unio mystica" das stärkste Argument für den tatsächlichen Wandel darstellt (P. DINZELBACHER). Eine weitere Rechtsverbesserung ist die zunehmende Lehnsfähigkeit der Frau ab dem 12. Jahrhundert und die weibliche Siegelführung. Aber damit wurde nicht eigentlich weibliche Herrschaft konstituiert, sondern männliche Familienpolitik gesichert.

Gerade im Reich gab es sogar gegenläufige Tendenzen. Unter den Ottonen und Saliern sind Krönungen von Königinnen und *consors regni*-Titel üblich, dann verschwinden beide. Königinnen und Kaiserinnen spielen seit den Staufern keine erkennbare politische Rolle mehr (in den Territorien sieht das Bild jedoch etwas anders aus). Auch läßt sich im Reich erst spät (ca. 1350) bei Königinnen oder Fürstinnen ein Hof ausmachen, der sich vom allgemeinen Hof abgeschichtet hatte, wie es in Frankreich in der zweiten Hälfte des 12. Jahrhunderts der Fall war. Dies hatte aber nicht nur Vermehrung von Selbständigkeit zur Folge, sondern auch den Ausschluß, also eine Minderung des Einflusses. Im Unterschied zu den männlichen Ministerialen werden Angehörige des weiblichen Hofes (mit Ausnahme der fürstlichen Familienmitglieder) nie als Zeugen in Urkunden genannt. Eine Emanzipation der Frau im Rechtssinne ist nicht erkennbar. Aber auch wenn Fürstinnen, Hofdamen und Hoffräulein lediglich als Schmuck und Publikum bei dichterischen und musikalischen Darbietungen und beim Turnier fungierten, so ist dies doch keine gleichgültige Tatsache: Sie hatten die höhere Bildung, und die Kennerschaft lag bei ihnen, wie sie denn auch oft als

Gegenläufige Tendenzen

Gönnerinnen auftraten. Die um die Dreiheit von Tugend, Schönheit und Bildung (J. FLECKENSTEIN) kreisende literarische Erhöhung, wenn auch der Erhöhung des Mannes dienend, mußte auf Dauer den Status der Frauen verändern.

2.6 Geistige und religiöse Voraussetzungen

Wenn die ritterlich-höfische Kultur aber eine fast ausschließlich geistig-literarische Bewegung war, die sich in den Köpfen abspielte, bevor sie auf die Wirklichkeit verändernd einzuwirken begann, dann muß ihr ein Wandel der Denkgewohnheiten vorausgegangen sein. Die Wurzeln des Wandels, der in der zweiten Hälfte des 12. Jahrhunderts deutlich zu greifen ist, reichen in der Tat weit zurück. Mehrere Elemente sind zu unterscheiden:

Herrschertugenden

Der Tugendkatalog des christlichen Ritters enthält, abgesehen von uralten aristokratischen Werten wie Tapferkeit und Freigebigkeit, Maß und Würde, das Gebot des Schutzes der *homines minus potentes*, der Kleriker, Witwen und Waisen. Dies aber sind Herrschertugenden, wie sie durch die Verchristlichung des Herrscheramtes durch das neue Gottesgnadentum der Karolinger schon um 800 nachweisbare Vorschrift waren. Dies wird sinnfällig im kirchlichen Schwertsegen des Pontificale Romanum aus dem 10. Jahrhundert, der (mit den notwendigen Änderungen) aus dem Krönungsordo des Königs übernommen ist. Der von der Kirche geforderte Tugendadel wurde durch Vermittlung der Kleriker im Adel rezipiert und gleichsam okkupiert. Er wurde die alle Herrschenden verbindende, ein neues Selbstverständnis begründende Legitimation.

Gottesfrieden und Landfrieden

Einen neuen Schub zur Verchristlichung des Kämpfers stellen die ursprünglich südfranzösischen Gottesfrieden dar. Es handelt sich dabei in einer Zeit allgemeiner Gewalttätigkeit einerseits um Einschränkungen der erlaubten Kriegsaktivitäten, andererseits um die Aufstellung von Milizen zur Wahrung des Friedens. Bestimmte Orte (Kirchen), Sachen (Vieh) und Personen (unbewaffnete Geistliche und Mönche, Pilger und Arme, Bauern und Kaufleute, Jäger und Frauen) genießen Frieden *(pax)*. An bestimmten Wochen- und Feiertagen darf nicht gekämpft werden *(treuga dei)*. Die Bewegung erreicht das Reich zunächst im äußersten Westen, in Cambrai (1036). Der christliche Ritter schafft Frieden, nicht Unfrieden und ist somit in nicht zu übertreffender Weise legitimiert. Auffälligerweise hat die Bewegung außer der Peripherie (Skandinavien, Osteuropa) auch England nicht erreicht.

2. Entstehung

Diese Vorstellung erhält etwa zur gleichen Zeit von anderer Seite anhaltende Stärkung. Ein neues, weder antikes noch biblisches, die Ungleichheiten der Wirklichkeit harmonisierendes Bild des Aufbaus der Gesellschaft entsteht kurz nach 1000. Drei Aufgaben seien den Menschen gestellt, und sie dürften nicht vermischt werden: Die einen beten *(oratores)*, die anderen kämpfen *(bellatores, pugnatores)*, die anderen arbeiten *(agricultores, laboratores)*, und jeder brauche den anderen zur Ausführung seiner Bestimmung. Damit sind die herrschenden Stände von Geistlichkeit und Adel an sich und in ihrem Vorrang nachhaltig legitimiert. Dieses Schema erhielt seine Durchschlagskraft dadurch, daß es auf die oben erwähnten Differenzierungen innerhalb der Gesellschaft (vor allem die Trennung von Bauer und Krieger) reagierte und diese einzuordnen verstand. Damit wurde es seinerseits zur Ursache: Es konstruierte das gute Gewissen des Ritterstandes und definierte seine Aufgaben (O. G. OEXLE). Diese Theorie ist vollständig ausgebildet bei Bonizo von Sutri (1090/95): Der Ritter soll um das Land *(res publica)* unter Einsatz des Lebens kämpfen und die Wehrlosen schützen. Das Programm ist nicht neu, neu ist jedoch der gesamtgesellschaftliche Zusammenhang. *Das trifunktionale Schema*

Die Trennung von weltlicher und geistlicher Herrschaft im Investiturstreit der zweiten Hälfte des 11. Jahrhunderts hat diesen Legitimierungsbedarf sowohl geschaffen als auch befriedigt. Indem Gregor VII. (gest. 1085) die Weltherrschaft des Papstes verkündigte, machte er eine Herrschaft der Kirche und ihrer bewaffneten Anhänger in der Welt denkbar. Auch seine Gegner konnten weltliche Herrschaft nicht ohne religiöse Legitimation denken. Erst nach der Trennung der Bereiche wurde eine künstliche Einheit notwendig: der christliche Ritter. Dessen vornehmste Tätigkeit mußte der Kreuzzug sein im Dienst des christlichen Glaubens und der Kirche zur Eroberung und Verteidigung des Heiligen Landes und der Christenheit an allen ihren Grenzen. *Kirchenreform und Kreuzzugsgedanke*

Das trifunktionale Schema bot für neue ständische Entwicklungen lediglich durch Umdeutung, Sinnerweiterung oder Substitution Platz. Hierzu gehört die Umdeutung des Wortes *orator/clericus* im 12. Jahrhundert: Jetzt wird der Kleriker zum *litteratus* und der Laie zum *illiteratus*, spielen der gelehrte Kanzler und Hofklerus eine gesellschaftlich bedeutende Rolle. In der Wiederannäherung von seit dem 10. Jahrhundert geschiedenen Bildungswelten intensiviert sich der Austausch zwischen aristokratischer Laien- und gelehrter Klerikerliteratur, gefördert durch ‚quasi' literate Mäzene, „die Anver- *Die Renaissance des 12. Jahrhunderts* wandler und die eigentlichen, die wichtigsten Träger der ritterlich-höfischen Kultur" (J. FLECKENSTEIN). Es beginnt die neuere Geschichte des nunmehr gleichrangigen Paares *arma et litterae*, sinnfällig zum Ausdruck gebracht durch die zahlreichen, zuvor undenkbaren literarischen Streitgespräche zwischen Kleriker und Ritter um die Frage, wer der bessere Liebhaber sei, und durch den postulierten und zeitweilig eingeräumten Adel der Doktoren. Die neue Form der scholastischen Wissenschaft, die Parallelisierung von geistigem und praktischem Kampf, Disputation und Turnier, zeigen verwandte Strukturen an. Aus der Renaissance des 12. Jahrhunderts erhält besonders die höfische Liebe ihren kasuistischen, juristischen, scholastischen Charakter. Auch die antike Färbung des Rittertums wäre wohl ohne jene Wiederbelebung der Antike schwächer gewesen. An die Seite der Sieben freien treten die Sieben praktischen Künste. Die neue Kultur der dialogischen, agonalen Diskussion fördert auch das Reden von einer neuen, friedfertigeren Weise zu lieben. Aber dieses neue Rede ist ohne die neue Wissenschaft, ohne die parallelen Erscheinungen der Temperierung herrenmäßigen Lebens durch Kirche und Hof nicht denkbar: das kanonische Prinzip der Freiwilligkeit zur Ehe, das auch die Anschauungen der Kirche beherrscht, wird umgeformt und bis zur Freiwilligkeit in der Ehe gesteigert. Doch die Antike wird an den Höfen nicht um ihrer selbst willen gleichsam historisch rezipiert. Gesucht wurden Vorbilder. In einer erstaunlichen Umformung werden die Gestalten der Vergangenheit zu Rittern, am deutlichsten greifbar in den ‚Neun Helden', jenen Heiligen der ritterlich-höfischen Kultur.

3. Ausbreitung

3.1 Geographische Ausbreitung

Die neuen literarischen und gesellschaftlichen Formen sind mit unterschiedlicher Geschwindigkeit und abweichendem sozialem Tiefgang in Europa übernommen worden. Der Vorgang erstreckt sich in Kerneuropa über etwa hundert Jahre, von ca. 1150 bis ca. 1250. Die Peripherie wurde noch später erreicht.

Der Kernraum — Die einzelnen Phänomene sind nicht zur selben Zeit und am selben Ort entstanden: Höfische Liebe und höfische Dichtung werden zuerst in der Provence faßbar. Nordfrankreich scheint vor 1066 das Turnier hervorgebracht zu haben, während das Wappenwesen zwischen 1140–1160 zugleich an der Loire, in der Pikardie, in den

Niederlanden, den Rheinlanden und in Südengland auftritt, so daß gar nicht gesagt werden kann, wo es sich zuerst entwickelt hat. Immer ist das karolingische, vom Lehnswesen geprägte Europa, sind Aquitanien, Neustrien und Burgund der Quellraum. Dasselbe wiederholt sich in späteren Stufen, bei der Ausbildung der Hofämter, Herolde, Hofnarren, Bilddevisen. *Litterati* bei Hofe gibt es zuerst im anglonormannischen Reich Heinrichs II., dann im kulturell davon abhängigen Sizilien Rogers II., dann erst am französischen und am deutschen Königshof.

Weite Teile Europas sind gar nicht, spät oder nur teilweise berührt worden. Dazu gehört im Osten und Süden der gesamte russisch-byzantinische Raum. Die polnisch-litauischen Gebiete haben spät einige Elemente übernommen, aber schon ihr Wappenwesen mit Stammwappen für ganze Familienverbände ist ein anderes als im Westen. Der skandinavische Norden mit seiner vom Volksadel geprägten Struktur hat sich in verschiedenen Graden und erst allmählich geöffnet, am frühesten in Norwegen, am intensivsten in Dänemark. In der keltischen Welt hat sich Schottland unter englischem Einfluß geöffnet, Irland blieb davon aber so gut wie ausgeschlossen. Dagegen ist die iberische Halbinsel durchdrungen worden, ohne doch je zu den Quellgebieten zu gehören, es sei denn in der Ideologie des Heidenkampfes. Italien hat bei der Entwicklung der ritterlich-höfischen Kultur keine führende Rolle gespielt, was sicherlich auf die große Bedeutung seiner Städte zurückzuführen ist; erst im 15. und 16. Jahrhundert ist dies anders geworden, doch nun verwandelt durch die neue Geisteshaltung der Renaissance.

Periphere Länder

Solche Zonen unhöfischen, unadeligen Charakters gab es auch im Reich. Extrem an der Nordseeküste, wo die Stedinger Bauern im Kampf gegen die Herrschaftsbildung des Bremer Erzbischofs erst 1234 bei Altenesch erlagen; in Ostfriesland, das sich erst in der Häuptlingszeit des 14. und 15. Jahrhunderts aristokratisierte; bis 1559 in Dithmarschen, wo bäuerliche Genossenschaften einen ausgeprägten Adelshaß entwickelten und die holsteinischen Herren in wiederholten Schlachten das Fürchten lehrten. Eine bleibende Entaristokratisierung ist auf Kosten des mit Habsburg kompromittierten Adels in der schweizerischen Eidgenossenschaft zu beobachten, die in der 1. Hälfte des 14. Jahrhunderts aber noch zu den Zentren ritterlich-höfischer Kultur gehörte (s. Teil II, 3). Wenig berührt war auch die gesamte Nordostfront des Reiches östlich der Elbe: Ältere germanische und slawische Sozialordnungen und die späte Kolonisierung gaben für höfisch-ritterliches Leben keinen geeigneten Bo-

Die Zonen des Reichs: Randgebiete

den ab; die frühe Ausbildung eines starken Territorialstaats konzentrierte die Möglichkeiten allein auf den Fürstenhof und gab der ohnehin nicht reichen Ritterschaft wenig Raum zu eigener Entfaltung. Doch ist für drei Gebiete eine Ausnahme zu machen, infolge privilegierter Beziehungen zum Westen: Böhmen kannte schon unter Ottokar II. († 1278), dann wieder unter den Luxemburgern im ganzen 14. Jahrhundert eine blühende ritterlich-höfische Kultur. Schlesien tat sich in gleicher Weise hervor, besonders in den Fürstentümern Liegnitz und Brieg. Schließlich wurde in der zweiten Hälfte des 14. Jahrhunderts der Hochmeister des Deutschen Ordens in Preußen zunehmend zu einem Landesfürsten mit einer Hofhaltung, die deutlich weltliche Züge trug.

Weltliche und geistliche Fürstenhöfe

Es mutet merkwürdig an, daß im Reich zahlreiche Bischöfe und Äbte als Träger der ritterlich-höfischen Kultur zu finden sind. Sie waren aber Reichsfürsten, mit eigenem Territorium und eigener Stiftsvasallität, also gleichzeitig Landesherren in ganz weltlichem Sinne mit der Verpflichtung zum Kriegs- und Hofdienst wie andere Lehnsträger des Königs auch. Da sie fast alle selbst dem Hoch- oder Niederadel angehörten, ist es nicht verwunderlich, daß diese Höfe besonderer Prägung teilnahmen, und mehr als das: Geistliche Höfe führten in besonders enger Weise Kleriker und Laien zusammen; geistig-geistliche Bildung und Denkschulung waren dort in besonders hohem Maße vertreten, so daß gerade hier ein besonders fruchtbarer Boden zur Annahme der neuen Formen und Inhalte bereitet war.

Rheinlande

Der Schwerpunkt der ritterlich-höfischen Kultur hat immer im Westen und Süden des Reichs gelegen. Der Rhein war ihre Achse, mit den reichen geistlichen Fürstentümern von Köln, Mainz und Trier und zahlreichen weltlichen Fürsten, voran dem Pfalzgrafen bei Rhein, gefolgt von vielen Grafen und Herren. Der Mittelrhein wird in der ersten Hälfte des 14. Jahrhunderts zum frühsten erkennbaren Zentrum von Minnegeselligkeit. Der strenge Heinrich der Teichner kann sich um die Mitte des 14. Jahrhunderts nicht genug tun, die ruchlose „reinischait" zu tadeln, die die österreichischen Herren zu loser Kleidung und losem Lebenswandel verführe. Schon um 1200 hatte Walther von der Vogelweide die höfischen Leute am Rhein besungen.

Österreich und Böhmen

Österreich und Steiermark waren weitere Zentren unter den Babenbergern († 1246), dann den Habsburgern, während die Görzer in Tirol, Kärnten und Friaul mit ihnen wetteiferten, bis auch ihre Besitzungen an diese übergingen. Gerade aus den Alpenländern sind uns Zeugnisse erhalten, die anderswo in rascherer Entwicklung verlorengingen, z B. der Iwein-Zyklus auf Rodenegg vom Anfang des 13. Jahrhunderts oder die Ausmalung des Runkelstein bei Bozen um 1400. Daß Walther von der Vogelweide in einer Reiserechnung Bischof Wolfgers von Passau von 1192 begegnet, weist auf diesen weit nach Böhmen hinein ausstrahlenden Hof hin. In Böhmen selbst, einem früh auf die Hauptstadt Prag konzentrierten Land mit mächtigem Adel, haben die Przemysliden, dann die Luxemburger die ritterlich-höfische Kultur früh und anhaltend rezipiert.

Andere Zentren waren Bischofssitze in Franken und Schwaben: Würzburg, Bamberg, Konstanz. In Schwaben (Ravensburg) und Bayern (Regensburg) schufen die Welfen Höfe neuen Stils, die selbstverständliches Erziehungszentrum für den nachgeordneten Adel der Gegend waren; sie taten es auch in Bayern, wo ihnen die Wittelsbacher folgten, deren Höfe in München, Landshut und Straubing zu den glänzendsten des 15. Jahrhunderts gehören sollten. Die große Figur Heinrichs des Löwen, der 1180 entmachtet wurde und seinen Nachkommen nur das Eigengut um Braunschweig und Lüneburg vererben konnte, dazu den hohen Rang und die anglonormannische Allianz, hat im sächsischen Braunschweig die erste nicht königliche Residenz auf deutschem Boden geschaffen. Es ist von ihm ausdrücklich überliefert, daß er (wie ehemals Karl der Große) den Austausch zwischen der traditionellen Adelskultur und der geistlichen Bildung förderte. Von seiner englischen Gemahlin Mathilde, „der ersten fürstlichen Gönnerin in Deutschland" (J. BUMKE), ist bekannt, daß sie das französische Rolandslied übersetzen ließ (Rolandslied des Pfaffen Konrad). Der Braunschweiger Hof blieb unter Kaiser Otto IV., dem ersten Herzog Otto (ab 1235) und Albrecht I. (1252–1279) ein norddeutsches Zentrum, an dem – wahrscheinlich erst damals – der deutsche ‚Lucidiarius' entstand (G. STEER). *[Franken, Schwaben, Bayern, Sachsen]*

Nur ein anderes norddeutsches Geschlecht konnte Ähnliches bieten: die Ludowinger, die im 12. Jahrhundert die Landgrafschaft Thüringen aufbauten, ebenso wie die Welfen (und später die Grafen von Holstein) Söhne zur Ausbildung nach Paris schickten und sich der ritterlich-höfischen Kultur zur Erhöhung ihres Hauses derart zu bedienen verstanden, daß „der Sängerkrieg auf der Wartburg" (den es so nie gegeben hat) bis zum heutigen Tage nicht vergessen ist. Wie die glänzenden Babenberger starben auch sie früh aus (1247) und haben auf dem Gebiet des Mäzenatentums nicht ganz so glänzende Nachfolger in Hessen und Meißen gefunden. Die unlängst *[Thüringen, Hessen und Meißen; der Norden und der Osten]* aufgefundenen Fresken im Hessenhof zu Schmalkalden aus der Mitte des 13. Jahrhunderts sind ein Hinweis auf diese Traditionen. Der Norden und der Osten Deutschlands blieben eine Gegend, in der die ritterlich-höfische Kultur tiefe Wurzeln nicht schlagen konnte. Es gab dort allerdings mehr davon, als heute bewußt ist.

Der Königshof Am Oberrhein und in Schwaben war die Königsdynastie der Staufer stark und begütert. Trotz allen Schwärmens für den „staufischen" Ritter bleibt es jedoch eine in den deutschen Machtverhältnissen begründete Wahrheit, daß die Staufer auf diesem Gebiet nicht führend gewesen sind. Erst 1184 im großen Mainzer Fest erreichten die neuen Formen die höchste Ebene der Königsfamilie und eines Reichshoftags, woran, durch Otto von Freising vermittelt, eine Theorie der *translatio militiae* im ‚Moriz von Craûn' (des Bligger von Steinach?) anknüpft (H. THOMAS). Immerhin sind Heinrich VI., Friedrich II., Heinrich (VII.) und Konradin alle als „Minnesänger" bekannt. Sogar ein Graf von Flandern-Hennegau aus dem an sich weiterentwickelten Niederlothringen sandte seinen Sohn (Balduin VI.) an den Hof Heinrichs VI., um dort die *mores curie* zu erlernen. Es fällt auf, daß bis zum Ende des 15. Jahrhunderts und besonders im 14. Jahrhundert der deutsche König im Unterschied etwa zu manchen Königen von England und Frankreich zur ritterlich-höfischen Kultur beträchtliche Distanz hält. Es gibt einen Wesensunterschied zwischen Königs- und Fürstenamt und dem Rittertum, der leicht übersehen wird.

3.2 Ständische Ausbreitung

Die Frage nach dem sozialen Ort ist damit gestellt. Die lange herrschende Auffassung von einer von unten kommenden Integrationskultur der ministerialischen Aufsteiger hat sich als insgesamt unrichtig herausgestellt und wurde inzwischen vom Kopf auf die Füße gestellt. Sie ist dennoch nicht ganz falsch. Denn die ritterlich-höfische Kultur hat mehrere Wurzeln. Das Turnier dürfte einen sozial niedrigeren Ursprung haben als die höfische Liebe, die mit Sicherheit an den großen Höfen entwickelt wurde, die wiederum den notwendigen materiellen Rahmen für alle höheren Formen abgegeben haben. Ohne die Förderung der Dienstherren und ihrer Höfe hätte es keine ritterlich-höfische Kultur gegeben. Die höfischen Romane, stets um einen Hof kreisend, sind ein getreuer Spiegel dieser Situation.

Könige und Fürsten Die primäre Rolle des Fürsten ist diejenige des Gönners – wenn er denn die entsprechenden Ausgaben für gewinnbringend erachtet. Er selbst muß nicht teilnehmen. In einer zweiten Stufe wird er, wenn er die geistigen und physischen Voraussetzungen erfüllt, sich selbst beteiligen, z. B. an einem Turnier, wobei die Tendenz zur gefahrlosen Ritualisierung bestehen kann, aber nicht muß: Der mit leisem Kopfschütteln beobachtete Selbsteinsatz kann auch besonderes Ansehen bringen und stärkere Solidarisierung bewirken. Zu jedem Fall lassen sich Beispiele beibringen. Die deutschen Mäzene für Literatur und Literaturbetrieb, Bibliotheken und Geschichtsschreibung bis um 1300 sind durch J. BUMKE umfassend erforscht worden: das Ergebnis zeigt das hier angedeutete geographische und soziale Bild. Für die Zeit nach 1300 sind vorerst nur Teilaussagen möglich.

Der hohe und reichsfreie Adel hat sich lange die prinzipielle Gleichrangigkeit mit Fürsten und Königen bewahrt, wurden zwischen 1250 und 1350 doch wiederholt Grafen zu Königen gewählt. Seine Nähe zur ritterlich-höfischen Kultur ist aber größer gewesen, die Turniergenossenschaft war die Regel (zu Schaffhausen 1436 wurde ein Markgraf von Baden-Hachberg-Rötteln regelgerecht geprügelt). Die Zeugnisse für die Übernahme der verschiedenen Elemente der ritterlich-höfischen Kultur zeigen jedoch eine deutliche Phasenverschiebung im Vergleich mit den Fürsten an. *Grafen und Herren*

Nachdem man den niederen Adel lange für den Hauptträger gehalten, ihn dann aber ganz in den Hintergrund gerückt hatte, ist es vielleicht an der Zeit, zu erkennen, daß die Rolle der Ministerialen, besonders des Reiches und der Fürsten, beträchtlich war. Diese Aufsteigerschicht hatte die Annahme des hohen Lebensstils zu ihrer Integration besonders nötig. Später, im 14. und 15. Jahrhundert, wird sie ihn unter ständischen Vorzeichen in Adels- und Turniergesellschaften besonders pflegen (vgl. Teil II 6 und 7). *Niederer Adel*

Die Beurteilung der ständischen Verhältnisse in der mittelalterlichen Stadt ist lange dadurch erschwert worden, daß man den aristokratischen Charakter ihrer Frühzeit verkannte. In der Regel wird die Stadt des Hochmittelalters von ministerialischen Ritterbürgern regiert, so in allen Bischofs- und Reichsstädten, aber auch in vielen anderen, vor allem im Westen und Süden des Reichs. Diese Bürger sind Herren, wenn auch kollektive, und leben einen aristokratischen Lebensstil, gleichwohl verbunden mit Großhandel und Großproduktion. Mit dem Adel, der auf dem Lande in seinen Burgen sitzt oder zeitweilig auch in einem Stadthaus, stehen sie in Heiratsverbindungen und gegenseitiger Anerkennung. Die Patrizier haben ihrerseits getürmte, wehrhafte Stadthöfe und erwerben Türme und Bur- *Stadtadel und Bürgertum* gen auf dem Lande, die sie nach dem Familiennamen benennen, z. B. Schalerburg und Reichenstein bei Basel (vgl. Teil II 3 und 7). In jedem Falle ist die Stadt mit ihren vielen Möglichkeiten der Versorgung und Darstellung stets die Bühne des Adels (A. RANFT), der vor den Mauern, dann auf dem Marktplatz seine Turniere abhält, seine Gottesdienste, Bankette und Tänze feiert. Erst das 15. Jahrhundert wird Stränge zerreißen, nicht ohne Auswirkung auf den Charakter der ritterlich-höfischen Kultur. In geringerem Maße hat auch die nordostdeutsche Stadt diesen Sozialcharakter.

Bürgerliche Turniere Ein bürgerliches Turnier mit formellen Einladungen an andere Städte, wie im nordfranzösisch-flämischen Raum üblich, ist im deutschen Sprachraum zuerst in Magdeburg 1280 belegt. Die Abschließungstendenzen des Landadels führen in Nürnberg dazu, daß ab 1446 eigene patrizische Gesellenstechen veranstaltet werden; der Augsburger Marx Walther führt im 15. Jahrhundert sogar ein eigenes Turnierbuch. Das Danziger Patriziat besitzt um 1500 ebenso wie das Nürnberger seine eigenen Stechzeuge, im Artushof aufgehängt; einer der wenigen erhaltenen Turniersättel des deutschen Mittelalters stammt aus Regensburg, einer der raren Topfhelme aus dem Besitz der Nürnberger Rieter von Kornburg.

Bürgerliche Adelsreisen Den Ritterschlag holen sich diese Familien im 14. Jahrhundert gerne auf der Preußenfahrt gegen die heidnischen Litauer, im 15. am Heiligen Grab in Jerusalem, wo ihn ein adliger Franziskanerbruder erteilt, kein Fürst, der daraus Ansprüche ableiten könnte. Überhaupt beteiligt sich das Patriziat regelmäßig an der sich von der Heidenfahrt zur Kavalierstour wandelnden Reisetätigkeit des Adels und hinterläßt darüber die meisten Berichte. Werden der Einheitsdruck in der Stadt und die Absetzungstendenz des umgebenden Adels zu stark, müssen sich die patrizischen Familien entscheiden. Manche gehen aus der Stadt hinaus und schließen sich den territorialen Ritterschaften an.

Bürgerliche Gesellschaften In geradezu plakativer Weise wird ritterlich-höfische Kultur in den Vergesellschaftungen des städtischen Patriziats angekündigt, dies nicht nur in den südwestdeutschen Trink- und Stubengesellschaften, etwa der „Katze" zu Konstanz, die bezeichnenderweise mitsamt ihrem (noch vorhandenen Gebäude) 1424 unmittelbar nach dem Verlust des alleinigen Stadtregiments entsteht, sondern auch im Norden und Osten. In Lübeck wird eine vornehme und zunehmend exklusive Dreieinigkeits- oder Zirkelgesellschaft in den 70er Jahren des 14. Jahrhunderts gegründet. Die Artus-, Georgs-, Mauritius- oder Schwarzhäupter- und Junkerhöfe des Deutschordenslandes und des Baltikums, die seit 1310 (Thorn) nachweisbar sind, zeigen Formen, die in den höfischen Orden und genossenschaftlichen Adelsgesellschaften ebenfalls und sogar erst etwas später begegnen (ab 1325) – und dies in Städten, die so eindeutig kaufmännisch orientiert sind, daß von einem ministerialisch-ritterlichen Patriziat nicht die Rede sein kann. Hier wird deutlich, daß mit der Übernahme der typischen ‚Adelsheiligen' nicht auch das ganze höfischmüßiggängerische Wesen übernommen worden sein kann. Hier gibt sich die städtische Oberschicht, auch wenn sie kein Erbpatriziat geworden ist, einen herrenmäßigen Anstrich, der sie immer noch hinreichend von dem üblichen Volk handarbeitender Leute unterscheidet. Formen und Inhalte höfischer Literatur und Ikonographie werden lediglich zitiert oder mit einem anderen Sinn versehen: Das in den Städten weitverbreitete Bildprogramm der ‚Neun Helden' ist nicht als Bekenntnis zu einer Adelsideologie zu verstehen, sondern als Sinnbild umfassender, selbständiger Herrschaft der Stadt gerade gegenüber aristokratischem Anspruch. Adlige oder sich als adlig verstehende Stadtbürger gehören denn auch zu den hauptsächlichen Trägern der ritterlich-höfischen Kultur im späteren Mittelalter, beginnend mit dem Manesse-Kreis in Zürich um 1300/1320 bis hin zu den Münchener und Konstanzer Patriziern in der zweiten Hälfte des 15. Jahrhunderts.

3.3 Deutsche Besonderheiten

Die ritterlich-höfische Kultur ist nicht in Deutschland gewachsen, sondern wurde aus den Niederlanden und Frankreich importiert. Die wichtigsten Begriffe der höfischen Welt sind Lehnwörter aus dem Französischen und aus dem Niederländischen (s. Teil II 1). Gallizismen zu verwenden und zu „Flämeln" war sogar ausgesprochen Mode und wurde in der Literatur entsprechend satirisch behandelt. Daß neben direkter Kenntnis fremder Texte auch die Übersetzung, zumal für Laien, eine große Rolle spielte, liegt auf der Hand.

Zwischen den Äußerungen in Frankreich und den Niederlanden und in Deutschland bestand ein zeitlicher Abstand. Zumeist beträgt er 50 Jahre, kann aber, je nach Entfernung, politischer Konzentration in Höfen und abweichender Verfassungsstruktur auch mehr betragen, bis zu 150 Jahre in den peripheren Gebieten; dabei muß es sich bei diesen, wie das Beispiel des Deutschordenslandes zeigt, durchaus nicht um die am weitesten entfernten handeln. Ins-

Phasenverschiebungen

gesamt fehlten in Deutschland zunächst die Voraussetzungen für eine intellektuell auspruchsvolle Hofkultur; westeuropäische Texte sind daher keine Quellen für deutsche Zustände. Erst um 1320/30 können wir am Mittelrhein so etwas wie Hohe Minne als Gesellschaftsspiel beobachten.

Hoher und niederer Adel — Auch die Differenzierung innerhalb des Adels erfolgte später und war erst gegen 1300 abgeschlossen. Dann aber war die Trennung zwischen dem niederen Adel der Ritterschaft und dem hohen Adel der Grafen und Herren deutlicher ausgebildet als im Westen. Diese scharfe Trennlinie hat Auswirkungen auf die Gestalt der deutschen ritterlich-höfischen Kultur gehabt.

Geistliche Höfe — Der hohe Anteil geistlicher Höfe ist bemerkenswert, an denen sich klerikale Kultur und Laienkultur besonders häufig begegneten. Hier muß die ritterlich-höfische Kultur einen besonders fruchtbaren Boden gefunden haben. Auffällig ist, daß die soziale Sprengkraft ehebrecherischer Szenen und anderer Passagen, die der herrschenden Sexualmoral widersprachen, in den deutschen Übernahmen westeuropäischer Texte regelmäßig entschärft wurde. Die Bedeutung von „höveschen" und „höfscheit" als Unzucht in der Kaiserchronik ist dagegen nur im Deutschen, nicht im Französischen belegt.

Wappenwesen — Manche Anregungen wurden nur verkürzt übernommen: So wie es im Reich keine Differenzierungen der Titel gab (jeder Sohn eines Grafen hieß hier Graf), blieb auch das System der genealogischen Differenzierung der Wappen auf das den westlichen Einflüssen offene Rheinland beschränkt. Die Mode der Bilddevisen fand erst spät im Reich Eingang. Dagegen urteilen zeitgenössische Beobachter, daß nirgendwo so viele Wappen zu sehen seien wie im Reich (Montaigne über Baden bei Zürich). Schon im 14. Jahrhundert machte sich der Florentiner Sacchetti über die übertriebene Hochschätzung von Wappen und Helmzier durch tolpatschige Berserker deutscher Nation lustig. Helmzierden wurden in der Tat in der deutsch-niederländischen Heraldik besonders gepflegt und sind aus diesem Raum auch besonders häufig überliefert. Überhaupt scheint jene Form der Memoria der Wappen und Namen nicht nur durch das Aufhängen von Schilden, sondern auch das Einkratzen allerorten ein besonders vom deutschen Adel gepflegter Brauch und Mißbrauch gewesen zu sein, wie der Jerusalemreisende Felix Fabri in den 1480ern beobachtete und tadelte.

Sacchetti kannte die wappenstolzen deutschen Edelleute, weil *Solddienst* sie zu seiner Zeit und im ganzen 14. Jahrhundert in großer Zahl ita-

3. Ausbreitung

lienischen Herren und Kommunen um Sold dienten. Eine Mantuaner Urkunde über Freilassung auf Ehrenwort überliefert im Jahre 1361 nicht nur Namen, sondern auch Wappen – was Sacchettis Beobachtung bestätigt. Die deutschen Söldner bildeten eigene Organisationen aus und betätigten sich auch als Stifter, z. B. in St. Giorgetto (heute S. Pietro Martire) in Verona. Der Solddienst in Italien ist sicher der wichtigste gewesen, jedoch verdingte man sich an Mittel- und Niederrhein während des Hundertjährigen Krieges ebenso an Frankreich oder England. Dieser Kriegsdienst über weite Entfernungen hat sicher Folgen für die Verbreitung gesamteuropäischer Formen gehabt und zur Ausprägung genossenschaftlicher Verbindungen in der deutschen Ritterschaft beigetragen. Söldnertum und Rittertum sind nicht Gegensätze, sondern bedingen einander. Doch scheint in Deutschland das System des Lösegelds auf Ehrenwort den Kriegsgefangenen gegenüber weniger liberal gehandhabt worden zu sein.

In Deutschland hat es, wie im Westen, weltliche Ritterorden und Adelsgesellschaften in großer Zahl gegeben. Im Vergleich fällt die Stärke des genossenschaftlichen Prinzips auf. Die hierarchischen, um einen Fürsten als Souverän gescharten Hoforden, alle aus dem 15. Jahrhundert, sind an der Hand abzuzählen. Sogar die Habsburger sind über kurzlebige Versuche nicht hinausgekommen, bis sie 1477 das Goldene Vlies von Karl von Burgund erheirateten und zu ihrem internationalen Hausorden machen konnten. Dagegen kennt Deutschland eine Blüte genossenschaftlicher Gesellschaften, die in den Kriegen der 1380er und 1390er Jahren als politische Kraft auftreten, im 15. Jahrhundert eher als Turniergesellschaften. Ein Versuch, sie zu restaurieren, hat 1479–1487 nicht zum Erfolg geführt. Die genossenschaftlichen Turniere sind aber ein eindrucksvoller Beleg für die Existenz einer Kultur, die zwar ritterlich, aber nicht fürstlich-höfisch sein wollte. Ihr Scheitern hat dieser deutschen Variante die Kraft genommen, sie aber nicht völlig ausgelöscht (vgl. Teil II 6). Der konservative Charakter der deutschen Adelskultur im Spätmittelalter ist von vielen fremden Beobachtern festgestellt worden (z. B. von Philippe de Commynes). Ulrich von Hutten hat ihn 1519 angeprangert. Aber die Kräfte der Beharrung sind stark, wenn kein Zentrum zur Erneuerung zwingt und alle Legitimität im alten Herkommen liegt.

Ritterorden und Adelsgesellschaften, Konservatismus

4. Wandlungen

Die ritterlich-höfische Kultur war keine unwandelbare Erscheinung. In Art und Bedeutung unterlag sie vielmehr allen Veränderungen, die die mittelalterliche Gesellschaft durchmachte. Zu den wichtigsten gehören der allmähliche Übergang vom Personal- zum Territorialprinzip und vom Lehen zum Amt. Daneben sind bedeutsam die Verluste der nichtfürstlichen Aristokratie: der legitimen Gewaltausübung, des Monopols der Kriegführung, der kriegstechnischen Spitzenstellung des gepanzerten Reiterkriegers und der Distanz an Vermögen und sozialer Stellung zu neuen führenden Schichten aus der Stadt. Wem es nicht gelingt, durch öffentliche Herrschaft am Wirtschaftsaufschwung teilzunehmen (und es sind nicht wenige, denen es gelingt), sinkt ab und geht in die Defensive. Denn die nunmehr konkurrenzlosen Fürsten brauchen eine Gewaltmannschaft nicht mehr in demselben Maße wie in der Zeit des Aufstiegs und privilegieren sie deshalb nicht mehr in gleicher Weise. Der Wandel sei von der Warte der Jahre 1300, 1400 und 1500 aus betrachtet.

4.1 Um 1300

Die Zeit um 1200 stellt einen Höhepunkt der Rezeption dar: in Literatur und Lebensform, in der Entstehung des Deutschen Ordens und in der Ausbreitung der Templer und Johanniter im Reich. Zugleich bedeutet der frühe Tod Heinrichs VI. 1197 den endgültigen Sieg des Fürstenstaates im Reich. Die Ritterschaft konstituiert sich als Berufsgruppe. Die Zeit um 1300 ist durch mehrere wichtige Wandlungen gekennzeichnet.:

Konjunkturumschwung Die wirtschaftliche Konjunktur verändert die Richtung, das anhaltende Wachstum geht zu Ende, die Zeiten werden schwieriger. Die Pestwellen seit der Mitte des 14. Jahrhunderts verstärken diesen Trend nachhaltig. Der vorwiegend von der Grundrente lebende Niederadel ist einem Verlust an Einkommen ausgesetzt, der ihn zunehmend an den hohen Adel und die Fürsten zurückbindet oder marginalisiert und absinken läßt.

Gefährdung des militärischen Primats Diese Einkommenskrise (die glänzende Erbschaften in dieser Zeit des Todes und höchst erfolgreiches Wirtschaften in Einzelfällen nicht ausschließt) verbindet sich mit einer zunächst kaum merklichen, dann aber immer deutlicher werdenden Krise des militärischen Vorrangs des schwerbewaffneten Panzerreiters. In Westeuropa beginnt die Serie der Niederlagen mit dem Aufsehen erregenden Sieg

4. Wandlungen

der städtischen Aufgebote Flanderns gegen ein großes Ritterheer im Jahr 1302 bei Kortrijk. Niederlagen der französischen Adelsaufgebote im Hundertjährigen Krieg gegen die Engländer und deren Bogenschützen folgen: Crécy 1346, Poitiers 1357, Azincourt 1415. Im Reich sind es vor allem die Eidgenossen, die fast regelmäßig die habsburgischen Ritterheere vernichten: Morgarten 1315, Laupen 1339, Sempach 1386, Näfels 1388, von den berühmten Schweizerschlachten des 15. Jahrhunderts ganz zu schweigen. Zwar gibt es in Deutschland auch zahlreiche Gegenbeispiele, etwa die Niederlagen städtischer Heere bei Döffingen und Worms im Jahre 1388. Aber grundsätzlich ist doch wahr, daß nunmehr Turnier und Krieg sich auseinander entwickeln und daß in das Selbstverständnis des Adligen als Reiterkämpfer ein zunehmend illusionärer Zug kommt.

Um 1300 und erst recht in einer Zeit knapper werdender Ressourcen schließt sich die Ritterschaft nach unten ab, wird ein Stand, während sie vorher ein Beruf gewesen war. Jetzt kann von *ritters amt und recht* die Rede sein, auch vom „Ritterorden" im Sinne eines Ordo vergleichbar mit dem der Kleriker. [Abschluß der Ritterschaft]

Eine Generation später entstehen im Reich die ersten Adelsgesellschaften: am Mittelrhein 1331 die genossenschaftlichen „Roten Ärmel", in Österreich 1337 die fürstliche Tempelaise- oder St. Georgsgesellschaft, fast gleichzeitig wie in Ungarn, wo ein Anjou 1325/1326 eine Georgsgesellschaft ins Leben gerufen hatte, und wie in Kastilien, wo der König 1330 den ersten fürstlichen und weltlichen Adelsorden, die „Banda" gründete; England und Frankreich folgten 1344. Der erste Kapitelorden mit beschränkter Mitgliederzahl und Privilegierung durch den fürstlichen Souverän kommt in Deutschland erst genau hundert Jahre später zustande, der Pelikan-Orden des Kurfürsten von der Pfalz; er hat aber nur wenige Jahre bestanden. Es gibt zahlreiche ‚deutsche' fürstliche Gesellschaften, die einem „Orden" nahekommen, aber sie sind alle ‚offen', kennen keine Begrenzung der Mitgliederzahl. „Die Idee des Rittertums [...] hatte mit dieser sozialen Wirklichkeit [des entstandenen Ritterstands] kaum noch etwas zu tun. Diese zog nun der Hohe Adel an sich und gab ihr im 14. Jahrhundert eine neue Form: diejenige der höfischen weltlichen Ritterorden." Diese Bemerkung H. FLECKENSTEINS weist auf einen wichtigen Sachverhalt hin; aber zunächst ist es der Niederadel selbst, der die entsprechenden Gesellschaften gründet, früher und im 14. Jahrhundert auch mächtiger als der fürstliche Adel. Dessen Sieg, auch auf diesem Felde, ist ein Ereignis des 15. Jahrhunderts. [Weltliche Orden und Gesellschaften]

I. Enzyklopädischer Überblick

Herold und Hofnarr

Um und nach 1300 treten auch die beiden Figuren deutlicher hervor, die Kennzeichen der späteren höfisch-ritterlichen Kultur gewesen sind: Herold (s. Teil II 4) und Hofnarr. Ihre ‚Uniform', im 14. Jahrhundert ausgebildet, hier der Wappenrock des Tappert (von frz. „tabart", Waffenrock), dort das gestreifte Kleid mit Schellen und Marotte, wird noch lange fortwirken.

Produktion/Reproduktion

Es gibt aber um 1300 auch Anzeichen, die darauf hindeuten, daß die ritterlich-höfische Kultur der Frühzeit in den Augen der Zeitgenossen antiquierte Züge annahm und deshalb zum Gegenstand antiquarischen Interesses wurde. Die Manessische Handschrift mit ihren Vorgängern zeugt für einen solchen von Patriziat, Adel und Geistlichkeit zwischen Zürich und Konstanz getragenen Versuch, das Vergangene zu retten. Um 1300 könnte der Umschlag von der Produktion zur Reproduktion stattgefunden haben. Zum ersten Mal begegnen hier Sammelhandschriften und Sammler in Verbindung mit der ritterlich-höfischen Kultur (vgl. Teil II 3).

Die erste Ritterrenaissance

Damit erscheint das besonders „ritterliche" 14. Jahrhundert in einem eigentümlichen Licht. Traditionen werden gesammelt und systematisiert. Ihnen wird sogar nachgelebt, so als ob erst jetzt Literatur in Wirklichkeit umschlüge. Im 13. Jahrhundert hatte die europäische Ritterschaft das Heilige Land nur lau verteidigt, bis im Jahre 1291 Akkon als letzter Stützpunkt in Palästina verlorenging. Im 14. fuhren Ritter aus ganz Europa in großer Zahl nach Preußen, gegen das maurische Spanien, gegen Smyrna (1345), gegen Alexandria mit dem König Peter I. von Zypern (1365), nach Mahdia in Tunesien (1390), massenhaft 1396 gegen die Türken bei Nikopolis, um dort ebenso massenhaft zu fallen. Niklaus Vintlers Ausmalung des Runkelstein ob Bozen und seine Werke sind Ausdruck dieser ersten Ritterrenaissance im Zeichen des ‚Internationalen Stils' um 1400.

4.2 Um 1400

Gefestigte Monarchie

Dagegen erscheint uns das 15. Jahrhundert viel nüchterner und monarchischer. Um 1400 ist in Europa eine Krise des Königtums feststellbar, auch im Reich, wo im Jahre 1400 König Wenzel abgesetzt wird und sein Nachfolger Ruprecht von der Pfalz gegen die Luxemburger keine hinreichende Macht entfalten kann. Von 1410 an aber führt Sigmund das Königtum auf eine neue Höhe. Die herrschaftliche Gewalt der Fürsten, aber auch des Königs, ist im Zunehmen begriffen. Das goldene Zeitalter der Selbständigkeit des Adels

4. Wandlungen

geht zuende, obwohl es gerade unter Sigmund Ansätze zur Stärkung der organisierten Ritterschaft gegeben hat.

Damit wird auch die unkontrollierte Mobilität des Adels eingerahmt (nicht beendet). Für den deutschen Adel bedeutsam ist das progressive Ende des Soldmarktes in Italien: Auch hier geht die Nachfrage zurück, das Kriegshandwerk verliert den goldenen Boden. Das italienische 15. Jahrhundert kennt nicht mehr die großen deutschen Condottieri des 14. (das Gesamtthema bedarf dringend einer Gesamtdarstellung) und ‚nationalisiert' sich zusehends. Auch der Markt in Frankreich und England geht seit dem Frieden von Brétigny 1360 verloren und kann nach dem Wiederausbruch des Hundertjährigen Kriegs zu Beginn des 15. Jahrhunderts nicht wiedergewonnen werden.

Ende des Solddienstes

Die Ritterschaft, organisiert in Gesellschaften, darunter so großen wie der Löwen-Gesellschaft und ihren Verbündeten, Grafen, Herren und Städten, scheitert ähnlich und zur selben Zeit wie die Gesamtheit der Städte 1381–1392 mit ihrem Versuch, sich als selbständige politische Kraft dauerhaft zu etablieren.

Scheitern der Gesellschaften

Die Ritterwürde, der wirkliche Ritterschlag, wird im 15. Jahrhundert selten. Seitdem der Ritterstand sich als Stand von „Ritterbürtigen" konstituiert hatte, war die Erhebung zum Ritter zu einer nicht mehr standesbegründenden Würde geworden, d. h. sie war nunmehr prinzipiell entbehrlich. Zugespitzt kann von einer ritterlich-höfischen Kultur ohne Ritter die Rede sein, wobei der Anteil der tatsächlichen Ritter in der deutschen Adelsgesellschaft des späten Mittelalters erst noch festgestellt werden müßte. Der Erwerb der Ritterwürde hatte aber auch für den hohen Adel noch lange einen materiellen Reiz: Er war einer der vier Fälle des Lehnrechts, die die Vasallen und Hintersassen zu einer materiellen Abgabe verpflichteten.

Seltenheit der Ritterwürde

Die Bedeutung der Feuerwaffen für den Niedergang des Adels wird oft überschätzt, vor allem aber zeitlich zu früh angesetzt. Um 1400 hatten nur die schweren Belagerungskanonen durchschlagende Wirkung, noch nicht Feldgeschütze und schon gar nicht das, was später die Gewehre werden. Zunächst hat der Adel die Feuerwaffen ebenso übernommen (z. B. als Bilddevise) wie ehemals die Armbrust, die ebenfalls als hinterlistige Waffe gegolten hatte und sogar päpstlich verboten worden war. Die Belagerungsgeschütze minderten die Stellung des kleineren Adels in doppelter Hinsicht: Sie machten es leichter, kleinere Burgen und Türme zu brechen, schwächten also eigene Herrschaft und selbständige Fehde. Zum anderen nahm der Abstand zwischen den Kleinen und den Großen

Belagerungsartillerie

dadurch zu, daß sich nur Fürsten und manche Städte das neue, überaus teure Kriegsgerät leisten konnten. Im Laufe des 15./16. Jahrhunderts kam dann noch die kaum mehr erschwingliche Investition in neue Befestigungsanlagen hinzu und vergrößerte den Vorsprung der Fürsten.

Bilddevisen — Zu erwähnen ist schließlich der Wandel auch im deutschen Wappenwesen, der um 1400 aufkommt und sich im 15. Jahrhundert ausbreitet: der Übergang zur Bilddevise als ergänzendem persönlichem Emblem neben dem Familienwappen. Ob es sich um mehr als eine Mode handelt, muß die weitere Forschung klären. In jedem Fall bezeugt die Bilddevise ein Bedürfnis nach persönlichen Zeichen, eine Stärkung der Individualität.

4.3 Um 1500

Um 1500 läuten einige Veränderungen das Ende der Dominanz der ritterlich-höfischen Kultur ein. Aus einer ritterlich-höfischen wird eine höfische Kultur.

Fehdeverbot und Duell — Seit den Gottesfrieden des 10. Jahrhunderts war das Recht jedes Freien, dann Adligen zur bewaffneten Selbsthilfe eingeschränkt worden, nicht in gleichbleibender Linie, schon gar nicht überall mit Erfolg, sondern je nach Machtverhältnissen, insgesamt jedoch in stets gleichbleibender Tendenz. Grundsätzlich beachtet wurde lediglich die Regel der schriftlichen Fehdeansage und der folgenden Wartefrist von drei Tagen, die schon 1186 von Barbarossa verkündet worden war. Die territorialen und allgemeinen Landfrieden als obligatorische Schwurgemeinschaften hatten sich im 14. Jahrhundert vehement gegen adlige Friedensstörer („Raubritter") gewandt und deren Burgen gebrochen; einzelne Städte hatten dies in ihrem Umkreis aus eigener Kraft getan. Jetzt, 1486/1495, wurde die Fehde von Reichs wegen kriminalisiert. Das Ende der legalen Selbstgewalt war gekommen. Wie sehr sie zum Wesen der ritterlich-höfischen Kultur gehört, zeigt ihr halb unterdrücktes, halb legalisiertes Fortleben im Duell, das eben in dieser Zeit aufkommt.

Abnahme der Schiedsverfahren — Die Festigung der staatlichen Gewalt wird dementsprechend deutlich an der Abnahme der gütlichen Einungen und Urteilssprüche selbstgewählter Richter in einer Art lockerer Standesgerichtbarkeit, die zur Selbstregulierung der sozialen Gruppe beiträgt. Obrigkeitliche Gerichte nehmen mehr und mehr diese Funktion wahr.

Ende der Gesellschaften — Der Handlungsspielraum des Adels wird geringer.

Damit verlieren auch die zahlreichen genossenschaftlichen

4. Wandlungen

Adelsgesellschaften den Boden ihrer Existenz. Die letzte wird 1517 als Mäßigkeitsgesellschaft durch den steirischen Aufsteiger Sigmund von Dietrichstein gegründet, ohne durchschlagenden Erfolg. Die Zukunft gehörte den monarchischen Höforden. Das Ende der großen genossenschaftlichen Turniere der „Vier Lande" im Jahre 1487 nach einem Jahrzehnt intensiver Versuche der süddeutschen Ritterschaft, auf diesem Wege eine selbstbestimmte Gegenwelt aufzubauen, zeigt denselben Sachverhalt an (s. Teil II 6).

Infolge dieses Mißerfolgs organisiert sich in Südwestdeutschland ein Teil des niederen Adels, nämlich der vom Reich lehnbare, politisch als Reichsritterschaft in einzelnen regionalen Verbänden (Kantonen), während der landsässige Niederadel sich als Landstand im Rahmen des jeweiligen Territoriums korporiert. Beide Formen werden zu Trägern von konservativ erstarrenden Traditionen einer ritterlichen Kultur. Anfang der Reichsritterschaft

Wie sehr König und Fürst Herr des Adels geworden sind, zeigen die seit Mitte des 14. Jahrhunderts auftauchenden Adelsbriefe und Standeserhöhungen zum Freiherrn, Grafen, Fürsten. Zwar muß ein Minimum an Vermögen und standestypischer Lebensführung vorhanden sein. Aber Könige und Fürsten können jetzt Adlige „machen", was noch im 13., Jahrhundert undenkbar war. Staat, Fiskalität und gesetztes Recht definieren jetzt den Edelmann, während er vorher in einem Angleichungsvorgang gleichsam kooptiert worden war. Verrechtlichung des Adels

Obwohl gerade im Reich um 1500 soviel über Herolde und Hofnarren bekannt wird wie nie zuvor, ist der Höhepunkt deutlich überschritten. Die Hofnarren, notwendig, um die Spannungen innerhalb der ritterlich-höfischen Gesellschaft aufzuheben, verschwinden in der rein höfischen Welt und überleben in Fastnacht und Volksfest. Die autonome, internationale Bruderschaft der Herolde verkümmert mit der sie unterhaltenden Gruppe. Sie werden zu reinen Dienern von Fürsten und Königen. Ihr Dekorum veräußerlicht im Laufe der Zeit, erstarrt in genealogisch-heraldischer Registratur, ist schließlich entbehrlich. Ende der Herolde und Hofnarren

Das Turnier ist um 1500 keineswegs ausgestorben. Aber es hat sich weit von der Kampfpraxis entfernt, wenngleich es als Reiterübung nach wie vor von militärischem Wert ist. An die Stelle des Gruppenkampfes ist der Einzelkampf getreten. Schranken und die Kämpfer trennende Zäune, an denen entlanggeritten wird, haben künstliche Bedingungen geschaffen. Schon lange ist die Turnierrüstung nicht mehr die des Kampfs. Überschwer macht sie den Turnierreiter zu einer unbeweglichen Puppe, die zuweilen mit Flaschen- Wandel und Fortleben des Turniers zügen von oben auf den Sattel gehievt werden muß. Die Innsbrukker und Augsburger Meisterplattner verstehen es sogar, Schilde und Rüstungsteile zu produzieren, die, bei richtigem Stoß mit der Lanze berührt, durch Federn getrieben auseinanderspringen. Wie der ‚Triumphzug' und das ‚Turnierbuch' Maximilians I. zeigen, gibt es die verschiedensten Formen des Turniers, jeweils mit anderer, für den einfachen Edelmann unerschwinglicher Spezialausrüstung. Das Turnier wird also zu einem höfischen Sport, den sich nur noch Fürsten leisten können – und nach Ausweis ihrer Turnierbücher auch leisten (vgl. Teil II 6 und 8).

Infanterie und Feldartillerie

Am Ende des 15. Jahrhunderts kann der illusionäre Zug des adligen Turnier- und Selbstverständnisses niemandem mehr verborgen sein, um so weniger, als Heere von Fußsoldaten (Landsknechte) nach den Schlachten der Burgunderkriege (Grandson und Murten 1476, Nancy 1477) endgültig den militärischen Primat errungen haben, wobei auffälligerweise die starke Feldartillerie des Herzogs von Burgund nichts gegen die ‚Gewalthaufen' der Eidgnossen hatte ausrichten können. Allgemein gilt aber, daß unter den Feuerwaffen jetzt nicht mehr nur die Belagerungs-, sondern auch die Feldwaffen bis zur Handbüchse entscheidend werden. Die Sonderstellung des schwergerüsteten Reiters zu Pferde ist damit in Frage gestellt, wenngleich Pferd, Rüstung (Küraß), Sporen noch bis in unser Jahrhundert als Standessymbole des Offiziers und Edelmanns fortleben. Der Adlige bleibt auch im Infanteriezeitalter Militärspezialist und Befehlshaber, oft genug als militärischer Unternehmer, der seine Truppe selbst aushebt und ausrüstet. Aber er ist nicht mehr natürlicher Herr seiner Leute, sondern Befehlshaber kraft Amtes, eben Offizier.

Die zweite Ritterrenaissance

Die zweite Hälfte des 15. Jahrhunderts ist gekennzeichnet durch eine neue Welle der Rückbesinnung auf Traditionen, eine zweite Ritterrenaissance. Sie ist sowohl patrizisch-niederadlig als auch und vor allem höfisch: Auf der einen Seite finden wir die Werke des Konstanzer Patriziers Konrad Grünenberg oder des Berner Patriziers Thüring von Ringoltingen (‚Melusine', 1456), auf der anderen die burgundische Einflüsse mit deutschen Traditionen verbindende, rückwärtsgewandte Welt um Maximilian I. (Teil II 8). Der Münchener Jakob Püterich von Reichertshausen zeigt die Verbindung an, die patrizische und höfische Kultur miteinander eingehen können, indem er seinen ‚Ehrenbrief' für die Pfalzgräfin Mechthild schreibt und möglicherweise den Maler Ulrich Fuetrer zu ähnlichen Werken für den bayerischen Hof zu München anregt (‚Buch der Abenteuer'). Der schwäbische Edelmann Georg von Ehingen nimmt die alten Wertvorstellungen von Reise und Abenteuer auf, reist eine rechte Ritterfahrt, schreibt über seine Heidenkämpfe – und wird nachher einer der angesehensten und reichsten Räte Graf Eberhards im Barte von Württemberg.

Überhaupt wird Reisen in Form der Pilgerfernfahrt, der Ritter- und der Hofesreise in der zweiten Hälfte des 15. Jahrhunderts eine adlig-patrizische Massenerscheinung. Dabei tritt der kämpferisch-devote Teil immer mehr zurück, der Bildungscharakter immer mehr in den Vordergrund: Die Kavalierstour entsteht. Auch der Edelmann beginnt jetzt, auf den Universitäten zu studieren. Er erwirbt mehr Fachkenntnisse und lateinische Bildung, wenn sein Rang geringer ist, mehr Verbindungen und weltlichen Schliff, wenn die soziale Qualifikation ihn einer fachlichen enthebt. Damit erhält der neue soziale Ort der Universität ein teilweise aristokratisches Gesicht.

Kavalierstour

5. Konkurrenz, Ausklang, Ende

Um 1500 hörte die ritterlich-höfische Kultur auf, die Vorstellungswelt der Oberschichten zu beherrschen. Damit verschwand sie nicht aus dem Gesichtskreis. Aber andere Denk- und Verhaltensmuster traten in den Vordergrund. Nie war sie unumstritten gewesen. Kritik begleitete sie von Anbeginn an, von außen, aber auch von innen. Sie konnte ambivalent erlebt und gelebt werden: darüber das Hofgewand, darunter das Büßerhemd; in der Jugend Turnier und Liebe, im Alter, aber oft schon viel früher, die *conversio*, die Bekehrung zu gottgefälligem Büßerleben in Kirche und Kloster.

5.1 Kirche

Der erste und fortan unermüdliche Kritiker war die Kirche. Alles was sie predigte, war den Werten der ritterlich-höfischen Kultur entgegengesetzt. Es ist wie ein Wunder, daß diese Kultur sich gegen die Negierung all ihrer Werte durchgesetzt hat, genauer: einen Kompromiß erzwungen hat, der es dem Adel möglich machen sollte, „Gott *und* der Welt zu gefallen". Dies wäre selbst als Ideal nicht vorstellbar gewesen, wenn die Beschränkung nicht korrigierend aus der ritterlich-höfischen Kultur selbst hervorgewachsen wäre. Sie muß andererseits ihre nicht zu besiegende Kraft aus einer inneren Notwendigkeit geschöpft haben. Die Entstehung der geistlichen Ritterorden ist ein Zeichen hierfür. Es besteht Anlaß, die ritterlich-höfische Kultur als dritten autonomen Bereich neben die Idealtypen der klerikalen Kultur und der Volkskultur zu setzen.

Hofkritik Zugleich mit der Entstehung eines aufwendigeren Hoflebens entsteht im 12. Jahrhundert in Westeuropa eine neue literarische Gattung, die Hofkritik. Kleriker sind ihre Autoren, die in die Hofgesellschaft eingebunden sind und in einem nicht auflösbaren Widerspruch zwischen Amt und Neigung, Pflicht und besserem Wissen stehen. Im Kern betrachtet diese Kritik das Hofgeschehen als nichtiges Treiben, läppisches Zeug (vgl. WALTER MAP, ‚De nugis curialium‘), als seelengefährdend in Schmeichelei, Lästerei, Betrug, Unzucht und nutzlos vertaner Zeit: Die geistliche Weltsicht wehrt sich gegen ein rein weltliches Wertsystem. Doch arrangiert sie sich auch mit ihm. Im Zuge der Aristoteles-Rezeption des 13. Jahrhunderts „wird der Hof zu einer sozialethisch wenigstens tolerierbaren Gesellschaftsform" (G. KAISER/J.-D. MÜLLER).

Hofkritik in Deutschland Vom anglonormannischen Hof Heinrichs II. wandert die Kritik mit dem Anlaß gebenden Phänomen selbst nach Osten. Erste Spuren enthält der ‚Reinhard Fuchs‘, eine nach 1192 im Elsaß entstandene Übersetzung und Adaptation des ältesten ‚Roman de Renart‘, dessen Schilderung des Hoftags des Löwen als Kritik am Stauferhof verstanden worden sein dürfte. Aus der Zeit um 1250 stammt der erste hofkritische Traktat aus Deutschland, der ‚Palpanista‘ (Schmeichler) des Klerikers Bernhard von der Geist, der im Dienst des Bischofs von Münster stand und die bekannte Form des Streitgedichts zwischen einem Kleriker (dem Autor) und einem Ritter hat. Bemerkenswert ist an ihm, in welchem Grade auf Person und Stellung des Fürsten Rücksicht genommen wird, bis hin zum Verständnis für seine wirtschaftliche Notlage aus der Notwendigkeit, große Fest auszurichten. Weitere Stationen sind ‚Der Renner‘ des Hugo von Trimberg (1300–1313) und jene Zeilen des ‚Meier Helmbrecht‘ von Wernher dem Gartenaere (2. Hälfte 13. Jahrhundert), der schon kurz zusammengefaßt hatte, was jener lang ausführte: „Wacker ist, wer lügen kann – betrügen, das ist Höfischkeit". Ein neues Element, zuerst wiederum in Frankreich zu beobachten (ALAIN CHARTIER), stellt im 15. Jahrhundert Hofdienst gegen selbstbestimmtes privates Leben auf dem Lande. Höhepunkte dieser Art von Hofkritik sind des Enea Silvio Piccolomini/Papst Pius II. Brief von 1444 über das Elend der Höflinge (er war damals Sekretär König Friedrichs III.), und des Ritters Ulrich von Hutten († 1523) Dialog ‚Aula‘ (Hofleben). Beide Werke beschreiben drastisch den unerfreulichen Alltag des Essens und Trinkens, von Schmutz und Gestank der Bediensteten bei Hofe. Mit ihnen hat die zwischen Topik und Originalität schwankende Hofkritik die geistliche Sphäre verlassen. Sie löst Spannungen, die im Interesse der Karriere ausgehalten werden mußten. Ihre Kraft erhält sie dadurch, daß höfisches Leben für die weltliche Gesellschaft vorbildlich ist und eine ungemeine Anziehungskraft ausübt. Das negative und das positive Bild des Hofes stehen nebeneinander und bedingen einander, doch war zuerst das positive da, die Stellungnahme herausfordernd, nicht nur die Adelswelt prägend, sondern auch die kommunale, ja zuweilen die franziskanische Welt. Beide Haltungen erfahren während der Renaissance ihre höchste Ausformung: in der Idealisierung und Ethisierung des ‚Hofmanns' durch Baldassare Castiglione (1528) und in der antwortenden Kritik des Spaniers und Bischofs Antonio de Guevara mit dem Titel ‚Verachtung des Hofes und Lob des Dorfes' (1539). Es ist dabei bemerkenswert, daß es weder im Negativen noch im Positiven zu einer Personifikation des Hofes, z. B. im Bild, gekommen ist (P. G. SCHMIDT): ein Hinweis mehr darauf, daß der Hof stets eine offene Form gewesen ist, die in ihrer Wandelbarkeit schwer faßbar war und ist (s. Teil II 2). Auffälligerweise ist „der ‚Hof' in seiner Funktion als Herrschaftszentrum kein eigenes Thema politischer Theologie im hohen und späten Mittelalter" geworden (K. SCHREINER).

Geradezu instinktiv muß kirchliche Kritik all das verdammen, was dem Edelmann bei Hofe das Leben lebenswert macht, ihn unter Umständen aber auch ruiniert: die teure Kleidung (zumal sie den Körper betont) und andere Statussymbole des äußeren Scheins, die Affektiertheit des Zeremoniells (welche für den Gottesdienst monopolisiert wird), die Maßlosigkeit von Jagd, Spiel, Essen und Trinken, überhaupt weltliche Zerstreuung und Gottvergessenheit. Es ist hervorzuheben, daß vom burgundischen Hof ausgehend (wo Herzog Philipp der Gute seit der Ermordung seines Vaters 1419 Trauer trug) schwarz zur „spanischen" Hoftracht wurde – ein äußeres Zeichen der Anpassung an kirchliche Forderungen, ohne doch Hochmut und Eleganz aufzugeben. Stets ist es auch der Vorwurf der *effeminatio* und der *degeneratio* von der ursprünglichen Funktion, der gegen den Höfling, ob weltlich oder geistlich, erhoben wird. *Hoffart und Verweichlichung*

Die geschlechtliche Liebe und die Frau sind von kirchlicher und monastischer Seite in einer alten Tradition der Misogynie geradezu verteufelt worden. Der adlig-weltlichen Praxis, die die Ehe als politisches Bündnis ansah, das auflöslich war und die sexuelle Frei- *Höfische Liebe* zügigkeit ansonsten nicht berührte, wird das kirchliche Sakrament der Einehe entgegengesetzt, die Gültigkeit bei privatem Eheversprechen ohne jede Mitwirkung der Familien. Da wenigstens anerkannt werden mußte, daß die in der Bibel geforderte Fortpflanzung als von Gott eingesetzt nicht schlecht sein konnte, wurde eine allein auf die Prokreation konzentrierte Sexualität in der Form der keuschen Ehe wohl oder übel geduldet. Höfische Liebe in ihrem Preis der Schönheit des weiblichen Körpers und dem kaum verhüllten Spiel mit dem Ehebruch, auch ihrem Konzept der Erhebung durch Liebesdienst, war also ein unmittelbarer Angriff auf Grundpositionen der Kirche. Diese reagierte entsprechend und hatte auf die Dauer damit mehr Erfolg, als zunächst scheinen mag. Zwar blieb es in der Aristokratie bei der Familienheirat, aber die kirchliche Trauung als konstitutiver Akt und die durch Exkommunikation eingeschärften Gebote der Unauflöslichkeit der Ehe und die Erweiterung des inzestuösen Verwandtenkreises bis auf 7 Grade im Jahre 1215, dann rückläufig bis auf 4 Grade, stets aber die Patenkinder ausschließend, setzten sich durch, wenngleich sie durch politische Interessen der Kurie gemildert wurden. Die ritterlich-höfische Kultur hat auf diesem Gebiet ältere Positionen nicht grundsätzlich verteidigen können.

Turnier   Anders erging es der kirchlichen Kritik beim Turnier. Es kann nicht wundernehmen, daß das grobe, kriegsähnliche Geschehen der frühen Massenturniere sofort eine Stellungnahme der kirchlichen Instanzen hervorgerufen hat. Schon 1130 erließ Papst Innozenz II. ein Verbot, dem sich im 12. Jahrhundert zuweilen die Könige anschlossen, z. T. aus durchaus unkirchlichen Gründen der Erhaltung der Kampfkraft der Vasallen und der Bewahrung königlicher Kontrolle. Barbarossa mußte 1184 auf dem Mainzer Hoffest nach einem Unglücksfall das geplante Turnier zu Ingelheim absagen, offensichtlich auf Druck der geistlichen Fürsten hin. Auf Dauer sind aber die Fürsten und die gesamte Ritterschaft über das Verbot hinweggegangen, zwangen kirchliche Instanzen zuweilen sogar, ein gerade erlassenes Turnierverbot befristet außer Kraft zu setzen. Die kirchliche Haltung lockerte sich im Zusammenhang mit dem Wandel des Turniers selbst und seiner fortschreitenden Entschärfung und Formalisierung. Das Verbot blieb aber bestehen (1343, 1348, 1368 z. B. erneuert). Predigt und Literatur des 13. Jahrhunderts verurteilten einstimmig das Turnier als Ausdruck der Hoffart, der Todsünde der *superbia,* die neben der *ira,* dem unbeherrschten Zorn, als Standessünde des Adels galt.

5.2 Wissenschaft

Dieselbe Geisteshaltung, die die ritterlich-höfische Kultur als Verbindung zwischen geistiger Bildung und Kriegshandwerk schuf, blieb stets eine Gefahr für die Dominanz des ritterlichen Elements: Ein König wie Karl V. von Frankreich, der in seiner schwachen Gesundheit ungemein belesen, aber ritterlichen Waffentaten völlig abgeneigt war, blieb eine Herausforderung an das kämpferische Selbstverständnis etwa des englischen Widerparts, der ihn denn auch deswegen verhöhnte. Das Gelehrtentum als Gegenpol und politische Kraft, der gelehrt-juristische und literarisch-rhetorische Sachverstand blieben den schlichteren Vertretern ritterlich-höfischer Kultur verdächtig. Ulrich von Hutten spricht es in seinem berühmten Brief an den Nürberger Willibald Pirckheimer im Jahr 1518 deutlich aus: Jene glauben „daß die Menschen durch das Studium der Wissenschaften faul und träge, dumm und schwerfällig, weichlich und schlaff werden". Gegen Ende des 15. Jahrhunderts war aber auch in Deutschland der „Adel der Doktoren" eine nahezu verwirklichte Realität. Nicht zufällig dekretierte der Rat von Nürnberg die Unvereinbarkeit von Rats- und Doktorwürde, die verhinderte, daß das regierende Patriziat seine Studien mit diesem prestigereichen Abschluß krönte. Mit der weltlichen und nicht mehr allein kirchlich-geistlichen Gelehrsamkeit konnte das gelehrte Rittertum der Herolde und späten Patriziersprößlinge auf Dauer nicht konkurrieren.

5.3 Humanismus und Renaissance

Dies gilt insbesondere für die neue geistige Strömung, die seit der Mitte des 15. Jahrhunderts auch das Reich erfaßte. Mit leichter Übertreibung könnte man sagen: Der erste Humanismus hat die ritterlich-höfische Kultur geschaffen, der zweite hat sie zerstört. Jetzt gibt es abschätzige Bemerkungen mancher Humanisten, die zeigen, wie antiquiert jene in ihren Augen geworden war. Schon Petrarca schrieb: „Man liest nirgends, daß Scipio oder Cäsar turniert hätten!" Ein Ungenügen an den Prinzipien der eigenen Bildung ist im deutschen Adel um 1500 unverkennbar. Und doch wäre es zu einfach, hier allein Konfrontation sehen zu wollen. Die neue Latinität hatte keinerlei Schwierigkeiten, höfisch zu sein oder es zu werden: Der republikanische Humanismus ist die Ausnahme, der höfische Humanismus die Regel. Andererseits gibt es nicht nur humanistisch gesinnte Ritter wie Ulrich von Hutten, sondern auch ein ausgeprägtes Renaissance-Rittertum, das zumal in Italien Werke der Weltliteratur geschaffen hat, allerdings mit einem unverkennbar ironisch-verspielten Einschlag. Denn mochten Traditionen und Legitimationszwänge der ritterlichen Komponente noch zum Fortleben verhelfen, die Zukunft gehörte höfischen Ideologien, die sich dieses Materials zwar bedienen konnten, es aber zugunsten des Fürsten als dem „einzigen Herkules" sinnentstellend monopolisierten (vgl. Teil II 8).

5.4 Bürgertum

Oft ist die bürgerliche Mentalität der Stadt als zersetzendes Element, ja Gegenbild der ritterlich-höfischen Kultur dargestellt worden. Diese zeitbedingte Tendenz der Geschichtsschreibung des 19. Jahrhunderts ist nicht ganz falsch, vor allem aber nicht ganz richtig.

Verbindungen

Die ältere Stadt ist in der Regel adlig bestimmt gewesen. Diese ritterliche Qualität hat sich solange gehalten, wie die strenge Patriziatsherrschaft sich gegen die Zunftherrschaft hat durchsetzen können und die politische Unabhängigkeit des Stadtregiments die Ratsmitglieder zu Herren, zu einer regierenden Oligarchie machte. Aber selbst wenn die Geschlechter die Herrschaft teilen oder ganz abgeben mußten, blieb entweder ein starkes ritterlich-höfisches Element in der Stadt erhalten, oder die nunmehr regierende Schicht aristokratisierte sich ihrerseits. In jedem Fall aber blieb die Stadt Schauplatz des Adels (A. RANFT), der nicht nur auf einsamen Burgen, sondern auch und zunehmend in seinen städtischen Freihöfen lebte und in der Stadt seine Feste und Turniere veranstaltete. Die Fürstenhöfe sind auch in Deutschland von der zweiten Hälfte des 12. Jahrhunderts an in aller Regel mit einer Stadt verbunden gewesen. An dieser Grundtatsache ändert nichts, daß Städte, die sich zu eigener Herrschaft emanzipierten, die königlichen und fürstlichen Burgen in ihren Mauern zerstört haben und die Fürsten somit zwangen, eine neue Residenz(stadt) anzulegen. Zwischen Herrschaftskonkurrenz und Lebensstil ist jedoch zu unterscheiden. Herren waren sie beide, Fürst und Rat, allerdings der eine als Monarch, der andere als Oligarch. Dies mußte Folgen haben. Es gibt also Anlaß zu fragen, nicht nur: Wie ritterlich-höfisch ist die bürgerliche Kultur gewesen, sondern auch: Wie bürgerlich war die ritterlich-höfische Kultur?

Ritterliche, aber nicht adlig-höfische Stadtkultur

In dem Maße, wie im 15. Jahrhundert der Adel sich vom städtischen Patriziat absetzt und dieses für die Stadt optiert (und nicht

5. Konkurrenz, Ausklang, Ende

aus der Stadt herauszieht), entsteht eine Oberschichtenkultur, die sich weiterhin an der eigenen Vergangenheit und an dem adligen Vorbild orientiert, nun aber notgedrungen eigene Züge annimmt. Die bürgerlichen Turniere beginnen, deren Zugang zunächst ebenso streng geregelt ist wie bei den adligen. Aber diese Gesellenstechen gehören einem anderen Sozialkreis an. Von ihnen zum bäuerlichen Ringreiten und Kufenstechen ist nur noch ein gradueller Unterschied. Elemente werden umfunktioniert, dienen einer Oberschicht, dem Stadtregiment. Der Ritter wird wieder zum Reiter.

Die Kernfrage bei der Betrachtung des Verhältnisses von ritterlich-höfischer Kultur und Stadt lautet: Gibt es ein genuin bürgerliches Lebensideal? Oder anders ausgedrückt: Kann ein zu Geld gekommener Handelsherr und zumal sein Sohn oder Enkel es sich vorstellen, anders leben zu wollen als ein Edelmann? Die Antwort wird für den ganzen als Mittelalter bezeichneten Zeitraum lauten: Nein. Bürgerliche Gleichheit gibt es in der Stadt nicht. Wenn in Nürnberg die Mitgliedschaft in Adels-‚Gesellschaften' und die Annahme von Adelstiteln in der zweiten Hälfte des 15. Jahrhunderts verboten, die Gleichförmigkeit von Totenschilden geboten wird, dann nur um die Unterschiede *innerhalb* der regierenden Oligarchie zu begrenzen und das Herauswachsen von konkurrenzlosen Herrengeschlechtern aus dieser Gruppe zu verhindern. Die Adelsfeindschaft der Städte gilt den konkurrierenden benachbarten Herren, den ‚mitverdienenden' adligen Parasiten der Straße, und allen Versuchen der Verherrschaftlichung von innen. Ansonsten ist der ritterschaftliche Adel ein gern gesehener Gast und Schwager.

Bürgerliches Lebensideal?

Einen so kraß geäußerten städtischen Uniformisierungsdruck kann es außerhalb der Mauern nur am Fürstenhof geben, jedoch mit umgekehrten Vorzeichen: hier die Verhinderung von Einzelherrschaft, dort deren Stärkung. Aus dieser Selbstregulierung der städtischen Gruppe entspringen auch die zahlreichen Luxusordnungen der Städte seit dem 13. Jahrhundert (das früheste Beispiel: Straßburg um 1200), die den Aufwand bei der Kleidung, bei Taufe, Hochzeit, Begräbnis regeln; sie dienen nicht nur der Aufrechterhaltung der Sozialdistanz, sondern haben ganz allgemein einen antihöfischen, anti-verschwenderischen Affekt. Übertretungen wurden im übrigen viel schärfer verfolgt, als bislang angenommen.

Strukturverwandtschaft

Ein weiterer Unterschied zwischen Adel und Stadt ist die Erwerbstätigkeit, die der Stadtbürger, auch der patrizische, ausübt und die der deutsche Edelmann als standesmindernd strikt ablehnt. Der Kaufmannssohn reist in ferne Länder, um Techniken, Gebräuche

Parallele Reisetätigkeit

und Märkte kennenzulernen, der Edelmann, um Herrschaftswissen an Höfen und an Kriegsschauplätzen zu erwerben. Großkaufleute gehen aber ebenfalls auf Pilgerfahrt und Preußenreise. Wirklich anti-höfische Mentalität ist in den regierenden Schichten nicht auszumachen.

Kritik: Heinrich der Teichner

Man findet sie jedoch bei denjenigen, die einstweilen noch nichts zu sagen haben: den Unter- und Mittelschichten in der Stadt, bei den Leuten, die wirklich von ihrer Hände Arbeit leben. Die neue Mentalität muß aus einer Umbewertung der Handarbeit, der Arbeit schlechthin erwachsen. Aber von einem Adel der Arbeit sind wir im Spätmittelalter noch weit entfernt. Und doch gibt es städtische Beobachter des adligen Treibens, die sich dessen Attraktion fast gänzlich entziehen. Einer der heftigsten Kritiker adliger Selbstverständlichkeiten ist der Wiener Bürger Heinrich der Teichner (gest. 1372/ 1377). Er scheint ein Laie gewesen zu sein und hat wohl der vom ritterbürgerlichen Stadtregiment und vom Hofe in dieser Residenzstadt ausgeschlossenen Mittelschicht angehört. Er übt nicht nur Kritik an Schreibern, Türhütern und Heizern bei Hofe, die ihr Amt schamlos ausnutzen, um von den Bittstellern „Maut" zu erheben. Er kritisiert bis zur Groteske das Vortrittszeremoniell, die Modetorheiten und die *reinischait* (Rheinländerei). Von Heidenfahrten nach Preußen und anderswohin hält er gar nichts: Der Adel reise in der Jugend umher, im Alter werde er fromm, das Regiment habe ein ungetreuer Verwalter. Der Edelmann, dessen Ehrversessenheit nur Kriege auslöse, unterliege dem weisen Bürger, der eine Beleidigung auch einmal übersehen könne. Wahrer Adel sei selbstverständlich Tugendadel, identisch mit dem Schutz der Armen. Aber auch der Teichner ist ein rückwärtsgewandter Reformer. Früher war alles besser: *ee da dient man frawen gunst / mit gesang und mit ritter kunst / und mit maniger gutter tat*. Turniere stellt er nicht prinzipiell in Frage, doch seien die heutigen, wo jeder auf seine eigenen Kosten komme, ein jämmerliches Ding; früher hätten die großen Herren sie veranstaltet und prächtig ausgestattet. Wenn er den Wert von Frauendienst und Turnier für die Erziehung des jungen Edelmanns darstellt, ist überhaupt keine Distanz mehr zu erkennen. Dennoch hat der Teichner zentrale Werte der zeitgenössischen Adelskultur in Frage gestellt, nicht als bestallter Hofkleriker, sondern als unabhängiger Städter. Konturen einer Mentalität werden hier sichtbar, die gebildet, aber unhöfisch ist und die wohl als bürgerlich bezeichnet werden muß.

‚Raubritter'

Ist aber nicht die Bezeichnung ‚Raubritter' ein deutlicher Ausdruck der prinzipiellen Adelsfeindlichkeit der Stadt, so wie die Bezeichnung ‚Pfeffersack' für den Bürgerhaß des Adels? Kriminalisierung ist ein oft angewandtes Mittel, wenn es darum geht, ein konkurrierendes Rechtsmittel, hier die Fehde, auszuschließen. Ohne jeden Zweifel ist dieses Rechtsmittel von verarmten Edelleuten mißbraucht worden, die, wie Götz von Berlichingen, sich fremde Rechtsansprüche bestellt oder unbestellt aneigneten, um damit von reichen Städten Lösegelder und Abfindungen zu erpressen. Selbstverständlich kam auch einfache Wegelagerei vor. Aber während die Stadt Nürnberg solche Strauchdiebe verfolgte, empfing sie die Adelsgesellschaft der Fürspänger zum jährlichen Hof in ihren Mauern. ,,Schädliche Leute" hießen die ‚Raubritter' in den Landfrieden; Fürsten, Herren und Städte taten sich zusammen, wenn es galt, ein Raubnest zu schleifen. Es gibt keine prinzipielle Adelsfeindlichkeit der Städte, sondern nur Konkurrenz von Herrschaftsträgern.

5.5 Staat, Reformation, Gegenreformation

Der eigentliche Konkurrent war demnach der zu neuer Kraft gewachsene Staat und mit ihm der neue Hof, der vom Gesellschafts- zum Regierungszentrum wird (R. SPRANDEL). Der fürstlich-herrscherliche Anspruch war immer wieder Kompromisse eingegangen, wenn es den Fürsten ratsam schien, als Turniergenosse und Ritter aufzutreten. Aber es gibt einen fundamentalen Gegensatz zwischen dem neuen Staat und der ritterlich-höfischen Kultur: Fürstliche Hoheit und ritterliche Gleichrangigkeit, Territorialität und adlige Internationalität sind nicht zur Deckung zu bringen. Der Fürst will eine höfische, aber keine *ritterlich*-höfische Kultur (vgl. Teil II 8). Nur unter diesem Vorzeichen konnte Rittertum um 1500 ‚modern' sein.

Für das Reich ist schließlich noch zu fragen, ob nicht die neuen Konfessionen, Lutheranismus, Zwinglianismus, Calvinismus und auch die gegenreformatorischen Reaktionen der römischen Kirche dazu beigetragen haben, das Prestige der ritterlich-höfischen Kultur zu beenden. Dies ist in mehreren Punkten der Fall gewesen: Heidenkampf und Pilgerfahrt wurden durch die Reformation für ihre Gebiete obsolet. Höfische Liebe und Turnier widersprachen dem neuen Ernst und der neuen Sittenstrenge. Anders aber steht es mit dem Idealbild des *miles christianus*: Der Ritter als Verteidiger der physisch und sozial Schwachen war durchaus mit reformatorischen Idealen vereinbar. So haben Teile überlebt, in den protestantischen Ländern und erst recht in den katholischen, in denen kein Bruch der Heidenfahrts- und Wallfahrtstradition festzustellen ist. In beiden Gebieten gilt aber, daß die zunehmende Identität von Fürsten- und Bischofsamt den unkirchlichen Charakter der höfischen Literatur aufhebt.

5.6 Verblassende Spuren

Mochten einige Humanisten sich auch über die ritterlich-höfische Kultur ihrer Zeit erheben, zwischen der Renaissance und ihr besteht kein fundamentaler Gegensatz, insbesondere nicht zwischen höfischer Kultur und Renaissance. Aber die wenigen adligen Humanisten vom Schlage eines Ulrich von Hutten können nicht übersehen machen, daß nicht *sie* von dem neuen Ansehen weltlich-gelehrter Bildung profitierten, sondern einige wenige studierte Leute bürgerlicher Herkunft. Die Fürsten nutzten sowohl die alte als auch die neue Ideologie zur Erhöhung ihrer Stellung. Der beste Ritter, der einzige Ritter war nun der Fürst (s. Teil II 8), der Veranstalter aufwendiger Feste, bis er auch dieses Gewand ablegen konnte.

Höfische Literatur im 16. Jahrhundert
  Das Interesse an den alten Stoffen blieb stark, höfische Werke wurden in den Frühdrucken und im 16. Jahrhundert erstaunlich häufig reproduziert. Der fahrende Ritter blieb ein Ideal des grenzüberschreitenden Individualismus. Entdeckungsreisen und ritterlich-höfische Kultur schließen einander nicht aus. Vielmehr diskutiert der erfolgreiche ‚Fortunatus'-Roman um 1500 diese Materie in moralischer Beurteilung. Reise und Ehre bleiben verbunden. Aber „das höfische Zeitalter" als Epoche (J. BUMKE) geht zuende; *courtoisie, cortesia* werden als verbrauchte Worte bei Castiglione zu *cortegiania*, dann setzt sich „civilité" durch (Th. ZOTZ). Die Integrationskraft der ritterlich-höfischen Kultur ist ausgezehrt. Höfische Liebe und Ritterreise werden bei Cervantes (Don Quixote, 1605) ironisiert. Heroldswesen und gelehrtes Rittertum haben als Bezugssystem keine Funktion mehr. Doch sage man sie nicht zu schnell tot: Don Quixote und Sancho Pansa treten schon 1613 auf einem Turnier am pfälzischen Hof zu Heidelberg auf.

Was bleibt?
  Einigen Elementen der ritterlich-höfischen Kultur war ein langes Nachleben beschieden, das z. T. bis in die Gegenwart reicht.

Ritterspiele
  Dazu gehören die Ritter- und Reiterspiele als höfisches Divertissement (vgl. Teil II 6 und 8), aber auch als bäuerliches Fest des Ringreitens, wie heute noch in Schleswig-Holstein und anderswo. Auch zwischen höfischem Turnier und städtischem Schützenfest gibt es gleitende Übergänge. Belagerungen einer ‚Liebesburg' sind

5. Konkurrenz, Ausklang, Ende 55

in der Romania und in England bis Ende des 16. Jahrhunderts nachweisbar. Die ritterlich-höfische Kultur privatisiert sich im Übergang zur allein höfischen Kultur, wie an der zentralen Funktion des Gartens und des Lusthauses abzulesen ist. Erst die Nöte des Dreißigjährigen Kriegs lassen in Deutschland ältere Traditionen abreißen. Sogar das „Turnen" von F. L. Jahn ist eine Anknüpfung an das mittelalterliche Turnier. Der behelmte Motorradfahrer als Ritter erinnert nur blaß noch daran, so wie die unbedacht verwendeten Redensarten vom „in die Schranken treten" oder „eine Lanze brechen".

Ritterorden haben fortgedauert und leben im 17., 18., 19. Jahrhundert in einer Welle von Neugründungen wieder auf, wie überhaupt der Hof bis zum I. Weltkrieg bedeutend blieb. Der Orden vom Goldenen Vlies und der Hosenbandorden blühen heute noch, immer noch mit ständischen Akzenten, während es im Orden ‚Pour le Mérite' (1740/1842) heute keinen kriegerischen Zweig mehr gibt (das aus dem Emblem des Deutschen Ordens hervorgegangene ‚Eiserne Kreuz' kannte ein ‚Ritterkreuz' nur während des Zweiten Weltkriegs), sondern lediglich die Friedensklasse als höchste Auszeichnung ständisch indifferenten Verdienstes. — Ritterorden

Das Fortleben und Absinken der höfischen Literatur gehört zu den spannenden Themen der Kulturgeschichte. Vom Liebeshof Nordfrankreichs geht eine Traditionslinie zu den niederländischen Rederijkerskamers und den deutschen städtischen Meistersingern. Ritterromane werden bis heute gelesen, wenn auch oft indirekt vermittelt (W. Scotts ‚Ivanhoe') und von immer jüngeren Lesern. — Ritterromane

Wichtiger sind tradierte Verhaltensweisen der ‚Höflichkeit', die noch immer wirksam sind. „Die *curialitas* [hat] sich als Leitidee des (höfischen) Rittertums durch seine gesamte Geschichte erhalten ... sie behauptet ... noch im späten Mittelalter ihre Verbindlichkeit – ja, sie bleibt selbst über die Existenz des Rittertums hinaus ein Kennzeichen ritterlicher Haltung, wenn sie auch ihre höfische Besonderheit allmählich einbüßt, da aus der Antike zurückgewonnene Vorstellungen wie *civilitas* und *urbanitas* sich neben ihr zunehmend Geltung verschaffen und ihr schließlich in einer gewandelten Welt den Rang streitig machen" (J. Fleckenstein). Auch die ‚Ritterlichkeit' hat ein langes Nachleben gehabt. ‚Fair play', ‚Ladies first', Ehrenwort rühren daher, aber auch das Kriegsrecht und das Duell. Aus dem Ritter ist der Kavalier, ‚honnête homme' und der ‚gentleman' geworden. Adel, Regelhaftigkeit des Verhaltens und Krieg blieben für immer verbunden. — ‚Ritterlichkeit', ‚Höflichkeit'

Das Ende   Wir beobachten heute nicht nur das allgemeine Absinken dieser Formen, sondern das Verschwinden jeglicher Standeskultur vor dem Hintergrund unbegrenzter sozialer, professioneller und geographischer Mobilität. Das „Ehrenwort" ist spätestens seit Uwe Barschels Auftritt genauso obsolet geworden wie zuvor schon das Duell. Aus Herr und Dame sind definitiv Mann und Frau geworden. Der „Kavalier" ist längst kein Leitbild mehr: Folgen weiblicher Emanzipation und der Gleichstellung der Geschlechter. Als auf dem Würzburger Historikertag des Jahres 1980 eine junge Zuhörerin es empört ablehnte, den ihr vom Autor eingeräumten Sitzplatz einzunehmen, da begriff er, daß die ritterlich-höfische Kultur am Ende war. Und doch hat sie Bedeutung gehabt, gesellschaftliche in ihrer Zeit und zivilisatorisch-kulturelle auf Dauer. Sie war eine autonome Laienkultur, individualistisch, altruistisch, und forderte Leistung. Damit hat sie die „Europäische Gesittung" (W. FLITNER) geprägt bis zum heutigen Tage.

II. Grundprobleme und Tendenzen der Forschung

„Eine der wichtigsten Aufgaben scheint mir beim derzeitigen Stand der Forschung die Ausarbeitung einer kritischen Quellenkunde zur höfischen Kultur zu sein." Dies schrieb der Germanist J. BUMKE unlängst den Historikern ins Stammbuch [39: BUMKE, Bestandsaufnahme, 418, unter Hinweis auf G. JARITZ in 45: Höfische Literatur], der im übrigen nicht müde wird, die Historiker (und Literarhistoriker) aufzufordern, Quellenbelege zu sammeln, zumal die ungenügend erforschten landesgeschichtlichen. Kapitel 3 und 7 des folgenden Teils betrachten demgemäß einzelne Handschriften, Kap. 5 wertet einen Briefwechsel aus. Das Defizit der Forschung ist im späteren Mittelalter am größten, deshalb wird im folgenden vorwiegend vom 14. und 15. Jahrhundert gehandelt. Um nicht in Theorien zu versinken, ist es wichtig, von konkreten Figuren, Ereignissen, Individuen auszugehen und von dort her den Zugang zu allgemeineren Einsichten zu gewinnen. Darum wird hier vom Herold (Kap. 4), von den Turnieren der ‚Vier Lande' (Kap. 6) und von Kaiser Maximilian I. die Rede sein (Kap. 8). Den Anfang machen zwei allgemeine Abschnitte, die den Gang der Forschung und einige Probleme um den Hof skizzieren.

1. Wege und Irrwege: Der Gang der Forschung

Überholte Positionen

Goethes Mißverständnis, ‚Gotik' für eine deutsche Erfindung zu halten, hat auch für die ritterlich-höfische Kultur gegolten und ist in Resten bis zum heutigen Tage noch nicht ganz überwunden [vgl. 43: FLECKENSTEIN, Ritterforschung]. Dabei steht Deutschland mitten auf der Scheide des europäischen Kulturgefälles, gehört teils zum römisch-karolingischen alten und teils zum germanisch-kolonialen neuen Europa, lernt hier und lehrt dort, ist Empfänger und Vermittler. Die Verspätung Deutschlands (nach Westen) und sein Vor-

‚Deutsche Kultur'

58   II. Grundprobleme und Tendenzen der Forschung

sprung (nach Osten und Norden), sind vielfach belegt [vgl. allg. 49: MORAW, Entwicklungsunterschiede].

Vermittlung   Die Vorbilder sind in Frankreich, der Provence, in Italien zu suchen, aber auch in den Niederlanden. Die Vermittlung setzt Sprachenkenntnis voraus, die es bei mehreren Dichtern um 1200 gegeben haben muß [P. GANZ in 40: Curialitas, 54]. Wir kennen auch die wichtigsten Ehen, die im 12. Jahrhundert diesem Einfluß Tür und Tor öffneten: die der Beatrix von Burgund mit Friedrich I. Barbarossa; die der Mathilde von England mit Heinrich dem Löwen; die der Ida von Boulogne mit Graf Gerhard von Geldern, dann mit Herzog Berthold IV. von Zähringen [165: TERVOOREN, Literaturwege].

Lehnworte   Lehnworte machen diesen Einfluß manifest. So ist z. B. ‚kurtôsîe' (Wolfram, ‚Parzival', 1200/1210) älter als ‚höveschheit' (Rudolf von Ems, ‚Alexander', 1239/1240) [TH. SZABÓ in 40: Curialitas, 381, mit Hinweis auf 38: BUMKE, Höfische Kultur, I 78ff., 425ff.]. Auch fîn, ‚fein' ist entlehnt [TH. ZOTZ, ibid., 440, mit weiterer Lit.]. ‚Herold' und ‚Persevant' sind es ebenfalls (vgl. unten Kap. 4).

Frankreich   Eine Tannhäuserstrophe (III 7) zeigt parodistisch mit sechs französischen Worten in fünf Zeilen, wie stark höfisches Sprechen damit durchsetzt sein konnte. Auch in der zweiten Hälfte des 15. Jahrhunderts war das Gefälle noch stark: Der Landvogt Peter von Hagenbach aus dem Sundgau schrieb burgundisch akkulturiert zwar höfische Liebesbriefe und legte sich eine Bilddevise zu (drei Würfel, „Ich paß"). Damit und mit Karls des Kühnen Auffassung von Hoheit und Herrschaft paßte er aber keineswegs in die konservative Adelslandschaft am Oberrhein; er endete unter dem Schwert [H. BRAUER-GRAMM, Der Landvogt Peter von Hagenbach, Göttingen 1957]. J. BUMKE, der selbst 1967 einen ersten Überblick vorgelegt hat [136: Literaturbeziehungen] schreibt 20 Jahre später: „Die literarischen Beziehungen zwischen Frankreich und Deutschland im Mittelalter sind noch niemals zum Gegenstand einer gründlichen Untersuchung gemacht worden" [38: Höfische Kultur, II 818; vgl. die Darstellung I 83–136; 170: THOMAS, Nationale Elemente, 357ff.; neuerdings 141: Chrétien de Troyes and the German Middle Ages]. Das gilt für die gesamte ritterlich-höfische Kultur, ja insgesamt für die deutsch-französischen Kulturbeziehungen gleich welcher Art.

Niederlande   Neben die direkte trat die indirekte Vermittlung über die alten Niederlande: Flandern, Brabant, Hennegau und Haspengau/Hesbaye galten als ritterlich vorbildliche Gegenden und wurden nachgeahmt [170: THOMAS, Nationale Elemente, 357]. Den Sachverhalt

1. Wege und Irrwege: Der Gang der Forschung

zeigt wiederum die Wortgeschichte an: ‚hübsch‘ (hövesch) verrät ebenso mittelniederländische Spuren wie ‚Ritter‘ (riddere), ‚Tölpel‘ (dorpere), ‚Wappen‘ (wapen), ‚Roche‘ (roc), ‚Schach‘ (scaec), Tanz (dans). Dementsprechend macht sich Neidhart auch über das „vlaemen mit der Rede" bei österreichischen Bauern lustig. So ist „auffällig, daß dieser literarische Vermittlungsweg in der allgemeinen Diskussion kaum eine Rolle spielt"; auf die frz. und lat. Literatur wird verwiesen, nicht aber auf die niederländische [157: MENKE, Flandern, 91–93, mit weiterer Lit.; J. WINKELMAN in 158: *Misselike tonghe*, 57–68, 197–199; vgl. 39: BUMKE, Bestandsaufnahme, 480].

Besondere Aufmerksamkeit wird künftig dem Maas-Rhein-Raum zu widmen sein [TERVOOREN/BECKERS (Hrsg.), Literatur], jener Region besonders intensiver romanisch-germanischer Beziehungen, der Heinrich von Veldeke entstammt, die im 12.–14. Jahrhundert Zentrum gemeinsamer Turniertätigkeit gewesen ist [218: VALE, Le tournoi] und in der politisches Ressentiment mit kulturellsprachlicher Affinität zusammengingen [170: THOMAS, Nationale Elemente], bis im 15. Jahrhundert das Haus Burgund diese Tradition übernahm und steigerte. Mit dem Regierungsantritt des wittelsbachischen Hauses in Holland und Hennegau 1349/1354 stellt sich allerdings die Frage, ob die Richtung des Einflusses sich nicht wenigstens teilweise umgekehrt hat. Die im Gange befindlichen Forschungen von F. P. VAN OOSTROM [160: Het woord van eer] und seiner Gruppe ‚Middelnederlandsche literatuur en cultuur‘ in Leiden [u. a. 223: ANROOIJ, Spiegel; 156: MEDER, Sprookspreker] und von D. E. H. DE BOER in Groningen über Albrecht von Bayern werden darüber Auskunft geben.

Maas-Rhein-Raum

Außergewöhnliches wird zu schnell als Alltag begriffen, Fiktives und damit oft Normatives oder wenigstens Vorbildhaftes als gelebte Wirklichkeit. Andererseits wird Literatur zu Wirklichkeit und umgekehrt. Dieses Verhältnis unterliegt Richtungsschwankungen in den verschiedenen Zeiten und Gegenden. Außerdem ist stets mit Scherz, Satire, Ironie zu rechnen. A. KARNEIN muß noch 1992 in seinem Artikel ‚Minnehof‘ [LexMA VI 3, 644] davor warnen, Liebeshöfe des 12./13. Jahrhunderts für so real wie Literatursalons des 19. Jahrhunderts zu halten, „eine Vorstellung, die in vielen Kulturgeschichten des Mittelalters bis heute anscheinend unausrottbar ist". „Eine gründliche Untersuchung über die Stellung der Frau in der höfischen Gesellschaft, die nicht einfach – wie es die älteren kulturgeschichtlichen Darstellungen getan haben – das Frauenbild der höfischen Dichtung für bare Münze nimmt, gibt es nicht"

Der unmittelbare Weg von der Literatur zur Wirklichkeit

[138: BUMKE, Mäzene, 417; vgl. jetzt W. RÖSENER, in 40: Curialitas, 171–230; dazu 39: BUMKE, Bestandsaufnahme, 449–552]. Ähnliches gilt für die Realität der ‚höfischen Liebe' überhaupt, für die adlige Bauernverachtung, die reale Existenz eines ‚Ritterlichen Tugendsystems'. Den Wirklichkeitsgehalt höfischer Dichtung auszumachen, ist immer eine Gratwanderung und oft eine falsche Fragerichtung – denn wirklich ist nicht nur, was in den Akten steht, sondern auch, was in den Köpfen wirkt [vgl. H. KÄSTNER in 124: Reise und Reiseliteratur, 399 f.].

Die Wirklichkeit des Phantastischen

Man muß sich hüten, vermeintlich Ungewöhnliches gleich für irreal zu halten. G. JARITZ hat am Beispiel des Juweleninventars der Elisabeth von Österreich aus dem Jahre 1440 gezeigt, daß die Realität die Literatur übertreffen kann, bzw., wäre es ein literarischer Text, als Phantasieprodukt verworfen worden wäre [45: Höfische Literatur, 34 Anm. 47]. Auch was in Kap. 5 aufgrund von Akten über die internationalen Beziehungen des Hauses Merode gesagt werden wird, würde in einem literarischen Text wohl kaum Glauben finden. Die Mobilität des Adels in den weltlichen Heiligenviten bzw. Ehrenreden von Suchenwirt und Gelre ist zuweilen als Aufschneiderei belächelt worden; aber die Fakten halten jeder Überprüfung stand – nur daß sie eine partielle Wirklichkeit schildern [121: PARAVICINI, Preußenreisen, I 49–53]. Auch ein so kleiner Herr wie Heinrich II. der Eiserne von Holstein-Rendsburg ist in Preußen, England, Frankreich und Italien gewesen [50: PARAVICINI, Rittertum, 151–156].

‚Verfall'

Ein aus der Verwechslung von Literatur und Wirklichkeit begründetes Fehlurteil ist die den Zeitgenossen nachgebetete Rede vom Verfall des Rittertums bzw. der höfischen Kultur, mit dementsprechendem Kopfschütteln über ‚späthöfische' Verhaltensweisen als Theater und Selbsttäuschung (A. SCHULTZ, H. NAUMANN, teilweise sogar J. HUIZINGA). Selbstverständlich wandeln sich Vorbilder und Verhaltensweisen. Aber daß die Klage über den Verfall zur gleichen Zeit wie die Sache selbst auftritt, müßte nachdenklich stimmen. J. BUMKE hat gezeigt, daß König Artus immer schon tot war und daß das Lob der vergangenen Zeit in Wirklichkeit als Mittel zur Durchsetzung eines neuen Ideals diente; der Abstand zwischen Ideal und Wirklichkeit wurde in Wirklichkeit nicht größer, sondern geringer [38: BUMKE, Höfische Kultur, I 26–29; 39: Bestandsaufnahme, 483].

Vorbildlichkeit und politisches Interesse

Die Ritterbegeisterung der Romantik und der älteren Germanistik haben Rittertum und Minnesang als Lebensformen angesehen,

1. Wege und Irrwege: Der Gang der Forschung 61

die für die Gegenwart von vorbildlicher Bedeutung seien. Auch hier lag eine Verwechslung von Literatur und Wirklichkeit vor, die im Zusammenhang mit politischer Restauration und konfessionellen Interessen geradezu regressive Züge annahm [vgl. M. REISELEITNER, in 72: Die Ritter, mit Lit. zur Mittelalterrezeption]. Noch in der Zwischenkriegszeit propagierte der vielgelesene H. NAUMANN den „staufischen Ritter" als vorbildhaftes Ideal, nicht nur für die damalige, sondern auch für die eigene Zeit [vgl. 43: FLECKENSTEIN, Ritterforschung, 60 f.].

Für die konzeptionslose Materialfreude der älteren Kulturgeschichte möge das Werk des Prager Kunsthistorikers ALWIN SCHULTZ stehen († 1909), der Ende des 19. Jahrhunderts in umfangreichen Werken aus zahlreichen deutschen, französischen und lateinischen Quellen verschiedenster Art Gegebenheiten über „Das höfische Leben zur Zeit der Minnesinger" (1150–1350) und über „Deutsches Leben im 14. und 15. Jahrhundert" zusammengetragen hat [52: Minnesinger; 53: Deutsches Leben]. Zwar beabsichtigte er, der seit Jacob Burckhardts Werk von 1860 in den Himmel gehobenen Renaissancekultur eine eigenständige nordalpine Hochkultur entgegenzuhalten (was angesichts der südeuropäischen Begeisterung für die niederländische Malerei gar nicht so abwegig war); aber er sah sich nur als Vorläufer und Materialbeschaffer. Ein inhaltliches Konzept, Quellenkritik, Problematik, chronologische Differenzierung bietet er nicht [vgl. 38: BUMKE, Höfische Kultur, I 15 f.; G. JARITZ in 45: Höfische Literatur, 22 f.]. *Sammlerfreuden*

Leicht kann man sich über die methodische Schlichtheit der älteren Kulturgeschichtsschreibung erheben. Aber der umfassende, auf alles Profane gerichtete Kulturbegriff von SCHULTZ war wegweisend. Wir bauen heute noch mit dem Material, das er und andere bereitgestellt haben [z. B. 2: STEINHAUSEN (Hrsg.), Privatbriefe; 3: KERN (Hrsg.), Hofordnungen]. Ein neuer, methodenbewußter Positivismus tut not, der systematisch erfaßt, was wir wissen können und was wir tatsächlich wissen, ob es sich um Feste und Turniere handelt, um Hofnarren [246: MEZGER, Hofnarren; 247: MEZGER, Narrenidee; 222: AMELUNXEN, Rechtsgeschichte; 244: LEVER, Zepter – eine brauchbare Monographie fehlt] oder Herolde (unten Kap. 4), um Wappen- und Turnier- und Familienbücher (unten Kap. 6–8), um Ritterorden und Adelsgesellschaften [131: KRUSE/PARAVICINI/RANFT, Ritterorden], um adlige Sachüberlieferung (vgl. unten im Text) oder Residenzen, Hofordnungen und Hofrechnungen (vgl. die seit 1990 erscheinende Reihe ‚Residenzenforschung' *Vom Nutzen des Positivismus* der Göttinger Akademie und die von ihr seit 1991 hrsg. ‚Mitteilungen der Residenzenkommission'). Noch gibt es für das Spätmittelalter geradezu weiße Flecken auf der Karte unseres Wissens.

Neue Ansätze

Wirtschaft Die wirtschaftlichen Grundlagen des Adels und der städtischen Oberschichten sind nicht Gegenstand dieses Bandes [vgl. die Darstellungen von L. KUCHENBUCH, TH. ZOTZ, R. ENDRES in dieser Enzyklopädie]. Aber sie dürfen auch künftig als Rahmenbedingungen nicht ausgelassen werden, zumal der ritterlich-höfischen Kultur oft Ausgleichs- und Entlastungsfunktionen im Zusammenhang mit ständischer Abgrenzung in verschlechterter wirtschaftlicher Lage zugeschrieben werden. Deshalb sind Arbeiten zu diesem Thema auch hierfür wichtig [vgl. 55: BITTMANN, Kreditwirtschaft]. Oft zeigt sich, daß gutes Wirtschaften und höfisches Mäzenatentum sich durchaus nicht ausschließen, vielmehr einander bedingen. Die Rede von der wirtschaftlichen Krise des Adels ist im übrigen fast so alt wie diejenige vom Verfall des Rittertums.

Sachkultur Näher an den Kern führen die neueren Arbeiten zu Sachkultur und Realienkunde der Oberschichten. Die Forschungen zum hohen Mittelalter [38: BUMKE, Höfische Kultur, I 137–275 und II 820–824 (Lit.); G. JARITZ in 45: Höfische Literatur, 19–38] sind dabei etwas weiter gediehen als die zum späten [185: Adelige Sachkultur]. Für die Zeit um 1300 ist auf verschiedene Ausstellungskataloge zum Manessekreis zu verweisen (s. unten Kap. 3). Die materielle Welt des Adels, im wesentlichen das, was uns an Überresten davon geblieben ist, hat noch keine zusammenfassende Darstellung gefunden.

Politik Die Beziehung von Literatur und Politik (und Gesellschaft) ist ein Lieblingsthema der neueren Altgermanistik in ihren führenden Vertretern wie J. BUMKE, K. GRUBMÜLLER, G. KAISER, J.-D. MÜLLER, K.-P. KNAPP, U. PETERS, B. THUM, H. WENZEL u. a. Andererseits berücksichtigen zunehmend auch die Historiker literarische Quellen bzw. ordnen sie mit vielleicht größerer Sicherheit in den historischen Kontext ein [vgl. die Arbeiten von THOMAS, Nr. 166–170; 266: MOEGLIN, Dynastisches Bewußtsein]. Damit wird lediglich wieder zusammengeführt, was die Wissenschaftsentwicklung im 19. Jahrhundert getrennt hat. Daß hier besondere Gefahren der Vereinfachung und Reduktion lauern, liegt auf der Hand. Daneben steht als unerledigte Aufgabe eine Beschreibung der Auswirkungen, die rit-

I. Wege und Irrwege: Der Gang der Forschung

terlich-höfisches Rollenspiel tatsächlich auf das politische Verhalten gehabt hat [dazu 68: PARAVICINI, Rois].

In der Romanistik und auch in der Germanistik war vor einer Generation zu beobachten, was man die sozialgeschichtliche Krise der Philologie nennen könnte. Vor allem E. KÖHLER hatte den Versuch unternommen, die Entstehung der höfischen Literatur aus der Entstehung der Ministerialität zu erklären. U. PETERS und andere wiesen indes alsbald nach, daß die Vorstellung von einer Aufsteigerliteratur der Dienstleute irrig war [51: PETERS, Niederes Rittertum; weitere Lit. bei R. SCHNELL in 40: Curialitas, 296 Anm. 158, 300 Anm. 168]. In aller Regel kommen neue Modelle und Moden aus den Oberschichten. Ähnliches hat sich bei der Interpretation des „bürgerlichen" Realismus abgespielt. Der erste Versuch einer direkten Zuweisung neuer Literaturströmungen zu aufsteigenden sozialen Schichten ist also fehlgeschlagen. Aber das Problem bleibt bestehen: Welche Verbindung besteht zwischen der ritterlich-höfischen Kultur und dem sozialen Wandel? „Das Thema ‚Literatur und Gesellschaft im Mittelalter' ist erst einmal zusammenfassend behandelt worden, von dem Historiker R. SPRANDEL: Gesellschaft und Literatur im Mittelalter, 1982" [38: BUMKE, Höfische Kultur, II 811]. *Gesellschaft*

Nach und teilweise mit der sozialgeschichtlichen kam die soziologische Welle. N. ELIAS wurde der neue Vordenker historischer und literarhistorischer Interpretation, nachdem sein schon 1939 einmal gedrucktes Hauptwerk ‚Über den Prozeß der Zivilisation' 1969 erneut aufgelegt und gleichzeitig seine ebenso einschlägige, noch ältere Habilitationsschrift ‚Die höfische Gesellschaft' erstmals gedruckt worden war [41: ELIAS, Prozeß; 42: ELIAS, Höfische Gesellschaft]. Seine Theorie der ‚Soziogenese' höfischer/höflicher Verhaltensformen, von Selbstzwang, Scham- und Peinlichkeitsstandards, beobachtet an Tischzuchten und Wohnstrukturen, Etikette und Zeremoniell, hat Dinge in den Mittelpunkt des Interesses gerückt, die vorher wohl bemerkt worden waren, aber nicht hatten eingeordnet werden können. Auch wenn seine Thesen vielfach an Materialien des 17. Jahrhunderts gewonnen wurden und Widerspruch sich meldete (z. B. von H. P. DUERR), hat N. ELIAS einen Fortschritt gebracht, hinter den die Forschung nicht mehr zurückfallen darf. Nur muß sie jetzt handwerklich strenger vorgehen, um nicht aus der Hypothese eine fiktive Wirklichkeit zu schaffen [vgl. W. RÖSENER in 40: Curialitas, 225–227]. Noch zu selten sind Arbeiten wie diejenige von J.-D. MÜLLER [179: Die *hovezuchtl*], in denen theoretische Inspiration und genaue Quellenkenntnis zusammen- *Soziologie* kommen. R. ZÖLLNER hat unlängst gezeigt, wie die T. PARSONSCHE Handlungstheorie für die Erforschung z. B. des Thüringischen Hofes im Hohen Mittelalter fruchtbar gemacht werden kann [172: Ludowinger]. Das Mißtrauen gegenüber der (oft faktengesättigten) soziologischen Theoriebildung eines TH. VEBLEN, M. WEBER, G. SIMMEL, T. PARSON oder P. BOURDIEU ist fehl am Platze, wenn man nicht von ihr erwartet, daß sie dem Historiker die Arbeit des genauen Hinsehens erspare.

Systemtheorie Die Systemtheorie ist ein sehr hoher Vogelflug, aber auch sie kann der künftigen Forschung dienen. J.-D. MÜLLER etwa [159: Lachen, 56 mit Anm. 40] benutzt N. LUHMANNS Modell gesellschaftlicher Entwicklung: von der segmentären (horizontalen) zur stratifikatorischen (hierarchisch-vertikalen) und weiter zur funktionalen (arbeitsteiligen) Gesellschaft, mit jeweils andersartigen entlastenden fiktionalen Techniken. Es gibt erste Versuche, ein systemtheoretisches Hofmodell zu entwickeln [94: HIRSCHBIEGEL, Hof]. Noch längst ist der ganze Ertrag der (sich zunehmend wieder historischer gebärdenden) Soziologie nicht eingebracht. Derweil macht ihr aber schon ein neues Konzept den Rang streitig.

Kultur: Nicht nur das Interesse an den langen Zahlenreihen der Wirt-
Das ‚Imaginäre' schaftsgeschichte, sondern auch dasjenige an den Erleuchtungen der Soziologie ist törichterweise bereits erlahmt. In schöner, unbewußter Konsequenz steht nun das ‚Imaginäre' im Vordergrund; schon sagt man nicht mehr so gerne ‚Mentalität' (das als kollektives Unbewußtes und einengende Selbstverständlichkeit auch nicht ganz dasselbe ist). Es geht um die Kraft der sinnstiftenden Vorstellungen und deren Instrumentalisierung, soziologisch ausgedrückt um die Stabilisierung des Systems durch Werte und Zielvorstellungen, die in Gesten, Ritualen, Symbolen, Bildern, überhaupt in der Repräsentation zum Ausdruck kommt [178: RAGOTZKY/WENZEL (Hrsg.), Höfische Repräsentation; hier S. 89–132 K. SCHREINER über den Kuß; 181: SCHUBERT, Theorie des Gebarens]. Hier gibt es noch überaus viel zu entdecken und zu beschreiben. Das Zeremoniell gehört hierher mit der Geschichte der Rittererhebung und des Ritterschlags (die es noch nicht gibt). Festbeschreibungen jedweder Art sind zu sammeln [vgl. 177: HAUPT, Fest in der Dichtung], Material zu Mahlzeiten, Essen und Trinken ist zu erheben und zu ordnen [vgl. 173: Essen und Trinken; 175: FOUQUET, Festmahl; 14: WINKLER, Tischzuchten]. Das ganze symbolisch-visuelle System der ritterlich-höfischen Kultur mit ihren sichtbaren Zeichen der Heraldik und Paraheraldik bis hin zu den Graffiti (hierzu künftig die Kieler Diss. von

D. KRAACK) bedarf dringend der Erforschung. Dementsprechend brauchen wir Studien über die sich hierfür ausbildenden Fachleute, die Herolde (vgl. unten Kap. 4). Die Vermittlung der Normen und Werte geschieht durch Erziehung: Zum Thema Adelserziehung im Mittelalter in Deutschland fehlt jedoch eine kritische Darstellung [vgl. 39: BUMKE, Bestandsaufnahme, 452–459]. Weiter gediehen sind die Forschungen zur (Bildungs-)Reise, die als ehrenvolle Abwesenheit auch als erstrebenswerter Zustand an sich galt und eine charakteristische Wandlung von der Heidenfahrt zur Kavalierstour durchmachte [122: PARAVICINI, Heidenfahrt].

J. HUIZINGA hat die Kraft der Vorstellungen in der ritterlich-höfischen Kultur erstmals in seinem Werk „Herbst des Mittelalters" (1919) umfassend beschrieben. Wenn man diesen seinen Ansatz und nicht seine materiellen Aussagen in den Vordergrund stellt (die aber gleichfalls von geradezu unerschöpflichem Reichtum sind), ist er keineswegs überholt: Nur ruft sein Werk geradezu nach einem Buch, das nicht von Gericht und Rechenkammer, Verwaltung und Finanzen absähe und beides, reale Existenz und imaginären Haushalt, die Welt der Kleriker und die von ihnen beeinflußte Welt des Adels zusammenbrächte. Diesen Weg geht die neuere Kulturgeschichte eines J. BUMKE, G. DUBY, P. BURKE, M. KEEN und anderer. Dies ist auch das große Projekt von J. FLECKENSTEIN, von dem ein zusammenfassendes Werk über das Rittertum des Hochmittelalters zu erwarten ist.

<small>Das „Imaginäre" und das „Wirkliche"</small>

Für denselben Zeitraum hat J. BUMKE nicht nur das große Werk über die deutschen „Gönner" geschrieben [138: Mäzene], sondern auch die zweibändige Synthese des Gesamtzusammenhangs vorgelegt [38: Höfische Kultur] und einen ausführlichen Forschungsbericht verfaßt [39: Bestandsaufnahme]. Hiervon ist nunmehr auszugehen. Für die folgende Zeit gibt es nichts Vergleichbares. Was wir vordringlich brauchen, ist ein ‚BUMKE' für das Spätmittelalter.

<small>Ein BUMKE für das Spätmittelalter</small>

2. Eine unfaßliche Erscheinung: Der Hof

Vor gut zehn Jahren schrieb P. MORAW: „Eine Monographie über den Hof gibt es zum schweren Nachteil der Verwaltungs- und Verfassungsgeschichte nicht" (Deutsche Verwaltungsgeschichte, Bd. 1, Stuttgart 1983, S. 32 Anm. 1). Andere Historiker wie K. SCHREINER, J. FLECKENSTEIN, W. RÖSNER, K. F. WERNER erwähnen auch den Nachteil für die Sozial- und Kulturgeschichte und erheben dieselbe

<small>Ein Desiderat</small>

Forderung. Von literaturwissenschaftlicher Seite lautet es nicht anders: „Von den Historikern wünscht man sich vor allem eine Intensivierung der Hofforschung, die auch die gesellschaftlichen und kulturellen Aspekte des Themas berücksichtigt [39: BUMKE, Bestandsaufnahme, 492].

Erste Schritte   An dieser Sachlage hat sich bis zum heutigen Tage kaum etwas geändert, wenngleich die Arbeit aufgenommen worden ist. J. BUMKES Handbuch [38: Höfische Kultur] und J.-D. MÜLLERS Maximilianbuch [267: Gedechtnus] sind Schritte in dieser Richtung. Über den Hof der europäischen Frühneuzeit liegt ein Sammelband vor [96: ASCH/BIRKE (Hrsg.), Court; vgl. künftig in dieser Reihe R. A. MÜLLER], über die Hofkultur der frühen Welfen [101: SCHNEIDMÜLLER (Hrsg.), Welfen] und Ottos IV. [93: HUCKER (Hrsg.), Hofkultur] sowie über Alltag bei Hofe sind Sammelbände im Druck [85: PARAVICINI (Hrsg.), Alltag]. Die von P. MORAW 1992/1993 veranstalteten Kolloquien über den deutschen Königshof des späten Mittelalters, mit Beiträgen über Barbarossa, Karl IV., Wenzel und Friedrich III. u. a. werden nach ihrer Veröffentlichung [91: MORAW (Hrsg.), Königshof] eine Grundlage bilden. Mehrere Publikationen wurden unlängst dem Heidelberger Hof im 14. und 15. Jahrhundert gewidmet [87: BACKES, Heidelberg; 102: MÜLLER (Hrsg.), Wissen für den Hof; künftig die Kieler Diss. von J. KOLB], weitere gelten dem Münchener [62: GRUBMÜLLER, Hof; 88: BASTERT, ‚Buch der Abenteuer'].

Funktionen   Dieses aufblühende Interesse ist die Folge der sich durchsetzenden Erkenntnis, daß es sich beim Hof nicht nur um eine Kulturerscheinung handelt, um die sich allein Literatur-, Kunst- und Musikhistoriker zu kümmern hätten, sondern um die wichtigste politische, soziale und sogar (konsumtions-)wirtschaftliche Institution des Mittelalters und der Frühen Neuzeit schlechthin. N. ELIAS (o. Kap. 1) hatte bei diesem Durchbruch geholfen, war allerdings die Entwicklung eines Hofmodells schuldig geblieben. Auf ein solches wartet die Forschung heute noch [vgl. indes 94: HIRSCHBIEGEL, Hof], wie übrigens auch auf eine Wortgeschichte.

Polyvalenz   Die Polyvalenz des Hofes ist in der Tat beeindruckend: Er muß (1) das tägliche Leben und (2) Zugang und Sicherheit organisieren, (3) das Prestige des Fürsten erhalten und erhöhen, (4) Machteliten neutralisieren und integrieren, und schließlich (5) regieren und verwalten. Herrenleben ist Ziel und Voraussetzung des Hofes, nicht dagegen rationale Verwaltung. Er ist politisches Entscheidungszentrum und Machttheater, Verbrauchs- und Vergnügungszentrum, Verteilerort und Maklersitz von und für Macht, Geld, Güter und so-

2. Eine unfaßliche Erscheinung: Der Hof

ziale Chancen, für Geschmacksformen, Ideen und Moden aller Art, er ist Heiratsmarkt, Erziehungs- und Überwachungsanstalt für Minderjährige und Rivalen, aber auch Bewahranstalt für noch nicht Beerbte und jüngere Söhne zu Lebzeiten der Väter, zuweilen Hohe Schule, stets Schnittpunkt von Geistlichem und Weltlichem.

Wie aber soll man dieses vielgesichtige Phänomen angemessen beschreiben und verstehen? Die Ausführungen des Regensburger Dompropsts Konrad von Megenberg in seiner um die Mitte des 14. Jahrhunderts entstandenen Ökonomik sind hierbei hilfreich [6: MEGENBERG, Ökonomik, I 121–261 und II 199–209]: Er unterscheidet zwischen *curia maior* und *curia minor*, zwischen *servi honesti* und *servi utiles* [K. SCHREINER in 45: Höfische Literatur, 76 f.; W. RÖSENER in 40: Curialitas, 197]. Der mittelalterliche und frühneuzeitliche Hof trägt also stets ein Doppelgesicht: Er ist der (kleinere) Haushalt und der (größere) Hof zugleich. Es gibt den feststehenden, angestellten Haushalt, und einen weiteren informellen Hof in außerordentlicher Fluktuation von Ort zu Ort, von Zeit zu Zeit. Weiter ist mit Konrad von Megenberg zu unterscheiden *curia ordinaria* und *curia plena* [SCHREINER 73 f., 76, nach der Ökonomik]: täglicher Hof und Hoftag sind nicht dasselbe. Festbeschreibungen und dergleichen betreffen immer die *curia plena*, den Hof in seiner größtmöglichen Ausdehnung. Dieser erfordert immer besonderen Aufwand und besondere Ausgaben.

Engerer und weiter Hof, Hof und Haushalt

Den Haushalt kann man graphisch darstellen. Oft hat er die traditionelle Grundstruktur der vier Ämter des Truchsessen, Marschalls, Mundschenken und Kämmerers [98: RÖSENER, Hofämter; vgl. ders. im LexMA, Hofämter; 86: ANDERMANN, Hofämter; künftig E. SCHUBERT in 91: MORAW (Hrsg.), Königshof]; Megenberg kennt indes acht Ämter (zusätzlich Küchen-, Jäger-, Schützen- und Forstmeister). Mit den Hofordnungen greifen wir eben diesen Haushalt, immerhin den Kern des ständigen Hofes. Die Forschungen über diese Texte, die für Deutschland (aber auch für andere Länder) nicht einmal verzeichnet sind, stehen noch in ihren Anfängen [s. LexMA, Art. Hofordnungen, von K.-G. AHRENS]; lediglich eine nachmittelalterliche Auswahl ist veröffentlicht [3: A. KERN (Hrsg.), Hofordnungen]. Die ‚Residenzenkommission' der Akademie der Wissenschaften zu Göttingen plant, hier Abhilfe zu schaffen. Jedoch: Dem ‚Hof' ist damit nicht beizukommen. Denn das politisch-soziale Gewicht ist zwischen Haushalt und Hof ungleich verteilt. Es gibt zwar zahlreiche Überschneidungen und Personenidentitäten, und die Tendenz geht dahin, den engeren Hof auf den weiteren

Engerer Hof

übergreifen zu lassen, alle in den Rahmen des Dienstverhältnisses zu spannen. Aber prinzipiell liegt das Schwergewicht auf der Seite des Hofes. Die kleinen Leute gehören alle dem Haushalt an und können sogar unfrei sein.

Weiterer Hof   Der weitere Hof ist kaum faßbar: Zeugenlisten [vgl. 99a: SPIESS, Königshof und Fürstenhof; 39: BUMKE, Bestandsaufnahme 447] und chronikalische Nachrichten, literarische Nennungen und Widmungen [138: BUMKE, Mäzene] geben über ihn Auskunft, doch nie umfassend, weil er eben keine festen Grenzen kennt. J. FLECKENSTEIN hat beobachtet [40: Curialitas, 455–457], daß es dieser höherrangige, weitere Hof der nicht eigentlich Bediensteten ist, von dem die ‚Verritterlichung‘ des Hofes ausgehe. Es muß ein begriffliches Instrumentarium entwickelt werden, um auch ihn zu ‚definieren‘.

Ideal und Norm: eine vollständige Welt   Dies dürfte indes schwerfallen. Denn jeder Hof ist tendenziell eine vollständige Welt: „Wichtig für das Sozial- und Kulturprestige eines Hofes war [neben der Macht des Fürsten] der Grad seiner Vollständigkeit. Zum idealen, ‚vollständigen‘ Hof zählten edelfreie und niederadlige Inhaber der vier klassischen Hofämter, lehnsabhängige Räte, studierte und unstudierte *officiales*, welche Recht sprachen und die Kanzlei verwalteten, Dienstleute und Burgmannen *(familia militaris)*, die Wach-, Kriegs-, Geleits- und Verwaltungsdienste verrichteten, schließlich Dichter und Spielleute, deren Aufgabe es war, Feste geistreich und unterhaltsam zu gestalten" [K. SCHREINER in 45: Höfische Literatur, 89f.]. Weltliches *und* Geistliches, Ernstes *und* Heiteres mußte demnach zusammenkommen, um einen Hof vorbildlich oder auch nur attraktiv zu machen. Auch deshalb ist die Untersuchung der Leute, die „Ehre für Gut" geben, der Fahrenden, wichtig. Siehe zu ihnen zusammenfassend jetzt E. SCHUBERT [253: Das Fahrende Volk].

Das Gehäuse: Hof und Residenz   Weiter gehört zum Hof ein materiell repräsentativer Rahmen. Seit langem ist bekannt, daß mittelalterliche Herrscher wohl Hauptstädte kennen, aber keine feste Residenz, an der sie gleichsam von Amts wegen anzutreffen gewesen wären. Auch im 15. Jahrhundert reist der Fürst noch von Ort zu Ort, ist die materielle Ausstattung des Haushalts noch auf Mobilität angelegt. Auch wenn somit der Hof kein Lokal, sondern eine soziale Konstallation ist, sind die Orte, an denen er sich aufhält, samt ihrer Ausstattung und allen Formen der künstlerischen ‚Repräsentation‘ [182: SUCKALE, Hofkunst] besonderer Untersuchung wert, zumal ihre Zahl sich im Laufe der Zeit verringert. Im Reich schälen sich zumeist im 14. Jahrhundert diejenigen Orte (jetzt zumeist Städte) heraus, die dann Lan-

2. Eine unfaßliche Erscheinung: Der Hof

deshauptstädte geworden sind [92: PATZE/PARAVICINI (Hrsg.), Fürstliche Residenzen]. Im ‚Haus' des Herrn entsteht zugleich eine differenzierte Topographie, die in den Auswirkungen des Zeremoniells auf den Raum die relative Einfachheit des älteren Adelssitzes weit hinter sich läßt [186: ALBRECHT, Adelssitz; vgl. 187: BILLER, Adelsburg]. Die älteren Aufenthaltsorte der deutschen Könige (nicht der Fürsten) werden in einem im Erscheinen begriffenen Repertorium erfaßt und eingehend beschrieben [189: Deutsche Königspfalzen]; eine Behandlung der spätmittelalterlichen Residenzen in Einzelmonographien und Kolloquien [97: Residenzenforschung], künftig hoffentlich auch in Form eines Repertoriums der Hofordnungen und eines Handbuchs deutscher Höfe und Residenzen, wird von der Göttinger ‚Residenzenkommission' gefördert.

Das, was sich sichtbar und unsichtbar, in Handlungen und Vorstellungen in und bei diesen Gehäusen abspielt, Alltag und Fest, ist recht eigentlich der Gegenstand der ritterlich-höfischen Kultur. G. ALTHOFF hat richtig beobachtet, daß Fest und Mahl im Frühmittelalter Folge und Bekräftigung von Frieden, Vertrauen, Bündnis gewesen sind. Dies tritt in der höfischen Zeit zurück (ohne gänzlich zu verschwinden): Jetzt soll das Fest vornehmlich den Glanz der Herrschaft zeigen und diese bekräftigen [G. ALTHOFF in 174: Feste und Feiern, 30]. Zugleich bestätigte das hierarchische Zeremoniell sowohl die unterschiedlichen Ränge als auch die übergreifende Gemeinsamkeit [E. ORTH in 40: Curialitas, 168; vgl. 184: BERNS (Hrsg.), Zeremoniell]. *Alltag und Fest*

Den Hof zeichnet aus, daß er den Alltag permanent aufheben will, das ewige Fest zu organisieren versucht, das denn auch der Hauptgegenstand der höfischen Literatur ist. Zwar sind unlängst die literarischen Festbeschreibungen der mittelhochdeutschen Epik gesammelt und ausgewertet worden [177: HAUPT, Fest in der Dichtung]. Aber die historischen Quellen sind nicht gesammelt, und die reiche spätmittelalterliche Überlieferung harrt gänzlich der Bearbeitung. Es gibt eine blühende Festforschung [zuletzt 174: Feste und Feiern; vgl. E. VAVRA in 258: Adel im Wandel, 429–437]. Über einzelne Feste wurde schon viel geschrieben, z. B. das Mainzer Kaiserfest von 1184 [zuletzt H. WOLTER in 174: Feste und Feiern, S. 193–201] oder die so ganz andere Landshuter Fürstenhochzeit von 1475 [zuletzt H. KÜHNEL, ibid., 78 mit Anm. 30]. Für umfassende Darstellungen fehlt aber noch die systematische Grundlage. *Das ewige Fest*

Besonderes Augenmerk verdient dabei die Nachahmung höfischer Feste durch Turniere, Schützenfeste, Sportfeste in der Stadt. *Städtische Imitation*

In Magdeburg 1280 begegnet das „erste Bürgerturnier, das in Deutschland bezeugt ist" [H. KÜHNEL in: 174: Feste und Feiern, 79f.; vgl. TH. ZOTZ ibid., 202–206]. Besonders belangreich sind die Schützenfeste, ein städtischer „Hof", an dem auch Adel und Fürsten teilnehmen; in dieser Perspektive sind sie noch nicht untersucht [vgl. mit Lit. 175: FOUQUET, Festmahl].

Alltag bei Hofe   Die Festforschung muß durch eine detaillierte Untersuchung des alltäglichen Unterbaus ergänzt werden: der Versorgung, des Transports und allgemein der Organisation [85: PARAVICINI (Hrsg.), Alltag bei Hofe]. Hierher gehört auch das Geschenk als Mittel und Ausdruck sozialer Beziehungen, das in seiner Bedeutung und täglichen Praxis der höfischen Gesellschaft noch weitgehend unerforscht ist.

Langeweile   Der Festcharakter des Lebens bei Hof wird durch seine Veralltäglichung gefährdet. Die Langeweile, mit Zeitvertreib bekämpft (Jagd, Sport, Musik, Literatur, Essen), *longa taedia exspectationis incertae* (Peter von Blois, 12. Jahrhundert), lassen die mit der Todsünde *Acaedia* verwandte Langeweile als Standesübel der Aristokratie und der höfischen Gesellschaft entstehen – auch sie ein Thema, das auf eine intelligente Behandlung wartet. Ein Soziologe hat den Anfang gemacht [89: BELLEBAUM, Langeweile].

Hofkritik   „Eine zusammenfassende Analyse der hofkritischen Motive in der mittelhochdeutschen Literatur fehlt", bemerkt J. BUMKE zu Recht [38: Höfische Kultur, II 838]. Dies gilt für den gesamten Zeitraum und für alle Gattungen. Der Gegenstand verdient eingehende Behandlung. Denn er belegt nicht nur ein Unbehagen in und angesichts einer neuen Konstellation des Lebens, sondern auch deren hervorragende Bedeutung und Unausweichlichkeit: sobald der Hof an Bedeutung gewinnt, seit dem 12. Jahrhundert, ist die Hofkritik da und gewinnt seither kaum neue Züge. Zu den geistlichen Kritikern treten lediglich weltliche, zu den Klerikern Ritter und gelehrte Räte. Es gibt eine gute Studie zu diesem Thema [K. SCHREINER in: 45: Höfische Literatur, 67–141]. R. SCHNELL hat eine Abhandlung zum Thema angekündigt [in 91: MORAW (Hrsg.), Königshof]. Eine Monographie zum deutschen Mittelalter fehlt [für das 16.–18. Jahrhundert 95: KIESEL, „Bei Hof, bei Höll"; für England: 100: UHLIG, Hofkritik; für England und Frankreich in Hoch- und Spätmittelalter: L. HARF-LANCNER und F. AUTRAND in 59: CONTAMINE (Hrsg.), L'Etat et les aristocraties, 27–50, 51–78].

Ursprung und Ziel der ritterlich-höfischen Kultur   Ob wir arthurische Romane nehmen und Entwicklungen der bildenden Kunst, politische Entscheidungen, gesellschaftlichen

Aufstieg oder großen Reichtum: Es geht alles vom Hofe aus und kehrt an ihn zurück. Die Konstellation Hof ist der Motor des kulturellen, politischen, gesellschaftlichen, wirtschaftlichen Geschehens. Dort, an einem Ort prinzipiellen Friedens, wo Kleriker und Ritter sich treffen, ist die höfisch-ritterliche Kultur entstanden, „dank der Zeit und Raum übergreifenden Kommunikation, die der Hof ermöglicht hat" [J. FLECKENSTEIN in 40: Curialitas, 481]. Wie wesentlich er für das soziale Gefüge war, zeigt der späte und vergebliche Versuch der südwestdeutschen Ritterschaft, eine Gesellschaft ohne Hof zu organisieren (s. unten Kap. 6).

Nur: was ist diese höfische Gesellschaft? J. BUMKE weist darauf hin, „wie ... vergleichsweise selten überhaupt eine größere Gesellschaft sich zusammenfindet und wie fragwürdig daher die Rede von der ‚höfischen Gesellschaft' als Bezugsgruppe der ‚höfischen Literatur' ist, zumal wenn sie als ständisch homogen unterstellt wird" [in: 45: Höfische Literatur, 16 (Zusammenf.)]. Desto wichtiger wäre es, dort, wo es sich machen läßt und wir Rechnungen haben, also im späteren Mittelalter, eine Statistik der Höfe, ihrer Angehörigen und ihrer Veranstaltungen zu erarbeiten, um auf diese Weise der Wirklichkeit des Hofes und den Menschen, die unter seinem Gesetz lebten, näher zu kommen.

Höfische Gesellschaft?

3. Kodifizierungen:
Der Codex Manesse und andere Liederhandschriften

In einem Objekt großer Seltenheit und Pracht, dem Codex Manesse, erschließt sich ein Stück gelebter ritterlich-höfischer Kultur der Zeit um 1300 – aber nur, wenn man zu einer ‚Archäologie des Buches' kommt, Bild und Text richtig befragt und Ort, Zeit und Umstände der Entstehung angemessen berücksichtigt. Adlige Stadtkultur und rückwärtsgewandte Sammeltätigkeit sind wichtige Themen künftiger Forschung.

Die Bilder, nicht die Texte der Großen Heidelberger Liederhandschrift waren und sind in einer Weise auch für den Laien gegenwärtig, wie die Bilder wohl kaum einer anderen mittelalterlichen Handschrift. Voll von anrührenden Szenen und beredten Gesten, geschmückt mit großen Wappen, prägen sie nach wie vor unser Bild von „Mittelalter" und „Minnesang" – bis hin zu Sofakissen und Zimmerwänden. Auch Gottfried Kellers ‚Hadlaub' von 1878, die erste

Die Handschrift im öffentlichen Bewußtsein

seiner ‚Zürcher Novellen', hat als Höhepunkt der literarischen Rezeption die Erinnerung an die Handschrift wachgehalten [vgl. 171: ZIMMERMANN, Wahrheit und Dichtung]. Unlängst bekräftigten zwei große Ausstellungen [142: Codex Manesse, Heidelberg 1988, und 145: Die Manessische Liederhs., Zürich 1991; s. auch 164: Stadtluft, Zürich/Stuttgart 1992/1993] die ungebrochene Popularität dieser vor einhundert Jahren nach Versuchen 1813/1815 und Versuchungen 1870/1871 in einem Dreiecksgeschäft 1888 für die Heidelberger Universitätsbibliothek aus Paris zurückerworbenen Hs. (Signatur: Cod. pal. germ. 848, in der germanistischen Editionspraxis mit ‚C' bezeichnet). Aber die Bilder trügen, wenn sie als reines Abbild von Wirklichkeit oder als Spiegel datierbarer Ereignisse aufgefaßt werden [145: Manessische Liederhs., 65–72 mit Lit. auf 299, 254 Nr. 119–121], und viel von dem Ruhm der Handschrift beruht auf dem Mißverständnis vorausgesetzter Naivität.

Die Erforschung der Handschrift   Bereits im Jahre 1748 prägte J. J. BODMER, der bedeutende Zürcher Gelehrte und Altertumsfreund, den Namen „Manessische Liedersammlung" für die Handschrift, die damals noch in der Kgl. Bibliothek zu Paris lag (und ihm nach Zürich ausgeliehen wurde). Schon damals lenkte er den Blick auf das Milieu, in dem auch heute noch die Entstehung des Werks gesucht wird: auf das Zürcher Patriziat. Doch wohin gehörte dieses Patriziat, zum Bürgertum oder zum Adel? Für L. TIECK im Jahre 1803 oder W. WACKERNAGEL 1872 handelte es sich unzweifelhaft um eine Hervorbringung des Bürgertums, dessen ungebrochene Kraft den Minnesang als Meistersang erneuerte – an dessen Qualität aber gleichzeitig auch Zweifel laut wurden [145: Manessische Liederhs., 13–15]. Die Frage nach möglichen Vorläufern und Vorbildern wurde 1965 [151: JAMMERS, Königliches Liederbuch] ganz anders dahingehend beantwortet und verschärft, daß es sich im Kern um ein „Königliches Liederbuch des deutschen Minnesangs" handele, das ursprünglich als „Liederbuch Henrici IV." am spätstaufischen Hofe Konrads IV. oder Konradins, dann 1313/1314 von der Stauferin Königin Elisabeth (†1313) bzw. ihrer Tochter Agnes von Ungarn (†1364) im nahen Königsfelden bei den städtischen Sammlern gleichsam in Auftrag gegeben worden sei. Diese verwickelte Auftragslage ist nur in die Zürcher Verhältnisse hinein- aber nicht aus ihnen herauszulesen. Ein „charakteristischer Ausdruck der Staufischen Klassik" oder „imponierendes Denkmal der höfischen Ritterkultur", wie anläßlich der großen Stauferausstellung des Jahres 1977 gesagt wurde [B. NAGEL zit. bei 140: CLAUSBERG, Liederhs., 17], ist die Manessische Hs. nicht.

3. Kodifizierungen: Der Codex Manesse und andere

Der bedeutende Historiker A. SCHULTE hat 1892 erstmals den Versuch gemacht, die Reihenfolge der Autoren im Codex standesgeschichtlich zu erklären, und zwar nach den lehnrechtlichen Stufen der Heerschildordnung; er war aber hinsichtlich der Sicherheit der Zuordnung zu hohem, niederem und städtischem Adel weiter gegangen, als der Befund trägt, was ihm F. GRIMME 1894 vorrechnete. Wieviel eine genaue, die Bedeutung der Wappen und Gesten angemessen berücksichtigende Interpretation leisten kann, wurde unlängst am Beispiel des singulären Bildes vom Juden Süßkind von Trimberg gezeigt [150: JAHRMÄRKER, Miniatur]. *Die Standesverhältnisse der Minnesänger*

Die heutige Wertung der Handschrift als eines Spitzenwerkes der Buchmalerei wurde im 19. Jahrhundert keineswegs geteilt, vor allem deshalb nicht, weil man dort etwas suchte, was gar nicht intendiert war: Individualität, Ausdruck, Empfindung, Realitätssinn. Es ergab sich ein „seltsamer Konflikt von nationalgeschichtlicher Wertschätzung und kunsthistorischer Geringschätzung". Erst die entschiedene Historisierung der Kunstgeschichte im 20. Jahrhundert beendete diese Zumutungen an vergangene Ausdrucks- und Sehgewohnheiten. Erst allmählich wurde auch voll bewußt, daß mit dem Codex Manesse ein Dokument des Neubeginns weltlicher Malerei vorliegt, jedenfalls für die Gattung der Lyrik [146: FRÜHMORGEN-VOSS, Bildtypen]. Denn illustrierte Epen gab es schon seit dem ersten Drittel des 13. Jahrhunderts (z. B. Heinrichs von Veldeke ‚Eneit'). Es bleibt aber die Frage bestehen, ob es sich um eine bewußte Archaisierung handelt oder nicht doch um eine provinzielle Ausformung höherrangiger französischer Vorbilder, was das langandauernde Mißvergnügen an der künstlerischen Qualität der Bilder erklären könnte [140: CLAUSBERG, Liederhs., 31–46, 72, 80]. Die ausführliche Diskussion der Bildmotive durch E. M. VETTER und von deren Stil durch L. E. SAURMA-JELTSCH [142: Codex Manesse, 169–174, 275–349] schließt solche Vorbilder nicht aus, erweist aber eine profunde kombinatorische Originalität des „Grundstockmalers". *Kunstgeschichtlicher Ort der Miniaturen*

Obwohl der Codex Ort und Zeit seiner Entstehung ebenso verschweigt wie Auftraggeber und Schreiber, hat die kodikologische, paläographische, sprachliche, orthographische und künstlerische Untersuchung im Vergleich mit zeitgenössischen Werken darin einige Sicherheit gebracht: Der nicht vollendete, großformatige Prachtcodex (35,5 × 25 cm) von heute 426 + 2 Blättern wurde von ca. 1300/1305 bis 1330/1340 gefertigt (der Grundstock von 110 der 140 Sängercorpora jedoch 1300/1305, möglicherweise innerhalb eines Jahres); er war nicht sogleich ein gebundenes Buch, sondern zu- *Codex, Inhalt und Struktur* nächst eine Folge von losen Heften, die Platz für Zuwachs ließen. Rund ein Dutzend Schreiber hat daran geschrieben, sechs Illuminatoren haben Initialen gefertigt, ein „Grundstockmaler" (ca. 1305) und wenigstens drei verschiedene „Nachtragsmaler" die Bilder gemalt, ehemals von verschiedenfarbigen Taft-„Vorhängen" geschützt [142: Codex Manesse, 227–232 Nr. G 1, 423–439; G. KORNRUMPF in 144: Deutsche Hss., 279–296; 145: Manessische Liederhs., 53–57, 243, 251, 256 f.]. Der Stilvergleich hat die durch inhaltliche Indizien nahegelegte Herkunft aus dem Bodenseegebiet und besonders aus Zürich bestätigt. Die Texte wurden nach Autoren geordnet und mit ganzseitigen Verfasserbildern versehen dargeboten (nur 3 von 140 fehlen), für deren Reihenfolge wiederum die ständische Ordnung gewählt wurde: Am Anfang steht Kaiser Heinrich VI. (†1198), es folgen Könige und Herzöge, Grafen, Herren und Dienstleute (als weitaus zahlreichste Gruppe, 145: Manessische Liederhs., Nr. 16–123) und nichtadlige „Meister", wobei die ständische Gliederung klar, die Einzelzuweisung zum (niederen) Adel aber oft ebenso zweifelhaft bzw. unüberprüfbar ist wie das beigegebene Wappen und die Identität von Name und Person [137: BUMKE, Ministerialität; vgl. 142: Codex Manesse, 127–139; 145: Manessische Liederhs. in Zürich, 79–87; vgl. künftig die Regesten der Minnesänger, hrsg. v. K. STACKMANN/U. MEWES].

Der Manessekreis

Jede Zuschreibung der Handschrift geht davon aus, daß der Dichter Johannes Hadlaub, dessen Zürcher Hauskauf im Jahre 1302 urkundlich bezeugt ist, zu Anfang seines im Codex überlieferten 8. Liedes die ihre *êre* vermehrende Sammeltätigkeit Rüdigers d. Ä. Manesse (†1304) und seines Sohnes Johann lobt, des Kustos oder Schatzmeisters der Zürcher Großmünster-Propstei (†1297) [8: Hadlaub, hrsg. v. SCHIENDORFER, 35 f.; 13: ders. (Hrsg.), Schweizer Minnesänger, Bd. 1, 325 f.; vgl. 9: ders., Dokumente]. Daß es hier nicht „das Liederbuch" sondern „die Liederbücher" heißt, hat der Forschung Kopfzerbrechen bereitet. Aber ob Vorstufen zur vorliegenden Handschrift gemeint waren oder schon der in einzelnen Heften noch ungebundene Codex: Allein der Name Rüdiger Manesses erhielt einen rot bezeichneten Anfangsbuchstaben und allein die Lieder Hadlaubs wurden eines Doppelbilds, der größten Filigraninitiale und einer nur für sie tätigen Schreiberhand gewürdigt; offensichtlich sollte der Codex auch mit dem besonders umfangreichen Corpus der Hadlaub-Lieder abschließen.

Ostschweizer Adel

Hadlaub nennt in seinen Gedichten weitere Leute, die demselben Milieu zugerechnet werden können: geistliche und weltliche,

3. Kodifizierungen: Der Codex Manesse und andere 75

adlige und ministerialische Herren, von denen mehrere 1294 in einer Urkunde gemeinsam auftraten. Fast alle waren ausgesprochen habsburgfreundlich: Ein ostschweizerischer Kreis, zu dessen gemeinsamen politischen und wirtschaftlichen Interessen eine gemeinsame standesgemäße kulturelle Betätigung trat, für die die Stadt Zürich den bequemen Ort, aber nicht etwa einen „bürgerlichen" Anlaß bot, wie denn auffälligerweise andere Zürcher Geschlechter als die Manesse fehlen.

Die Zürcher Manesse von Manegg waren keine „Bürger" im Sinne des 19. Jahrhunderts, sondern ein bis 1434 blühendes, um 1300 zu den fünf einflußreichsten Familien gehörendes, ritterlich lebendes Ratsgeschlecht mit Lehens- und Adelsqualität, wie sie im 13. und 14. Jahrhundert überall im Reich geläufig waren [für Zürich 77: SABLONIER, Adel 123–129 u. ö.]. Daß dieses Milieu, in adligen Steintürmen mit Palas in der Stadt lebend, die Säle und Stuben mit Wappen und eleganten Szenen ausgemalt (s. die eingangs erwähnten Ausstellungskataloge – ähnliche Malereien derselben Zeit wurden unlängst in Lübeck entdeckt), ganz und gar an der zeitgenössischen ritterlich-höfischen Kultur teilhatte, zeigt auch die 1843 in ihrem Versteck in einem solchen Hause gefundene kleinformatige Sammlung gereimter Liebesbriefe aus der Zeit um 1300 [10: mine sinne, hrsg. v. SCHIENDORFER], auch wenn es sich tatsächlich um die Musterkollektion eines fremden Schreibers handeln sollte. Auch das Zürcher Wappenkästchen vom Anfang des 14. Jahrhunderts [142: Codex Manesse, 151 Nr. E 18, vgl. H 3, 11f., K 24; 145: Manessische Liederhs., Nr. 145, 148, 157 s. 254] und die sog. ‚Zürcher Wappenrolle' von ca. 1330, das älteste original erhaltene Heraldicum dieser Art in Deutschland [36: Zürcher Wappenrolle, hrsg. v. MERZ/HEGI, und s. die eingangs gen. Kataloge], verweisen auf ähnliche Interessen, obwohl letztere eher aus Konstanz oder St. Gallen stammt. Bemerkenswert ist, daß diese Blüte des ‚ritterlichen' Zürich nur zwei Generationen lang währte: Die Zunftrevolution machte ihr im Jahre 1336 ein Ende. Die Monumente dieser Gesinnung, zu der im übrigen zahlreiche Handschriften von höfischen Romanen, von Geschichts- und Rechtsliteratur gehören, in welchen sich dann wieder Minnestrophen finden [145: Manessische Liederhs., 37–40, Nr. 3 und 122], sind auch Zeugnisse einer Selbstversicherung, die sich zunehmend gefährdet weiß, politisch, ökonomisch und, was die aussterbenden Freiherrengeschlechter angeht, sogar biologisch, während die ministerialischen Landenberg und Klingenberg um 1300 einen raschen Aufstieg erleben [77: SABLONIER, Adel].

Adel in der Stadt

76 II. Grundprobleme und Tendenzen der Forschung

Der Codex, ein Einzelfall? Der Codex ist zwar ein besonders prächtiges Exemplar, aber doch einer Gattung von Handschriften zuzurechnen, die anderswo früher und später ebenfalls bezeugt ist [142: Codex Manesse, 224–274, mit Taf.; 145: Manessische Liederhs., 59–63]. Wohl im Elsaß entstand im letzten Drittel des 13. Jahrhunderts die bei weitem schlichtere ‚Kleine Heidelberger Liederhandschrift'. Das erst 1985 zutage getretene ‚Budapester Fragment', einer deutschen Liederhandschrift um 1300 aus dem bayerischen Donauraum verweist in seiner Verwandtschaft mit dem Codex Manesse auf gemeinsame Vorstufen, während das etwa gleichzeitige ‚Naglerische Fragment' sogar als direkte Vorlage für die Manessische Handschrift in Frage kommt. Die ‚Weingartener Handschrift', wohl aus Konstanz stammend, zweites Jahrzehnt des 14. Jahrhunderts, ist, obschon viel kürzer, ebenfalls mit nah verwandten Autorenbildern ausgestattet. Von einer verlorenen Liederhandschrift ‚X', wiederum aus Konstanz um 1340 stammend, berichtet die ‚Zimmersche Chronik' [F. SCHANZE in 144: Deutsche Hss., 316–329]. Vor der Mitte des 14. Jahrhunderts, vielleicht um 1330 entstand, möglicherweise im Auftrag Rudolfs I. von Sachsen-Wittenberg, jedenfalls in Niederdeutschland, die großformatige und prächtige ‚Jenaer Handschrift', die indes nach Tonautoren und nicht nach Textautoren angelegt und mit Noten versehen ist. Ältere Literatur wurde immer häufiger in reich bebilderten Prachtexemplaren aufgezeichnet, und oft wurden nur noch die Bilder betrachtet, wie in Wolfram von Eschenbachs ‚Willehalm' des Landgrafen Heinrich II. von Hessen von 1334, in dem die Gebrauchsspuren nur so weit reichen, wie die Bebilderung ausgeführt ist. Daß der Codex Manesse noch um 1440 aktuell war, zeigt das süddeutsche, vielleicht württembergische sog. ‚Troßsche Fragment', hinsichtlich des Textes eine direkte Kopie des Codex Manesse, hinsichtlich der Illustration jedoch dem Zeitgeschmack angepaßt.

Wert der Handschrift Der künstlerische und der philologische Wert der Handschrift sind offenbar: Nur durch sie und einige andere vergleichbare Handschriften ist der Minnesang der Stauferzeit überliefert. Sie bietet Texte von 140 Autoren von den 1160er Jahren bis ins erste Drittel des 14. Jahrhunderts: Mehr als die Hälfte des bekannten Bestandes steht nur hier, und für die Zeit nach 1230 gibt es noch weniger parallele Quellen. Bleibt der eigentlich historische Erkenntniswert, der sich vielleicht durch die Frage erschließt, was der Anlaß dafür gewesen sein mag, über Jahre hin ein so kostspieliges Unternehmen zu finanzieren?

Funktion Der Codex Manesse und die gar nicht so seltenen zeitgenössischen (und späteren) Liederhandschriften sind nicht Ausdruck einer blühenden ritterlich-höfischen Dichtung, sondern eines Historismus als rückwärtsgewandter Utopie, der in Sammlung und Traditionspflege auf Erfordernisse adliger Existenz in ihrer Gegenwart reagiert. In Anlehnung an Cramer [143: CRAMER, Geschichte, Bd. 2, 22f.] läßt sich dieser Bezug in vierfacher Weise beschreiben: (a) der Codex entsteht nicht an einem Fürstenhof, sondern im Kontakt einer gleichgesinnten Gruppe in Stadt und Land, die sich über vielfältige wirtschaftlich-politische Bezüge hinaus durch diesen langwährenden Akt der Traditionspflege geradezu definiert, d. h. abgrenzt; (b) die Pracht der Handschrift ist nur im Vergleich mit dem Glanz geistlicher Codices verständlich: diese Kokurrenz bezeugt Anspruch auf Eigenwert adliger Existenz und Kultur; (c) die Anordnung in der Handschrift postuliert die Einheit der adelig-höfischen Welt, vom Kaiser bis zu den dem Adel verpflichteten Berufsdichtern; schließlich ist (d) der Codex keine Gebrauchshandschrift (Noten fehlen), sondern ein Repräsentationsstück mit eminent optischen Qualitäten: Das Sehen und Lesen läuft dem Hören den Rang ab (für den spätmittelalterlichen Hof ist das Gegenteil beobachtet worden, s. T. CRAMER in 178: RAGOTZKY/WENZEL [Hrsg.], 268). Dichtung, Sammeltätigkeit, Handschriftenbesitz als Standesausweis: das ist wohl nicht neu. Neu sind das Milieu und die lange Dauer des Unternehmens. Es bleiben zahlreiche Fragen: Nach dem Verhältnis von Mündlichkeit und Schriftlichkeit bei der Entstehung der Manessischen Handschrift. Wie wurde vorher gesammelt, wie später? Bild und Text wären in ihrem Verhältnis näher zu betrachten und die Fülle der Statussymbole und Gesten ritterlich-höfischer Existenz darzulegen und einzuordnen [vgl. 150: JAHRMÄRKER, Miniatur]. Der Codex Manesse steht für eine ganze Gruppe von Handschriften, die uns einen Blick in die historisierenden Tendenzen der späteren ritterlich-höfischen Kultur zu tun erlauben. ‚Vergangenheit für die Gegenwart' ist hier wie anderswo ein faszinierendes Thema.

4. Personifikation ritterlich-höfischer Kultur: Der Herold

So wie an dem einen Werk des Codex Manesse läßt sich auch an der einen Figur des Herolds Wesentliches über die ritterlich-höfische Kultur erfahren – ohne daß dies bislang wirklich versucht worden wäre. Mit wichtigen Bestandteilen dieser Welt befaßt, mit dem

Turnier, den Wappen, der Tradition und vor allem mit der Ehre, mit ihnen wachsend und vergehend, nahm er Funktionen wahr, die heute nicht mehr ohne weiteres einsichtig sind und mühsam rekonstruiert werden müssen.

Forschungsstand   Während Musiker, Sprecher, Narren Nachkömmlinge älterer Unterhaltungsspezialisten sind, wenn auch mit jeweils besonderen Aufgaben, hat es den Herold vor dem 12. Jahrhundert nicht gegeben. Er müßte deshalb die besondere Aufmerksamkeit der Forschung auf sich ziehen. Aber die deutschen (und außerdeutschen) Herolde sind erstaunlich schlecht erforscht. Offensichtlich wurde der Erkenntniswert dieser Figur für das Spezifische der ritterlich-höfischen Kultur nicht erkannt. Zu nennen sind lediglich einige ältere Materialsammlungen [die wichtigsten: 254: SEYLER, Heraldik, 19–45; 225: BERCHEM/GALBREATH/HUPP, Beiträge]. Systematische Verzeichnisse fehlen ganz, sind aber von der künftigen Habilitationsschrift von H. Kruse (Paris) zu erwarten. Nicht einmal die Reichsherolde wurden bislang einer Untersuchung gewürdigt [über Friedrich III. jetzt 228: HEINIG, Herolde]. Wären die Historiker in derselben Weise den Herolden nachgegangen, wie die Musikologen den Spielleuten [z. B. 197: PETZSCH, Musiker] und die Literaturwissenschaftler den Sprechern [z. B. 156: MEDER, Sprookspreker], die Forschung stünde besser da. Wenigstens fiel dabei immer einiges Material über die Herolde ab. Die Problematik erkannte deutlich erstmals URSULA PETERS [250: Herolde und Sprecher]. Nur einzelne Heroldspersönlichkeiten sind besser erforscht: Gelre (†1414), eigentlich ein Niederländer, der aber wegen der Einheit des niederrheinisch-niederländischen Kulturraumes hier zu berücksichtigen ist [223: ANROOIJ, Spiegel], der österreichische Heroldssprecher Suchenwirt (†1407) [226: BRINKER, Suchenwirt], aus dem Reformationszeitalter Georg Rixner († nach 1530) [242: KURRAS, Rixner; 224: ARNOLD, Reichsherold], den vor allem sein Turnierbuch von 1530 bekannt gemacht hat [25: Rüxner, Turnier], und der durch Dürers Porträt lebendige Caspar Sturm (†1555) [: ARNDT u. a. (Hrsg.), Wappenbuch]. Über die traditionsbildende historiographische Bedeutung der Herolde sind Arbeiten von Gert MELVILLE (Münster) im Gange [vgl. 245: Hérauts, und ders. in 91: Deutscher Königshof]. Die westeuropäische [221: ADAM-EVEN, Fonctions militaires; bestes Handbuch der Heraldik 249: PASTOUREAU, Traité], insbes. englische Forschung ist auf besserem Stand, was durch die seit 1484 ungebrochene Tradition des „College of Arms" erklärt werden kann [vor allem 256: WAGNER, Heralds and Heraldry; vgl. 46: KEEN, Rittertum,

4. Personifikation ritterlich-höfischer Kultur: Der Herold

Kap. 7]. Insgesamt fehlt aber wirklich Umfassendes, Internationales, Eindringliches.

Die deutsche Forschung hat mit dem eigentümlichen Umstand zu kämpfen, daß die Bezeichnung Herold auffällig spät auftaucht: erstmals heißt es ca. 1367 bei Peter Suchenwirt: *eralden, persewant, der wappen volger tribliant*. „Herold" ist zwar ein altgermanisches Wort gleichen Stammes wie Harald und Harold, wird auch durch das ganze Mittelalter im Reich als Vor- und Nachname geführt – nicht aber als Bezeichnung für das Amt. Das Wort stammt, wie auch *persewant* (frz. poursuivant, = Wappenfolger, Herold minderen Ranges, s. unten), aus dem Französischen, wo *hiraut* als Herold schon im 12. Jahrhundert bezeugt ist. Es handelt sich also um eine Rückentlehnung. Daß die ursprüngliche Bedeutung (Heerwalter) gar nicht mehr verstanden wurde, ist aus der aufschlußreichen deutschen Umdeutung Herold = „ernholt", „Ehren-Hold" ersichtlich. Somit ist sowohl möglich, daß es vor dieser Entlehnung zwar Herolde in Deutschland gab, diese aber anders hießen, als auch, daß es Herolde nicht gab, Wort und Amt importiert wurden; dann müßten sie „plötzlich" Ende des 14. Jahrhunderts aufgetaucht sein [250: PETERS, Herolde und Sprecher, 245 f.]. Seit SEYLER ist aber bekannt, daß Heroldsaufgaben von Leuten wahrgenommen wurden, die in den (literarischen) Quellen *garzûne* (wiederum eine französische Entlehnung) und *crogieraere, grôjeraere, kroijiraere* = Ausrufer o. ä. hießen, vom Ende des 13. Jahrhunderts an etwa zwei Generationen lang auch „Knappen von den Wappen", also Bedienstete, die sich auf Wappen verstehen – welcher Ausdruck auch rittermäßige Knechte bezeichnen konnte, was die Verwirrung für den Forscher nur erhöht [254: SEYLER, Heraldik, 19–45; 38: BUMKE, Höfische Kultur, Bd. 1, 369–371]. Andererseits nennen ausländische Quellen deutsche Herolde schon im letzten Drittel des 13. Jahrhunderts bei diesem Namen. So wird i. J. 1277 lt. einer königlich englischen Rechnung ein Geldgeschenk ausgereicht *Hertelino regi heraudorum Alemanniae, vidulatori regis Alemanniae, uni heraldorum armorum Alemanniae de dono Regis XII E. [256:* WAGNER, Herald*s*, *27].* Dieser Hertelinus könnte durchaus mit *Hirzelein* identisch sein, von dem ein Gedicht auf die Schlacht bei Göllheim 1298 überliefert ist [vgl. VL, *sub verbo*]. Die Wardrobe-Rechnung Eduards III. von seiner Reise an den Rhein 1338–1340 führt ebenfalls deutsche Herolde unter diesem Namen auf [LYON (Hrsg.), Wardrobe, 243, 244, 249, 262, 268]. Die holländisch-hennegauischen Rechnungen der Grafen und des Jean de Blois bieten eine Fülle von Belegen für die Zeit vor

Wortgeschichte

den 1360er Jahren und das ganze 14. Jahrhundert, für das die selteneren deutschen Quellen selbst da, wo sie erhalten sind, von „Herolden" schweigen. Auch im 15. Jahrhundert fließen die außerdeutschen Quellen zunächst noch reichlicher.

Herolde, Sprecher, Spielleute

Die unterschiedliche Bezeichnung ist nicht nur ein Problem von Worten. Sie verdeutlicht eine Schwierigkeit in der Sache: Herolde galten in Deutschland möglicherweise länger ungeschieden als fahrendes Volk als im Westen. Schon SEYLER hat bemerkt, daß die Ernennung eines Spielmannskönigs demselben Formular folgte wie diejenige eines Wappenkönigs [254: Seyler, Heraldik, 26]., womit angedeutet ist, daß Spielleute und Herolde beide schließlich Dienstverträge kannten, also *jemandes* Spielmann wie Herold wurden, emaillierte silberne Wappenschilde führten, ganz wie auch Sprecher und Boten, und, wie unzählige Rechnungen zeigen, in denen sie unter einer Rubrik gemeinsam aufgeführt sind, den gleichen Lohn erhielten. Herolde treten einmal in dieser, dann in jener Funktion auf. Status als Fahrender und Funktion als Herold sind indes zu unterscheiden: Wer als Herold auftrat, war eindeutig als solcher erkennbar. Erst allmählich haben sich die verschiedenen Funktionen auf verschiedene Personen verteilt und wurden, wohl in der zweiten Hälfte des 15. Jahrhunderts und im europäischen Westen früher als im Osten, unvereinbar.

Funktionen

Um diese Funktionen zu erkennen, genügt es nicht, eine möglichst umfassende Kasuistik aufzustellen. Vielmehr muß der gemeinsame Nenner gefunden werden, der den Boten und Gesandten [251: ROEMHELD, Diplomatische Funktionen] mit dem Sprecher, den Turnierausrufer mit dem Aufzeichner von Wappenrollen, den Wanderer über das von Toten besäte Schlachtfeld (zum Zwecke der Identifizierung und Zählung) mit dem Schreiber von Zeremonialnachrichten und Chroniken verbindet. Für alle Fahrenden gilt, daß sie „Gut für Ehre" nehmen. Der Herold aber wird zum Spezialisten, zum Makler, tendenziell zum Monopolisten der Ehrzuteilung. Dies ist die Essenz seiner Tätigkeit in Turnier und Krieg, Rechtshandlung und diplomatischem Verkehr, Spruch und Chronik: Zuteilung, Kommunikation und Registratur von Lob und Tadel. Dadurch daß er den Wappenrock seines Herrn trägt, *ist* er sein Herr und kann ihn deshalb vollgültig repräsentieren. Es gelingt ihm aufgrund seines auch später nicht ganz behobenen ständischen Mangels aber nur in Ausnahmefällen, ein volles Ehren-Richteramt auszubilden, so in der zweiten Hälfte des 14. Jahrhunderts bei der Besetzung des „Ehrentischs" in Preußen [121: PARAVICINI, Preußenreisen, Bd. 1,

4. Personifikation ritterlich-höfischer Kultur: Der Herold

316–334], oder bei Turnieren, wo er gelegentlich als Richter bezeugt ist. Aber in aller Regel erringt er keine wirkliche Sozialkontrolle – ausgenommen in England. Es ist zu klären, weshalb eine mit dieser Funktion begabte Figur derart wachsen und blühen konnte bzw. mußte, weshalb die ritterlich-höfische Gesellschaft ihrer bedurfte und mit den üblichen Mechanismen der Ehrzuteilung durch Gleichgestellte und Übergeordnete nicht auskam.

Eine Chronologie der Ausbreitung der Heroldsinstitution in Deutschland fehlt. Wappenkönige aus Deutschland sind schon 1277 und 1338/1340 belegt (s. o.), ein Wappenkönig „Preußen" (oder aus Preußen, jedenfalls im Dienst des Deutschen Ordens) begegnet ebenfalls 1338 [121: PARAVICINI, Preußenreisen, Bd. 1, 331 f.]. Kaiser Karl IV. hatte eigene Herolde, „Keyser", wenn denn der Herold „Kayser" (1358) bereits einen Amtsnamen trägt [F. DEVON, Issues of the Exchequer, London 1837, 169; vgl. 152: JONCKBLOET, Dichtkunst, Bd. 3, 639 (1365) und 603 = 156: MEDER, Sprookspreker, 544 (1385)]. Sicher bezeugt ist ein kaiserlicher Herold „Fleckenstein" im Jahre 1362 [152: JONCKBLOET, Dichtkunst, 627; vgl. 631 (1364)]. Der Reichsherold „Romreich" begegnet erstmals unter Sigmund 1410, vor der Schlacht bei Tannenberg 1410 [S. EKDAHL, Die Schlacht bei Tannenberg, Bd. 1, Berlin 1982, 157 Anm. 4]. Die reichsfürstlichen Herolde „Jülich" und „Kleve" sind ab 1364 und 1365 bezeugt, österreichische und bayerische Herolde folgen 1368 und 1375 – dies vorläufig und zumeist nach den unvollständigen Auszügen aus den holländischen und Blois'schen Rechnungen [152: JONCKBLOET, Dichtkunst, 633, 636, 642, 650]. Selbstverständlich hielten sich auch geistliche Fürsten Herolde. Schon 1384 begegnet der Persevant eines Reichsministerialen („Merode", s. unten Kap. 5), 1392 schon derjenige eines bischöflichen Dienstmanns, des von Eptingen bei Basel [254: SEYLER, Heraldik, 28; vgl. unten Kap. 7]. Bemerkenswert ist, daß sich auch deutsche Adelsgesellschaften im 15. Jahrhundert Persevanten, Herolde, Wappenkönige hielten, wenngleich bisher nur wenige Fälle bezeugt sind [254: SEYLER, Heraldik, 30; 131: KRUSE/PARAVICINI/RANFT, Ritterorden, jeweils § 9; 197: PIETZSCH, Musiker, 97 und 153: Esel]. Ähnliches ist nach dem Vorbild von Paris, Lille, Brügge auch von den (Reichs-)Städten anzunehmen.

Gesamtzahlen sind von den Quellen nicht zu erwarten. Dennoch verdient festgehalten zu werden, daß auf dem Ofener Tag am 22. Mai 1412, der vom neuen römischen König Sigmund (zugleich König von Ungarn) einberufen, von den Königen von Polen und von Bosnien und von zahlreichen Fürsten, Grafen, Herren und Rittermäßigen besucht wurde, *zweihundert und 98 herolt und bersfant* gewesen sein sollen [E. WINDECKE, Denkwürdigkeiten, hrsg. v. W. ALTMANN, Berlin 1893, 12]. Auf dem Konstanzer Konzil 1414–1418 müßten sich folglich mehr als die 45 versammelt haben, deren Zahl bei Caspar Sturm und anderswo überliefert ist [254: SEYLER, Heraldik, 39]. Ein solches Konzil als „heraldisches" Ereignis ist übrigens noch kaum wahrgenommen. Vielleicht waren aber in den Angaben über den Ofener Tag alle Fahrenden überhaupt inbegriffen, wie auch in einer Notiz über den Fürsten- und Städtetag zu Frankfurt am Main im Mai 1397, in der es heißt: *Item 600 geralde und varende lude* [zit. v. E. SCHUBERT, König und Reich, Göttingen 1979, 345 Anm. 142].

Namen   Heroldsnamen haben Erkenntniswert. Die ältesten sind wohl Fahrenden-Namen des 14. Jahrhunderts: „Lob den Frumen", „Maienblüte", „Suchenwirt". Die Amtsnamen, im Westen seit 1327/1346 bekannt, begegnen in Deutschland seit spätestens 1385, wenn nicht „Preußen" als beamteter Wappenkönig schon 1338 belegt ist. Sie lauten nach dem Reich (Romreich), ab 1507 in bedeutungsvollem Wandel aber „Germania" bzw. „Deutschland" [242: KURRAS, Rixner, Abb. 3], nach den alten *regna* (Sachsen-, Franken-, Thüringer-, Böhmerland), nach Fürstentümern (Jülich, Kleve, Pfalz), Herrschaften und Burgen (Dillenburg, Merode). Ein Sonderfall sind die Amtsnamen „Georgenburg", „Königsberg", „Samaiten", „Livland", die im 14. Jahrhundert Herolde tragen, die gar nicht im Dienst des Deutschen Ordens in Preußen stehen: Sie gehen vermutlich auf den Ort der Heroldstaufe zurück und sollen an die Preußenfahrt erinnern [121: PARAVICINI, Preußenreisen, Bd. 1, 330]. Persevanten erhalten üblicherweise französischer Mode folgend den Namen eines Wahlspruchs. So überbringt „Verswig es nit" 1389 einen Fehdebrief der Stadt Frankfurt [Hessisches Urkundenbuch, Bd. 4, 424 Anm.] und heißt 1434 „Zyt vor zyt" ein *herold* des Grafen Hans von Freiburg [Regesten der Markgrafen von Baden, Bd. 3, Nr. 5871].

Eisvogel   In ganz andere Bezüge hat W. v. STROMER einen Heroldsnamen gestellt: Es war bekannt, daß der römische König Wenzel von Böhmen (reg. 1378–1411) einen Eisvogel (im gewundenen Handtuch) als Bild-Devise führte, welcher Vogel auch als Liebesbote in den Miniaturen zur Wenzelsbibel vorkommt; dementsprechend begegnet 1389 und 1390 am Hofe Herzog Albrechts II. von Bayern *Eisvogl, des kunigs herold* [197: PIETZSCH, Musiker, 48 mit Anm. 48]. STROMER konnte wahrscheinlich machen, daß hinter dieser Figur

4. Personifikation ritterlich-höfischer Kultur: Der Herold 83

und diesem Namen Heinrich Eisfogel aus der Nürnberger Kaufmannsfamilie steht, ein „Lobbyist" des Stromer-Konzerns und der Nürnberger Wirtschaft überhaupt, der eine intime Vertrauensstellung beim König einnahm [W. v. STROMER, Oberdeutsche Hochfinanz, Bd. 1, Wiesbaden 1970, 103 f. und 187]. Der Inbegriff ritterlich-höfischer Kultur konnte, wenn die Konjektur richtig ist, also auch sehr handfeste Anliegen haben.

Im 13. und noch im 14. Jahrhundert ist damit zu rechnen, daß Herolde nicht zunächst *jemandes* Herold waren und einen festen Herrn hatten. Es ist sogar auffällig, daß sie noch im 15. Jahrhundert als dem gesamten Adel verpflichtet galten und neben dem Tappert (Wappenrock) und dem Wappen ihres Herrn auch anderer Leute Wappen in Schildform trugen, offensichtlich je mehr desto lieber. Hierarchisierungen sind im Westen aber früh eingetreten, in den drei oder vier Graden der Persevanten, Herolde i.e.S., Wappenkönige und der diesen beigegebenen Marschälle. Es wäre festzustellen, wann und in welcher Weise sie in Deutschland rezipiert worden sind; ca. 1367 werden Herold und Persevant schon genannt (s. o.); die erste Nachricht von der Erhebung eines Persevanten (des Deutschen Ordens in Preußen) durch *milites* datiert von 1381 [121: PARAVICINI, Preußenreisen, Bd. 3, Dok. 93 Nr. 39]; eine Urkunde über die Beförderung vom Herold zum Wappenkönig (Ungarland) liegt aus dem Jahre 1413 vor [Regesta Imperii, Bd. 11, Nr. 266]. Möglicherweise wurde die Terminologie in Deutschland anders gehandhabt als im Westen.

Im Reich ist es nicht zu jenen Institutionalisierungen der königlichen Herolde als Kollegium und oberster Heroldsbehörde gekommen wie im Westen: Frankreich hat diesen Stand 1408 erreicht, England 1415/1484. „Romreich" war nie so mächtig wie „Montjoie" oder „Garter": ein Spiegel fehlender Zentralgewalt. Die fortschreitende Verbeamtung ist gleichwohl an vielerlei zu erkennen: an der Amtstracht des Tappert (aus frz. tabard = Waffenrock, in verschiedener Tragweise: der Persevant trägt die kurzen Ärmel vorn), am Heroldsstab als Zeichen anordnender Gewalt [s. zwei Exemplare des 15. Jahrhunderts (?) in 213: Riddarlek, Nr. 7]; an der Ernennungsurkunde [als Reiseausweis schon 1385, 197: PIETZSCH, Musiker, 140; als Urkunde 1411, Regesta Imperii, Bd. 11, Nr. 125], am Amtseid [1419 erwähnt, A. F. RIEDEL (Hrsg.), Codex dipl. Brandenburg., III 1, Nr. 76 f.; ein Text von 1439 bei 121: PARAVICINI, Preußenreisen, Bd. 3, Dok. 93 Nr. 186]. Ob es in Deutschland zu heraldischen Visitationen wie in England und Frankreich gekommen ist

Institutionalisierung

Unterschiede zwischen Deutschland und dem Westen

[256: WAGNER, Heralds, Kap. XI], steht gänzlich dahin. Hinzuweisen ist auf die Teilnehmerlisten der Vierlande-Turniere 1479–1487, die vermutlich von den anwesenden Herolden, darunter denen der veranstaltenden Gesellschaften, aufgezeichnet worden sind: Visitationen der Turnierfähigkeit auf genossenschaftlicher Grundlage und in eigener Verantwortung (s. Kap.. 6).

Sozialer Rang — Der soziale Rang des Herolds bessert sich im Laufe der Zeit. Eigene Wappen zeigen kurz nach 1450 Hans Burggraf (London, BL, Add. Ms. 15681) und Hans Ingeram [35: Ingeram, hrsg. v. BECHER/ GACHER] in ihren Wappenbüchern [vgl. 225: BERCHEM/GALBREATH/ HUPP, Beiträge, 135, 137]. Eine Wappenverleihung an einen Persevanten ist für 1459 belegt [J. CHMEL (Hrsg.), Regesta Friderici IV, Nr. 2977]. Nikolaus „Holland" (Haus Wittelsbach) entbehrt 1419 noch eines eigenen Siegels [RIEDEL (Hrsg.), Codex, III 1, Nr. 80], aber Heinrich (Reichardt) von Heessel, „Österreich", dann „Rex de Ruris", besitzt 1440 eines; eine Sammelhandschrift wohl aus seinem Besitz [223: ANROOIJ, Spiegel, 72; dort 67–77 auch Näheres zum „Rex de Ruris"]. Der erste Edelmann im Reich, der Herold wurde, Jean de Francolin aus der Franche-Comté (Herold Ungarn), gehört jedoch schon der Mitte des 16. Jahrhunderts an. Dazu kommen Privilegien, wie sie alle Familiaren der Fürsten hatten: Zollfreiheit, Abgabenerlaß, Gerichtsstand. Mit dem Hofnarren teilt er schließlich das Vorrecht der Immunität während der Dienstausübung.

Heraldische Gelehrsamkeit — Aufgabe, Amt und Amtsinhaber wandeln sich also. Als neue Anforderung wurde an die Herolde gestellt bzw. von ihnen entwickelt eine „heraldische Gelehrsamkeit", die sie zu „einer Laienpriesterschaft für den säkularen Kult des Rittertums" machte (M. KEEN), mit eigenen ‚Heiligen', den Neun Helden [252: SCHRÖDER, Nine Worthies; vgl. LexMA VI 1104–1106; eine umfassende Darstellung ist von J. VAN ANROOIJ, Leiden, zu erwarten]. Immer schon mußte der Herold Wappen und Personen kennen, möglichst viele Sprachen sprechen können und durch Reisen erworbene Welterfahrung besitzen: viele Geleitbriefe ließen sich hierfür anführen (vgl. unten Kap. 5). Nun, im 15. Jahrhundert, im Westen eine bis zwei Generationen früher, entsteht eine neue Form der Schriftgelehrtheit. Mythologien über den Ursprung des Heroldsamtes werden entwickelt, zu deren Echo sich der kaiserliche Sekretär Enea Silvio Piccolomini (Pius II.) im Jahre 1451 macht: Die Herolde heißen nach den Heroen der Alten. Andernorts setzt Cäsar die Herolde ein.

Traktate und Wappenbücher — Der Münchener Literat und Arzt Dr. Johannes Hartlieb (†1468) verfaßte für Heinrich von Heessel (s. o.) einen Ursprungstraktat

4. Personifikation ritterlich-höfischer Kultur: Der Herold

[223: ANROOIJ, Spiegel, 72], aus dem Jahre 1463 datiert ein ähnlicher (ebenfalls unedierter) Traktat Caspar Strengbergers [vgl. U. SEELBACH im VL], Caspar Sturm „Deutschland" läßt einen solchen im Jahre 1524 drucken [254: SEYLER, Heraldik, 39]. Diese und andere Heroldswerke, ein eigener, vernachlässigter Zweig der Literatur, mit Wappenrollen und Wappenbüchern [unzulänglicher Kat. bei 225: BERCHEM/GALBREATH/HUPP, Beiträge, 1–102], bedürfen dringend der Verzeichnung und zusammenhängenden Untersuchung. Herolds-Sammelhandschriften begegnen zuerst im Westen. G. MELVILLE weist nachdrücklich auf sie hin [254: Hérauts]. Lediglich in England hat man sich jedoch bislang dieser Literaturgattung angenommen [vgl. 243: LESTER, Literary activity]. Besser bekannt sind die Berichte von Reichstagen und sonstigen Ereignissen, die Bernhard Sittich „Romreich" 1486, Ulrich „Burggraf" 1495, Jörg „Brandenburg" 1505, Caspar Sturm „Deutschland" 1523 und 1530 verfaßt, versandt, gedruckt haben, oder die Relation von Hans Lutz, des Herolds des Georg Truchsessen von Waldburg, über den Bauernkrieg 1525 in Oberschwaben [vgl. 225: BERCHEM/GALBREATH/ HUPP, Beiträge, 140–150, 156f.].

Unter Kaiser Maximilian blühte die Institution noch, wie an der Figur des „Ernholt" im ‚Theuerdank' [267: MÜLLER, Gedechtnus, 220f.] und an der stattlichen Reihe der Herolde im Triumphzug [274: Triumphzug, Nr. 118–120] ersichtlich ist. Dann beginnt der Niedergang. Die Herolde werden entbehrlich. Dies gilt auch für Frankreich, weniger für England, wo sie sich wesentliche Funktionen bewahren konnten. Ist dieser Niedergang abhängig vom Ende des Turniers, wie A. WAGNER und M. KEEN meinen (obwohl es noch lange überdauert, s. unten Kap. 6, 8], oder von den Wandlungen des Heerwesens, das keine Wappen mehr braucht, sondern uniform wird, wie P. ADAM-EVEN vermutet? Oder ist es nicht eher die Neuverteilung der Ehre zugunsten des Fürstenhofes? Dieser zieht die Öffentlichkeit an sich. So wie der Fürst der einzige Ritter wird (unten Kap. 8), so wird er auch zur einzigen Person, die ‚Ehre' verteilt: Allein der Monarch hat noch Herolde, bis zum heutigen Tage.

Das Ende der Herolde

5. Internationalität: Der Fall Merode

Neben die einzelne Handschrift des Codex Manesse und die einzelne Figur des Herolds treten als Quellen einer noch zu leistenden Erforschung der ritterlich höfischen Kultur Urkunden und Akten. Im folgenden wird als Beispiel ein Dossier vorgestellt, das, obwohl seit langem bekannt, noch nie in diesem Zusammenhang gesehen worden ist. Es vermittelt Einsichten in näher zu untersuchende Bereiche der ritterlich-höfischen Kultur: Wappen und fiktive Verwandtschaft; die Mobilität der Edelleute, der Herolde, der Musiker und ihre Folgen; Ehrengeschenke und Beziehungspflege; die symbolische Bedeutung von Waffen, Helmzierden, Ordensgewändern und Gesellschaftszeichen; und die durch Reisen bekräftigte Internationalität.

Das Dossier — Im 14. Jahrhundert hat die Adelsfamilie von Merode (Burg Rode bei Düren im Herzogtum Jülich) eine merkwürdige Beziehung mit der Königsfamilie von Aragon unterhalten. Die davon handelnden Schriftstücke aus den Jahren 1329/1332–1392 wurden lange als Fälschungen betrachtet, bis Kopien in den zeitgenössischen aragonesischen Registern die Echtheit erwiesen [s. 1: FINKE Acta Aragonensia, Bd. 1, 243; 119: FINKE, Korrespondenz; 117: EMEIS, Spanientradition; 125: VINCKE, Anfänge, 156–158; 115: DOMSTA, Briefwechsel; 120: ONNAU, Beziehungen; 116: DOMSTA, Merode]. Das Dossier setzt sich aus folgenden Stücken zusammen:

Sein Inhalt — In einem auf den 29. Sept. 1329/1332 zu datierenden Brief danken Werner v. M. Propst von St. Georg in Köln und Werner Scheiffart von M. Herr von Hemmersbach und Wijlre für Mitteilungen über das Befinden der königlichen Familie und wünschen ihr weiterhin Wohlergehen. – (2) Am 7. Mai 1358 erteilt König Peter IV. in Gerona seinen Familiaren *(dilecti familiares)* Werner von M. und Walraf v. M., Rittern aus Deutschland, gratis einen Geleitbrief für ihre Reise in Waffen nach Granada. – (3) Aus einem Brief des Infanten Johann an seinen Vater König Peter IV. vom 21. Nov. 1382 geht hervor, daß ein Persevant (Herold untersten Grades) (Johann) Scheiffarts v. M. im Lande war, Briefe überbrachte und im Auftrage seines Herrn darum bat, ihm des Königs Gewand mit dem Kreuz des hl. Georg *(lo habit de la creu de sent Jordi)* und seine Helmzier *(lo timbre)* auszuhändigen, die der König zu übersenden versprochen habe; der Persevant hatte trotz des (später widerrufenen) Zeugnisses des gerade anwesenden Wappenkönigs des Herzogs von

Berry und zweier Edelleute von des Herzogs Hof, wo Herr Scheiffart einen guten Namen habe, beträchtliche Schwierigkeiten, sich zu legitimieren: Es werden ihm Siegel- und Brieffälschung vorgeworfen, angeblich auf Anraten des königlichen Herolds Aragon. – (4) Anderthalb Jahre später, am 22. Juni 1384, schreibt König Peter an seinen liebsten Vetter, *consanguineus noster carissimus* (Johann) Scheiffart v. M., er habe sein Schreiben aus den Händen des Dekans [Propstes?] von St. Adalbert zu Aachen, Johanns Sekretär, erhalten, freue sich über dessen Sieg und Wohlbefinden, danke für die Übersendung des Schwertes *(ensis),* mit dem er das Duell *(duellium)* bestritten habe [im Jahre 1367?], rechne es sich zum Ruhme an, mit einem so tapferen Ritter verwandt zu sein. Er sende ihm deshalb einen Helm mit seiner Helmzier *(bacinetum cum timbro nostro),* ein weißes St. Georgs-Gewand mit rotem Kreuz auf der linken Seite, eximiere ihn der Entfernung wegen aber vom zugehörigen Eide, der zum Kampf gegen die Ungläubigen verpflichte; schließlich kündigt er ein Stück eines Einhorns an. Sein Sekretär werde ihn über seinen Persevanten Merode und den Zustand seiner selbst und seiner Familie unterrichten. – (5) Vom 25. Juni datiert das königliche Geleit für den Sekretär und den Persevanten seines Vetters, und (6) vom 26. ein königliches Zeugnis für den Persevanten seines Vetters: Der Wappenkönig Berry habe ihm zu Unrecht die Qualität eines Persevanten abgesprochen, weshalb er ihm die oben genannten Gaben nicht habe mitgeben wollen; die Mitteilungen des Sekretärs und der durch diesen überbrachte Brief des Herrn von M. habe ihn aber eines Besseren belehrt. – (7) Dem fügt der Infant Johann mit einem Schreiben vom 16. Juli an seinen „liebsten Vetter" noch Nachrichten von seiner eigenen Familie hinzu, übersendet seine eigene, zum besoldeten Kriegsdienst und Heidenkampf verpflichtende *empraesia* nebst dazugehörenden Statuten *(capitula)* und gibt der Hoffnung Ausdruck, daß Scheiffart und seine Verwandten (gleichlautende Schreiben gehen an Walraf v. M. und Heinrich von Wachtendonk) an künftigen Feldzügen teilnehmen werden. – (8) Zwei Jahre später, am 30. Juli 1386, empfiehlt König Peter (Johann) Scheiffart von Merode, dem hier kein Verwandtschaftstitel gegeben wird, seinen Musiker (ministrerius) *Vinque Vertinborch;* gleichlautende Schreiben (anstelle von *nobilitas* steht lediglich *magnificentia*) ergehen an 16 Könige und Fürsten im Reich, in Spanien, England und Frankreich. – (9) Am 27. Nov. 1390 gibt König Johann von Aragon (Johann) seinem „liebsten Vetter" Scheiffart v. M. Nachrichten von sich und seiner Familie, bittet um Gegennachrichten, sobald wieder

Boten nach Aragon abgehen, und um ein gutes Pferd *(palafredum)* zum eigenen Gebrauch. Gleichlautend am gleichen Tag an Eberhard Herrn von Runkelstein und einen Tag später (ohne Pferdebitte) an fünf bayerisch-holländische Herzöge und Pfalzgrafen und den Grafen von Württemberg. – (10) Im letzten bekannten Brief der Reihe (es hat offensichtlich mehr gegeben) schreibt König Johann am 24. Jan. 1392 an seinen „liebsten Vetter" Scheiffart v. M., sein Sohn Matthäus [der sonst nicht bezeugt ist, der Name ist vermutlich verwechselt worden, s. unten] sei hier eingetroffen, ebenso sein Schreiben und das deutsche Pferd *(troterius Alamanie)*, das Scheiffart ihm über seinen Herold Matthäus *(Matheus heraldus domus nostre)* zugesandt habe. Sein Sohn Matthäus sei in die königliche Kammer aufgenommen und unter die Kammerherren *(camerarii nostri)* eingereiht; reite der König aus, trage der Sohn vor ihm Lanze und Helm.

Interpretation   Die bisherigen Herausgeber haben mit *persequens armorum* = „Persevant", dem Georgsgewand = Impresa oder Orden von St. Georg und dem *bacinetus cum timbro nostro* = „Helm mit unserer Helmzier" nichts oder wenig anzufangen gewußt und damit die eigentliche Bedeutung dieser Briefe nicht zu erfassen vermocht. Recht gelesen, geben diese von der allgemeinen Forschung vernachlässigten Dokumente einen vorzüglichen Einblick in die Vorstellungswelt des Adels im 14. Jahrhundert. Einige Elemente und Aufgaben künftiger Forschung seien hier herausgegriffen.

Fiktive Verwandt-   Zunächst: Die Merode gelten den Königen von Aragon als
schaft Verwandte, als Vettern, noch nicht 1329/1332 und 1358, ausdrücklich aber ab 1384. Diese Verwandtschaft besteht nicht, auch wenn sie zur Familiensage wurde: Die Merode gehören sogar dem Niederadel an, sind reichsministerialischen Ursprungs, wenngleich mit dynastischen Eheverbindungen; erst 1473 werden sie zu Freiherren erhoben, wonach sie immer noch Schwierigkeiten haben, ihr Töchter in freiherrlichen Stiftern unterzubringen; erst viel später werden sie zu Fürsten, die sie noch heute sind. Daß dennoch die Vorstellung von einer (nur unter Fürsten stets eingeräumten) Verwandtschaft aufkommen konnte, hat einen einfachen, sichtbaren Grund: Aragon und Merode führten dasselbe Wappen, in Gold vier rote Pfähle. Irgendwann muß diese Wappengleichheit offenbar geworden sein und hat dann, angesichts der Entfernung und des Standesunterschieds, nicht zu Kampf oder Gerichtsprozeß, sondern zu dieser Fiktion geführt, die ihrerseits nur aufgrund gewisser Verdienste eines bestimmten Mitglieds der Familie um das Haus Aragon vor-

5. Internationalität: Der Fall Merode 89

stellbar ist; denn nicht alle Merode wurden derart ausgezeichnet, sondern nur die Nachkommen des 1332 gestorbenen Werner VI. v. Merode. Die Briefe (8) und (9) zeigen sogar eine gewisse Gleichstellung mit der z. T. ebenso fiktiven fürstlichen Verwandtschaft an. Die prinzipielle Internationalität des Adels, der Herolde und des Wappenwesens (vgl. o. Kap. 4) ergibt sich als Forschungsaufgabe.

1329/1332 waren, wie Dok. (1) zeigt, die besonderen Beziehungen schon geknüpft. Bei welcher Gelegenheit? Wir wissen es nicht, aber können es ahnen. Edelleute zogen im 14. Jahrhundert nach Spanien, um gegen die Mauren zu kämpfen oder um das Grab des Apostel Jakobus in Compostela aufzusuchen; oft verbanden sie beides miteinander. Es ist anzunehmen, daß Werner VI. von M. im Zuge der von 1329-1331 dauernden Vorbereitungen der schon in Avignon endenden Maurenfahrt des Grafen Wilhelm V. von Jülich (vgl. G. BERS, in: Zs. des Aachener Geschichtsvereins 74–75, 1962–1963, 432–437) diese Kontakte geknüpft und sich, vielleicht, mit dem Schwert in der Hand ausgezeichnet hat. Das Datum des ersten Briefs würde dazu passen. Das Schreiben von 1358 (2) zeigt dann zwei Merodes zweifelsfrei auf Heidenfahrt gegen Granada begriffen. Daß ihre weitere Verwandtschaft ebenfalls daran teilnahm, zeigen die späteren Schreiben (7, 9). Heidenfahrten verursachten eine Mobilität, die hier einmal nachweislich zu lange andauernden Kontakten geführt hat, wurde ein Sohn Merode doch zur Erziehung an den aragonesischen Hof gesandt (10). Ähnliches ist 1421 nachzuweisen, als der nordfranzösische Edelmann und ehemalige Preußenfahrer Guilbert de Lannoy auf der Durchreise in den Vorderen Orient einen Verwandten beim Hochmeister in der Marienburg zurückließ, damit er Deutsch lerne, *pour apprendre alemant* (G. de Lannoy, hrsg. v. CH. POTVIN, Oeuvres, Brüssel 1878, 52).

Mobil waren aber nicht nur die Edelleute. Das Dossier (4–6, 9) zeigt Herolde auf weiter Fahrt (vgl. o. Kap. 4): den Persevanten und einen Herold des Herrn von Merode im Königreich Aragon, den Herold des Königs von Aragon am Rhein, aber auch den französischen Wappenkönig Berry, der hier mit anderen fremden Edelleuten als Bürge für den guten Ruf Scheiffarts auftritt, der also auch in Paris am Hof Karls VI. kein Unbekannter war. Umgekehrt ging ein deutscher Musiker mit Empfehlungsschreiben auf die Rückreise, von Aragon ins Reich, die Niederlande und England (8). Wir können hinzufügen, daß es mit den Sprechern nicht anders stand [250: PETERS, Herolde].

Die Träger ritterlich-höfischer Kultur, Herren, Herolde, Spiel-

[Marginalien: Mobilität des Adels; Mobilität der Herolde; Angleichung durch Mobilität]

leute, Sprecher verbanden aus verschiedenen Motiven und in verschiedener Weise, aber mit dem gleichen Effekt, die Höfe Europas und bewirkten damit etwas, was der weiteren Erforschung dringend bedarf: Angleichung durch Mobilität.

Ehrengeschenke und Beziehungspflege

Das Dossier eröffnet außerdem den Ausblick auf zwei weitere Landschaften der ritterlich-höfischen Kultur, diejenige der Geschenke, die stets auch und hier besonders Ehrengeschenke waren, und diejenige persönlicher Bindungen, die zum Geschenk gemacht werden konnten. Schon das zweite Stück läßt ein auszeichnendes Geschenk dieser zweiten Art erkennen: die *familiaritas*, die Aufnahme in die fürstliche *familia*, den Schutzverband der unmittelbaren Umgebung des Fürsten, verwandt mit der Aufnahme in die *domesticitas*, in die *domus*, die fürstliche Haushaltung, wie sie aus Brief (10) hervorgeht. *Familiaritas* und *domesticitas*, Instrumente externer (und interner) Machtausübung, sollten Gegenstand intensiver künftiger Forschung sein. Die ‚litera de statu' über den Gesundheitszustand von Fürst und Familie ist ein weiteres Instrument rein formaler, Rang anerkennender Beziehungspflege, deren Instrumentarium es noch zu entdecken und beschreiben gilt. Hierher gehört auch die (erbetene) Schenkung eines Pferdes. Pferd, Hund und Falke (über diese Trias zu forschen schlug schon J. HUIZINGA vor), sind als Inbegriff adliger Lebensweise Standardgeschenke im höfischen Geschenkverkehr; der Falke konnte geradezu die Figur des Ritters und der höfischen Liebe werden [D. WALZ in 142: Codex Manesse, 350–371, 191: EVANS, Nobility of Knight and Falcon]. Der Deutsche Orden in Preußen erhob den Falken-Versand im 14. und 15. Jahrhundert zum System, um sich in der Gunst seiner deutschen, niederländischen, englischen und französischen Gönner zu halten [121: PARAVICINI, Preußenreisen, Bd. II 2, Kap. IX].

Waffen

Weiter gehörten, wie ohne weiteres einsichtig, Waffen zu den bevorzugten Geschenken, hier ein Schwert [vgl. 211: OAKESHOTT, Sword], das in einem siegreich bestandenen Zweikampf gedient hatte. Waffen konnten zu Reliquien werden, wie etwa auch der Helm des Turnierchampions Juan de Merlo in Spanien, der nach seinem Tode in einem späteren Zweikampf erneut getragen wurde, sich allerdings als wenig hilfreich erwies [71: RIQUER, Cavalleria, 161–170]. Schließlich konnte alles Rare und Wertvolle als höfisches Geschenk dienen, hier ein Teil des Gift entdeckenden Einhorns (dessen anderer Teil immerhin an den Pfalzgrafen gesandt wurde). Ein ander Mal waren es Mohren, gerade aus Aragon, oder seltene Tiere, oder kostbare Tapisserien.

5. Internationalität: Der Fall Merode

Von besonderer Bedeutung und keineswegs ohne anderweitige Parallelen [46: KEEN, Rittertum, 253] war die in den Briefen (3) und (4) bezeugte Übersendung der aragonesischen Helmzier im Jahre 1384. Die Merode trugen traditionell einen Turnierhut, eine Laubkrone und, zumeist, einen offenen Flug (Doppelflügel) als Helmkleinod; einige Siegel zeigen aber seit 1395 den aragonesischen geflügelten Drachen [116: DOMSTA, Merode, Bd. 2, 582 f.]. In den etwas früheren niederländischen Wappenbüchern Gelre [29: Gelre, Nr. 1137] und Bellenville [30: Bellenville, fol. 68v1] fehlt diese neue Helmzier noch. Die Übersendung autorisierte also den betreffenden Familienzweig zur ehrenvollen Führung der königlichen Helmzier, wie sie von König Martin I. (1396–1410) in der Real Armeria zu Madrid erhalten ist [M. d. RIQUER, Heràldica catalana, Bd. 2, Barcelona 1983, 364 Abb. 7). Sie haben sie geführt, bis zum Aussterben der Linie im 19. Jahrhundert, wenngleich der Drache damals zur Fledermaus degeneriert war. Das ganze Gebiet der Wappenbesserungen, Helmzierverleihungen, Wappensagen ist historisches Brachland und sollte erschlossen werden (vgl. Kap. 4 und 7).

Helmzierden

Die Merodische Helmzier zeigt aber den Drachen nicht genau, wie das Haus Aragon ihn führte [29: Gelre hrsg. v. ADAM-EVEN, Nr. 637 mit Farbtafel X], sondern in einer bedeutungsvollen Abwandlung: In der rechten Pranke hält der Drache einen mit einem roten Kreuz belegten silbernen Wimpel, das Zeichen St. Georgs. Die Verleihung der königlichen Imprese oder des Ordens wurde also ebenfalls sichtbar gemacht. BOULTON, der diese 1379 sicher bezeugte, wohl 1371 gegründete und 1415 erloschene Gesellschaft beschreibt, kennt die merodischen Texte nicht, wodurch ihm auch die eigene Imprese des Infanten entgangen ist [128: Knights, 279–288]. Die Forschungen über die Gesellschaften in all ihren Formen von der Bilddevise bis zum Kapitelorden muß vorangetrieben werden. Für Deutschland ist ein Anfang gemacht [131: KRUSE/PARAVICINI/RANFT, Ritterorden], der fortzusetzen ist. Aber die deutsche Ritterschaft schmückte sich bei weitem nicht nur mit einheimischen Gesellschaften (genossenschaftlichen und fürstlichen), sondern öfter noch mit solchen fremder Herrscher, Zeichen ihrer eindrucksvollen Mobilität, so wie es die Pilgerzeichen in anderer Weise ebenfalls sind. Nicht einmal die monumentale Überlieferung auf Grabsteinen oder Glasfenstern und in Wappenbüchern ist gesammelt (holländisch-hennegauisch-wittelsbachischer Antoniusorden, kastilischer Orden vom hl. Geist, englischer ‚SS-Collar' des Hauses Lancaster), geschweige denn die urkundliche des 15. Jahrhunderts; auf Bei-

Orden und Gesellschaften

spiele für die schriftliche Verleihung der aragonesisch-neapolitanischen ‚Stola & Jarra' oder Kanne [ibid., 18 Anm. 48] oder der kastilischen ‚Banda' und der ‚Squama' oder Schuppe [123: Paravicini, „Fürschrifften"] sei hingewiesen. Material zu fast allen Orden und Gesellschaften bietet Boulton [128: Knights], jedoch ohne sozial- und mentalitätsgeschichtliche Einordnung.

Fiktion und Realität der Internationalität des Adels

Das Dossier Merode verhilft also dazu, den internationalen Charakter der ritterlich-höfischen Kultur zu erahnen, die in der ideellen Gemeinschaft des Adels der christlichen Staaten ihre Wurzel hat. „Das Gefühl eines gemeinsamen okzidentalischen Lebens", geschaffen durch die Kreuzzüge (J. Burckhardt), wird durch Heidenfahrten, Pilgerfahrten, Hofesreisen und schließlich Kavalierstouren ständig erneuert und bestätigt [122: Paravicini, Heidenfahrt]. Die ritterlich-höfische Erziehung (ein notwendiges Thema weiterer Forschung) zunächst im Hause, dann bei Hofe und schließlich auf der Reise bringt einen systematischen Wechsel der immer höherrangigeren Bezugspersonen und eine Erweiterung des Rahmens mit sich und bewirkt eine internationale Angleichung, die zugleich nach unten differenziert und zur Seite identifiziert. Der Kern der ritterlich-höfischen Kultur ist „das Bewußtsein des Rittertums als einer großen Gemeinschaft" [J. Fleckenstein in 40: Curialitas, 9]. Seine Äußerungen sind weiter zu erforschen.

Grenzen der Internationalität

Allerdings auch seine Grenzen. Als gegenläufige Tendenzen sind Spannungen zwischen den einzelnen Nationen zu werten, die gerade auf den gemeinsamen Kreuzzügen zutage traten und dazu beigetragen haben, die gegenseitigen Stereotypen zu verfestigen: Gallische *urbanitas* und teutonischer *furor* haben seit der Zeit um 1100 die Beziehungen belastet [Th. Zotz in 40: Curialitas, 432 mit Anm. 224, 435]. Gerade in Grenzregionen wie am Oberrhein und in Lothringen war die adlige Solidarität durch den Gegensatz zwischen welsch und deutsch beeinträchtigt [170: Thomas, Nationale Elemente], wenn auch wohl nie wirklich gefährdet. Die Einteilung der Turnierparteien nach Sprachgruppen wie im fiktiven Turnier von Nantes des Konrad von Würzburg (Basel 1277/1278 oder früher) oder die Wahl eines Austragungsorts an der westlichen Sprach- und Reichsgrenze für ein überregionales Turnier wie literarisch zu Sint-Truiden/Saint-Trond 1204/1214 [200: Baldwin, Jean Renart] oder tatsächlich zu Chauvency 1284/1285 [178: Thomas, Nationale Elemente, 366–376], lassen, wie die heraldische Markenorganisation überhaupt (vgl. o. Kap. 4) und auch der kollektive Kampfruf bzw. oberste Heroldsname „Montjoie" gegen „Rom(reich)" (nicht etwa

"Deutschland"), solche Tendenzen erkennen [178: THOMAS, Nationale Elemente, 362 Anm. 76]. Der militärisch-kulturelle Vorrang der Franzosen wurde gleichwohl stets anerkannt.

Die Internationalität fand ihre Grenzen auch in den verschiedenen *mores curie*, den unterschiedlichen Konventionen hinsichtlich vorbildlichen Benehmens an den verschiedenen Höfen [J. FLEKKENSTEIN in 40: Curialitas, 468 Anm. 26], die sich nie ganz ausglichen und die es zu beachten galt. Vor allem die spätmittelalterlichen Reiseberichte von Edelleuten geben hierin Einblicke, voran derjenige des Breslauer Bürgers und Ritters Nikolaus von Popplau aus den 1480er Jahren [118: PARAVICINI (Hrsg.), Reiseberichte; Edition in Vorber.]. Die Unterschiede erstreckten sich auch auf die Heraldik: Popplau wurde in Kastilien wegen einer im Wappen geführten heraldischen Helmkrone für einen Königssohn gehalten; immerhin war eine Helmkrone auch im Reich nicht ganz indifferent: Kaiser Friedrich III. bestätigte am 19. März 1470 ein Nürnberger Statut, daß kein Bürger dieser Stadt gekrönte Helme erwerben noch führen solle [254: SEYLER, Heraldik, 833 Nr. 72].

Unterschiede

Popplaus Reisebericht läßt ebenso wie das Dossier Merode (Nr. 2, 6) ein weiteres Hindernis der praktizierten Internationalität des Adels erkennen: dasjenige der Legitimation. Wie weist sich ein Edelmann, ein Herold in der Fremde als solcher aus? Kleidung, Auftreten, Zahl der Dienerschaft waren unzweifelhaft wichtig. Entscheidend aber waren die mitgebrachten Empfehlungsschreiben [123: PARAVICINI, "Fürschrifften"].

Das Problem der Legitimation

6. Ritter ohne Hof: Die großen Turniere 1479–1487

Als weiterer erkenntnisträchtiger Quellentyp wird nunmehr ein Großereignis behandelt: eine Folge von Turnieren, die in den Jahren 1479–1487 im Süden Deutschlands stattfand. Die folgende Schilderung ruft zur notwendigen weiteren Beschäftigung mit dem Turnier überhaupt auf, das damals als höchster Ausdruck der ritterlich-höfischen Kultur erlebt wurde und heute noch die Phantasie beschäftigt, bis hin zu Ritter-,Turnieren' kommerzieller Art. An diesem besonders gut belegten Beispiel wird ein Ganzes anschaulich und zugleich ein Spezifikum *deutscher* ritterlich-höfischer Kultur.

Zwar kann man über das adlige Turnier erstmals seit langer Zeit wieder Sammelbände [214: Turnier, hrsg. v. FLECKENSTEIN; 203:

Neue Forschung zum Turnier

La civiltà del torneo; 202: Chivalrous tournaments, mit Beiträgen u. a. von K. MILITZER, über den Turnierort Köln] und Monographien [201: BARBER/BARKER, Tournaments] lesen und anschauen [209: KURRAS, Ritter und Turniere]. Aber von einer gründlichen Kenntnis dieses zentralen und farbenprächtigen Phänomens sind wir noch weit entfernt, sowohl was Europa insgesamt betrifft [vgl. 218: VALE, Le tournoi] als auch und insbesondere hinsichtlich Deutschlands. Nachdrücklich sei darauf hingewiesen, daß an regionalen und Gesamt-Katalogen der verschiedenartigen Reiterspiele und Turnierveranstaltungen (wie überhaupt der höfischen Feste) bislang nur ein (quasi unveröffentlichtes) Verzeichnis für Mittel- und Süddeutschland in den Jahren 1400–1550 vorliegt [212: PÖSCHKO, Turniere].

Die Turniere der „Vier Lande" Besonders lohnend dürfte eine eindringliche Arbeit über einen Sonderfall sein, die kurzlebige Welle der Turniere der „Vier Lande", die sich in Südwestdeutschland erhob und von 1479 bis 1487 dauerte (die Daten nach PÖSCHKO): (1) Würzburg 10.–12. Januar 1479, (2) Mainz 27.–30. August 1480, (3) Heidelberg 26.–28. August 1481, (4) Stuttgart ab 7. Januar 1484, (5) Ingolstadt 5.–8. September 1484, (6) Ansbach 16.–18. Mai 1485, (7) Bamberg 8.–10. Januar 1486, (8) Regensburg 4.–7. Februar 1487, und (9) Worms 26.–29. August 1487.

Literaturlage Die letzte zusammenfassende Arbeit über diese Turniergruppe wurde 1862 von L. A. Freiherr VON GUMPPENBERG im Hinblick auf die Geschichte seiner Familie veröffentlicht [4: GUMPPENBERG, Turniere; Ergänzungen in 5: GUMPPENBERG, Nachrichten]. An neueren Arbeiten ist außer einigen Aufsätzen [W. MEYER in 214: Turnier, 500–512; 262: JACKSON, Tournament; ders., in 259: ANGLO (Hrsg.), Chivalry, 77–91; 210: MORSEL, Le tournoi] vor allem die Textedition von Stamm [27: STAMM, Turnierbuch] und die Darstellung der veranstaltenden Gesellschaften, vor allem der ‚Esel' und ‚Fürspänger' durch A. RANFT zu nennen [133: RANFT, Adelsgesellschaften; vgl. ders. in 202: Chivalrous Tournaments].

Besonderheiten Turniere hat es viele gegeben und neben den hier genannten neun noch unzählige andere: regionale genossenschaftliche Turniere (Gruppenkämpfe) und höfische Festveranstaltungen, daneben zahllose Einzelstechen (Tjoste) zwischen Kämpferpaaren (vgl. 212: PÖSCHKO, Turniere). Aber diese neun ragen heraus, weil sie (1) außerordentlich gut dokumentiert sind – oder wären, wenn sich jemand die Arbeit machte, die gesamte Überlieferung zusammenzutragen, (2) rein genossenschaftlich organisiert waren und überregio-

6. Ritter ohne Hof: Die großen Turniere 1479–1487

nal die vier Turnierlandschaften Franken, Schwaben, „am Rheinstrome" (Mittel- und Niederrhein) und Bayern vereinten, (3) besonders stark besucht waren, (4) einen festgelegten Ablauf und zunehmende Reglementierung kannten, (5) es weder vorher noch vor allem nachher Turniere gleicher Art gab, (6) sie eine spezifisch deutsche Angelegenheit waren.

(1) Der Reichtum der Überlieferung zeigt an, wie wichtig diese Veranstaltungen genommen wurden und wie sehr sie Teil des aristokratischen Selbstverständnisses der süddeutschen Ritterschaft waren und wurden. Die schreibenden Edelleute der Zeit, auch die Städter, haben ihnen große Aufmerksamkeit gewidmet, ob es sich um die Franken Michael von Ehenheim [18: EHENHEIM, Familienchronik], Sigmund von Gebsattel [19: GEBSATTEL, Aufzeichnungen] und Ludwig von Eyb d. J. [17a: Schaumburg, Geschichten; vgl. 278: WENZEL, Höfische Geschichte, 285–303, 334–340] handelt oder um den Baseler Ludwig von Eptingen: Diesem ist unauslöschlich in Erinnerung geblieben, wie er während und trotz dem brückenbrechenden Hochwasser mit seinen Verwandten und Freunden, Pferden und Turnierausrüstung im August 1480 auf drei Schiffen den Rhein hinunter nach Mainz gefahren war; gleichwohl notierte er, daß allein der Transport die Gruppe stattliche 115 Gulden kostete und daß sie glücklicherweise zollfrei durchkam (Familienbuch, s. unten Kap. 7, fol. 189r). Dokumentation

Die unten zu erwähnende Reglementierung von Zulassung und Ablauf brachte eine Fülle von Schriftstücken hervor, die in Abschrift zirkulierten und Eingang in den ganz neuen Typ der Turnierbücher [209: KURRAS, Ritter, 15–17 u. passim] und in eine neue Form von Wappenbüchern fanden. Nach Turniergesellschaften sind Teile des Ingeram-Codex [35: BECHER/GAMBER (Hrsg.)], des Wappenbuchs Grünenberg von 1483 [Cgm 145, und 31: STILLFRIED-ALCANTARA/HILDEBRANDT (Hrsg.)], des Wappenbuchs des Konrad Schnitt (Basel, Staatsarchiv) und des Eptingischen Familienbuches (unten Kap. 7) angelegt. Die frühesten bislang bekannten Turnierbücher sind: (a) das Würzburger, mit Beschreibung des Turniers von 1479 und Fortsetzungen bis ca. 1514: Berlin, Kupferstichkabinett, 77 B 5. [verwendet bei 133: RANFT, Adelsgesellschaften, vgl. 225: BERCHEM/GALBREATH/HUPP, Beiträge, 99 und 168 Abb. 104; 257: Wappen in Bayern 37 Nr. 28]; (b) die Turnierchronik des Herolds (Persevanten) Jörg Rugen 1494 [27: STAMM, Turnierbuch, 231–292], vgl. dessen Wappenbuch von ca. 1492, Innsbruck, Univ.-Bibl., Ms. 545 [225: BERCHEM/GALBREATH/HUPP, Beiträge, 77–79, Nr. 56]; Allgemeine Turnier- und Wappenbücher

(c) das Turnierbuch von Wilhelm von Raidenbuch von 1510, verfaßt von Hans Judmann von Affecking [4: GUMPPENBERG, Turniere, 10, Aufbewahrungsort unbekannt, vgl. 27: STAMM, Turnierbuch, 50–52]; (d) Marx Würsungs Turnierbuch [Druck: Augsburg 1518]; (e) das Turnierbuch des Ludwig von Eyb d. J. 1519 [Cgm 961, hrsg. v. 27: STAMM, Turnierbuch, 93–229]; (f) der anonyme Münchener Cod. icon. 392^d; (g) die Handschrift Göttingen, Hs. Histor. 98, von 1526 oder früher [27: STAMM, Turnierbuch, 42 f.].

Das Turnierbuch des Georg Rüxner

Sie alle sind im Werk des Georg Rüxner (Rixner), Reichsherold Jerusalem (vgl. o. Kap. 4), aufgegangen, das 1530 erstmals erschien [25: Rüxner, Turnier; vgl. die eigenhändigen Aufzeichnungen im Turnierbuch des Bartelme Haller, Nürnberg, GNM, Hs. 3994a, 27: STAMM, Turnierbuch, 50, 53], 1566 in neuer Version veröffentlicht wurde und für Jahrhunderte das Bild vom mittelalterlichen Turnier bestimmte. Unzählige Abschriften sorgten für seine Verbreitung. Noch im 17. Jahrhundert war es die Grundlage eines kostbar illuminierten Codex der Familie von Helmstatt, der in der Bibliotheca Vaticana (cod. Ross 711) aufbewahrt wird und unlängst als „Turnierbuch aus der Kraichgauer Ritterschaft" die Ehre der Faksimilierung erfahren hat [26: KURRAS, Turnierbuch, mit Hinweis auf weitere Handschriften dieser Art auf S. 93]. Rüxner kanonisierte die vielleicht 1430 im verschollenen ‚Magdeburger Turnierbuch' [27: STAMM, Turnierbuch, 44] aufgezeichnete, aber schon im 14. Jahrhundert begegnende Vorstellung vom Aufkommen der Turniere unter König Heinrich I. und bot namentliche Verzeichnisse aller Teilnehmer an den 36 „offiziellen" Turnieren von 939 bis 1487. Daß diese Listen erst ab dem „15." Turnier zu Regensburg 1284 historisch und einigermaßen verläßlich sind, liegt auf der Hand. Genau hat sie noch niemand überprüft.

Individuelle Turnierbücher

Daneben gab es auch individuelle adlige Turnierbücher wie dasjenige des Kaspar III. von Lamberg von ca. 1490–1544 aus dem Maximilian-Kreis [258: Adel im Wandel, 446 f., Nr. 18.33], und patrizische, so in Augsburg: Marx Walther über die Jahre 1477–1489 [Cgm 1930, farb. Abb. bei 201: BARBER/BARKER 1989 S. 70–72, 62 f., und bei 209: KURRAS, Ritter, 54 f.; Text: 28: Walther, „Tournierbuch"; vgl. das Waltherische Stammbuch von 1562, London, BL, Add. mss. 19474], Marx Würsung (Augsburg 1518), Paul Hektor Mair 1544–1548 [258: Adel im Wandel, 447 Nr. 18.34], oder in Nürnberg [257: Wappen in Bayern 37 f. Nr. 29 f.]. Eine Sammlung und Genealogie dieser Werke fehlt [Ansätze bei 27: STAMM, Turnierbuch].

Genossenschaftlicher Charakter

(2) Weshalb dieses erstaunliche, lang anhaltende Interesse? Die

6. Ritter ohne Hof: Die großen Turniere 1479–1487

wesentliche Antwort ist mit dem Hinweis auf den besonderen Charakter dieser Turniere gegeben. Sie waren nichts weniger als ein letzter Versuch der politisch und ökonomisch gefährdeten Schicht des niederen, oft reichsfreien Adels, selbstbestimmt und in genossenschaftlicher Form die eigenen Probleme zu regeln: Adlige Lebensform trotz relativer Armut zu praktizieren und propagieren, sich abzugrenzen gegen reiche Bürger und glanzvolle Höfe zu organisieren, ohne von einem Fürsten abhängig zu sein. Bezeichnend ist, daß nur die „Vier Lande" als Organisatoren solcher Turniere begegnen: im Norden und Osten des Reichs war das Landesfürstentum zu stark, als daß die Ritterschaft einen derartigen Versuch hätte unternehmen können (Eptingen erwähnt immerhin Teilnehmer aus der Mgft. Meißen zu Mainz 1480). Bezeichnend ist weiterhin, daß das Turnier als Inbegriff adliger Existenz das Medium dieses Versuchs war. Als organisatorische Träger der Bewegung dienten die wiederbelebten oder neugegründeten (Turnier-)Gesellschaften des Adels [Repertorium: 131: KRUSE/PARAVICINI/RANFT, Ritterorden; Darstellung 133: RANFT, Adelsgesellschaften; die Veröffentlichung der Statuten durch A. RANFT ist in Vorbereitung], die mit dieser Art von Turnieren einen letzten Höhepunkt erlebten.

Die prinzipielle Schwäche des Versuchs zeigt sich schon darin, daß der notwendig städtische Austragungsort in der Mehrzahl der Fälle (Regensburg und Worms ausgenommen) zugleich eine fürstliche Residenz war, also nur mit Zustimmung und oft aktiver Beteiligung eben des Fürsten zur Verfügung stand. Wie sehr das Turnier damals Teil auch fürstlichen Selbstverständnisses und Alltags war, zeigt die (hierfür noch nicht gründlich ausgewertete) Korrespondenz des Kurfürsten Albrecht Achilles von Brandenburg-Ansbach [7: PRIEBATSCH (Hrsg.), Correspondenz; vgl. 2: STEINHAUSEN (Hrsg.), Privatbriefe, Bd. 1; 207: ERNST, Eberhard im Bart, 24 Anm. 22]. Gleichwohl: Nirgendwo trat ein Fürst als ,Veranstalter' eines Vier-Lande-Turniers auf, sondern stets eine Turniergesellschaft oder eine regionale Gruppe. Lediglich im Falle des Ansbacher Turniers ist überliefert, daß Kurfürst Albrecht (Achilles) es *verlegt*, also ausgerichtet habe [18: EHENHEIM, Familien-Chronik, 32]; dies heißt aber nicht, daß er ,Herr' des Turniers gewesen wäre.

Beteiligung der Fürsten

(3) Vor diesem Hintergrund kann es nicht überraschen, daß diese Turniere wahre Großveranstaltungen gewesen sind, die sich hinsichtlich des Besuchs durchaus mit Fürstenhochzeiten messen konnten. Genaue Gesamtuntersuchungen liegen nicht vor. Für das Würzburger Turnier von 1479, das erste der Reihe, hat jedoch A.

Besuch

RANFT [133: Adelsgesellschaften 146 f.] nach Rüxner ca. 780 Turnierer und „weit über 1.500" aktive Teilnehmer ermittelt, die mit dem Troß insgesamt 4.073 Pferde in Würzburg einstellten: Der Höhepunkt lag am Anfang. Ludwig von Eptingen zählte in Heidelberg 1481 immerhin noch 441 ‚Helme', weshalb zwei ‚Turniere' nacheinander organisiert werden mußten; 90 weitere ‚Helme' seien nicht zugelassen worden. Zum Vergleich: Ein am 12. August 1482 zu Heidelberg abgehaltenes fürstliches Turnier brachte 520 ‚Helme' zusammen [23: Burgkmaier, Turnier-Buch, 50]. In der Folgezeit nahm die Teilnahme an den genossenschaftlichen Turnieren deutlich ab: In Stuttgart 1484 sah Eptingen 320 „Helme", 1485 in Ansbach 305. In Regensburg 1487 fehlten ganz die Rheinländer. Zu Worms 1487 fanden sich nur noch 223 „Helme" ein. Aber selbst diese Zahl ist noch eindrucksvoll genug.

Ablauf und Reglementierung

(4) Die verschiedenen Turniere fanden nach einem einheitlichen, kaum abgeänderten Szenario statt. Es begann mit der ‚Helmschau', welche anhand der ausgestellten Helme und Helmzierden vorgenommen wurde (Abb. nach dem Wappenbuch Grünenberg u. a. bei 209: KURRAS, Ritter, 46 f.). Bei dieser Gelegenheit fand auch die Prüfung der Zugangsberechtigung und des normgerechten Verhaltens durch die Damen mit Hilfe der gewählten Turnierrichter statt – wir erfuhren schon, daß bis zu 90 Kandidaten bei 441 zugelassenen Teilnehmern abgelehnt werden konnten (Heidelberg 1481). Am nächsten Tag folgte die ‚Teilung' der Teilnehmer in zwei Turnierparteien, dann das Turnier, mit Kolben ausgefochten, gelegentlich in einer zweiten Phase mit stumpfen Schwertern fortgesetzt. Ein Einzelstechen mit der Lanze konnte folgen. Das kollektive Kolbenturnier wurde als die ranghöhere, eigentlich standesgemäße Veranstaltung betrachtet; deshalb ist es im Reich zur Differenzierung zwischen adligem Spangenhelm (mit mehreren vertikalen Schlitzen) und bürgerlichem Stechhelm (mit einem einzigen horizontalen Sehschlitz) gekommen. Abends erfolgte die Überreichung des Siegerpreises, des „Turnierdanks", einer für jedes der Vier Lande. Ein Festessen schloß sich an und daran (wie schon an den Vorabenden) der Tanz mit den Damen. Die Gesellschaftsstatuten machten zuweilen das Mitbringen wenigstens einer weiblichen Standesperson zur Pflicht. Wer dem nicht nachkam, mußte Strafe zahlen, sei er auch ein Graf von Öttingen [212 PÖSCHKO, Turnier, 107]. Ludwig von Eptingen erwähnt, daß zu Mainz 1480 nicht weniger als 128 adlige Frauen, darunter 9 Gräfinnen, dabei gewesen seien – jedenfalls bedeutend weniger als Männer von Stand.

6. Ritter ohne Hof: Die großen Turniere 1479–1487

Während des Turniers war Gelegenheit zu zwei (in der Regel vorher angekündigten) disziplinierenden Maßnahmen gegen Standesgenossen gegeben: dem ‚Schlagen' (Verprügeln) bei leichteren Vergehen gegen die Verhaltensvorschriften und dem ‚Auf-die-Schranken-Setzen' im Sattel bei schwereren (eine späte Abb. von 1542 bei 209: KURRAS, Ritter, 48f.). Ludwig von Eptingen notiert z. B., acht Ritter seien zu Mainz 1480 geschlagen worden, davon zwei *vast ubell*, sieben seien es zu Heidelberg 1481 gewesen; über einen derartigen Vorgang zu Ingolstadt 1484 liegt sogar eine Urkunde vor [4: GUMPPENBERG, Turniere, 34 Anm. 1]. Wilwolt von Schaumburgs Lebensbild enthält detaillierte Beschreibungen solcher Strafen und ihres Umfelds auf den Turnieren zu Mainz 1480 und zu Stuttgart 1484 [17a: Schaumburg, Geschichten, 48–55]. — Disziplinarmaßnahmen

Zu Bamberg 1478, Würzburg 1479 und erneut zu Ansbach 1485, nach langwierigen Verhandlungen auf mehreren Treffen von Vertretern der Vier Lande, die in der Heilbronner Turnierordnung von 1485 gipfelten, wurden besondere Turnier-, Kleider- und damit Standesordnungen verkündet, die diese und andere Fälle genau regelten [Gedruckt u. a. bei 27: STAMM, Turnierbuch, 212–218, 219–223, 168–173, 201–211]. — Ordnungen

Insbesondere der Ausschluß vom Turnier war für die Standesqualität der betroffenen Familien fatal. Es kann deshalb nicht wundernehmen, daß die Gemaßregelten zum Mittel von Attesten eindeutig turnierfähiger Edelleute griffen, um beim nächsten Vierlande-Turnier zugelassen zu werden. Solche Turnierfähigkeitserklärungen sind bislang nicht gesammelt worden, obwohl sie für die Definition des spätmittelalterlichen Adels von höchster Bedeutung sind. [Beispiele bieten Joh. Chr. Lünig, Teutsches Reichs-Archiv, partis spec. cont. III, Leipzig 1713, 1. Abs., 3. Forts., S. 450–455, Nr. 287–300; 4: GUMPPENBERG 1862 S. 24 Anm. 1; POINSIGNON in: Zs. für die Geschichte des Oberrheins 34 (1882) 310–312; 210: MORSEL, Le tournoi, Anm. 8.] Sigmund von Gebsattel, der zunächst mit seinen Vettern abgewiesen worden war und mühevoll elf „Kundschafts"-Briefe hatte sammeln müssen, um seine Turnierfähigkeit (vier edle Ahnen, Turnierbesuch innerhalb der letzten 50 Jahre) zu beweisen und 1484 in Stuttgart zugelassen zu werden, schrieb seine fünf Turnierteilnahmen 1484–1487 sorgfältig auf, um seinen Nachkommen ähnliche Schwierigkeiten zu ersparen. — Ausschluß und Turnierfähigkeit

(5) Waren diese hier nur angedeuteten Regeln technischer und sozialer Art neu? Das Turnier von 1479 begriff sich als Wiederaufnahme nach längerer Pause. Eine dreißigjährige Unterbrechung der — Kontinuität der Turnierpraxis

Turniertätigkeit ist auch bei EHENHEIM erwähnt [18: EHENHEIM, Familien-Chronik, 33]. Abgesehen von der ungeklärten Frage, ob es diese Unterbrechung tatsächlich gab und wo, können nur genossenschaftliche regionale bzw. überregionale Turniere (aber kaum dieser Ausdehnung) gemeint sein. Denn Einzelstechen und höfische Veranstaltungen hat es durchgehend gegeben [s. 212: PÖSCHKO, Turniere]. Auseinandersetzungen um die Turnierfähigkeit sind schon 1399 bezeugt, wie ein nicht weniger als 31 Stücke (zumeist Atteste) umfassendes Dossier betr. die Rapper von Rosenhart beweist, das SEYLER vor mehr als einhundert Jahren (erneut) veröffentlicht hat [254: SEYLER, Heraldik, 821–825, Nr. 40–48 und 53, vgl. 64: LIEBERICH, Landherren, 16–32 zum Turnieradel, hier 27]. Philipp von Kronberg war andererseits in der Lage, von Oktober 1410 bis November 1413 eine dichte Folge von 13 Turnieren an Mittel- und Niederrhein, Schwaben und Franken zu besuchen [201: BARBER/BARKER, Tournaments, 64].

Ältere genossenschaftliche Turniere

Die schönsten Berichte über genossenschaftliche Turniere bieten indes zwei spanische Texte. Sie betreffen beide Treffen von 1436 und 1439 zu Schaffhausen, welches ein Vorort für diese Art von Veranstaltungen gewesen zu sein scheint. Der längere, ungemein anschauliche und wertvolle Bericht über das Fastnachtsturnier von 1436 ist anonym und rührt wohl von einem Mitglied der kastilischen Gesandtschaft auf dem Konzil zu Basel her [20: STEHLIN, Schaffhausen 1436], der andere, kürzere, betrifft ein Anfang 1439 abgehaltenes Turnier und stammt von dem kastilischen Ritter und Reisenden Pero Tafur [ibid., 174–175; 21: STEHLIN/THOMMEN, Tafur, 81f.]. Es sind Turniere genau desselben Typs, wie sie in Deutschland 1479–1487 abgehalten wurden, nur regional begrenzt. Auch bestand damals noch ein wirklicher Kreislauf der Veranstaltungen, was daraus hervorgeht, daß sogleich zum nächsten Turnier geladen wurde, mit einem Stechen in der Zwischenzeit. 1436 betrug die Zahl der Teilnehmer 210; doch gibt die sicher besser informierte Konstanzer Chronik an, es seien 230 „Helme" gewesen, von denen jedoch nur 195 turniert hätten. Die Teilnehmerzahlen der „Vierlande-Turniere" wurde von diesem Regionalturnier verständlicherweise nicht erreicht.

Gründe für das Ende der genossenschaftlichen Turniere

Es bleibt zu klären, weshalb diese offensichtlich gut eingeführten Regionalturniere auf genossenschaftlicher Basis zum Erliegen kamen, und weshalb es der großartigen Wiederaufnahme nicht anders erging. Sigmund von Gebsattels Aufzeichnungen lassen ahnen, daß der Aufwand für den unbemittelten Ritter hierbei eine Rolle

6. Ritter ohne Hof: Die großen Turniere 1479-1487

spielte: in der Regel mußte er sich ein Pferd und Geld von den Verwandten leihen und im Gefolge eines größeren Herren reiten. Zu den materiellen kamen die strengen, zu spät dann zurückgenommenen sozialen Bedingungen: „This kind of tournament finally collapsed under the sheer weight of these demands" [262: JACKSON, Tournament, 69]. Der Versuch ist fehlgeschlagen, ganz in Bayern, wo die Turniergesellschaften nie Fuß fassen konnten, der Fürst selbst an die Spitze des turnierenden Adels trat (was schon daran deutlich wird, daß die Bayern auf der Turnierfahne die bayerischen Rauten der Wittelsbacher führten). Am Rhein waren nur Teilerfolge zu erringen. Lediglich in Schwaben und Franken hat der freie Niederadel sich vollständig durchgesetzt und in der Reichsritterschaft eine aus dieser Bewegung hervorgehende neue politische Form gefunden.

Den fürstlichen Turnieren und den fürstlichen Turnierbüchern, die zur selben Zeit wie die ritterschaftlichen und die patrizischen einsetzen, gehörte die Zukunft. Sie sind in der 1. Hälfte des 16. Jahrhunderts besondes aus Sachsen und Bayern und vom Hof Kaiser Maximilians I. überliefert [220: WOZEL, Turniere; 201: BARBER/BARKER, Tournaments, 67, 72f.; 209: KURRAS, Ritter, 50-54.; J. BÄUMEL in 213: Riddarlek, S. 96ff., 350f., sowie Nr. 57-59, auch Nr. 70 und 117; unten Kap. 8]. Im Rahmen der höfischen Gesellschaft und neuerer Kriegstechnik behielt das um den Fürsten kreisende Ritterspiel noch bis weit ins 17., ja in Schweden bis ins 18. Jahrhundert ansehnliche Bedeutung, wo König Gustaf III. als der „allerletzte Ritter" gilt [259: ANGLO (Hrsg.), Chivalry in the Renaissance; 219: WATANABE-O'KELLY, Triumphall Shews; 213: Riddarlek], um im Zeichen des ‚politischen Historismus' des Hauses Krupp im Jahre 1912 (fast) noch einmal Auferstehung zu feiern [R. LAUBE in: Vergessene Zeiten (Kat.), Bd. 2, Essen 1990, 329-336].

Fürstliche Turniere und Turnierbücher

(6) Ist die Turnierwelle 1479-1487 an sich schon bedeutungsvoll, wird sie es noch mehr im europäischen Vergleich. Diese Art genossenschaftlich organisierter und geleiteter Turniere von grundsätzlich gleichberechtigten Teilnehmern war in den 1480er Jahren und vermutlich im ganzen 15. Jahrhundert ein Unikum. Die Forschung muß diesem Umstand noch gründlicher nachgehen. Aus dem erwähnten kastilischen Bericht von 1436 und der Nachahmung als vorbildlich empfundener deutscher Turniersitten in Turnierbuch des René d'Anjou von ca. 1460 mit der frühesten bildlichen Darstellung einer Helmschau [24: Le Livre, hrsg. v. AVRIL; 262: JACKSON, Tournament, 90f.] geht diese Einzigartigkeit deutlich hervor. Der

Eine deutsche Besonderheit

auch sonst beobachtete konservative Charakter der deutschen Adelskultur ist in der besonderen Verfassungsstruktur des Reichs mit seinen zahlreichen Fürsten, Herren und selbständigen Ritterschaften begründet [zu den Unterschieden 78: SPIESS, Abgrenzung], insbesondere im Südwesten, wo denn auch das genossenschaftliche Turnier allein noch im 15. Jahrhundert blühte. Im Nordosten gab es zwar mehr ritterlich-höfische Kultur (vor allem in den Städten), als allgemein bewußt war, genossenschaftliche Turniere aber nicht mehr [50: PARAVICINI, Rittertum]. Wie bei der geographischen Verteilung der Ritterorden oder der Verbreitung des Artusromans [H.-J. SCHWIER in 144: Deutsche Hss., 256 f.] wird hier die diagonale, vom Nordwesten nach Südosten verlaufende Zweiteilung Deutschlands greifbar.

7. Traditionsbildung:
Das Familienbuch der Herren von Eptingen

War die Manessische Handschrift ein Monument einer auf das literarische Genre der Minnelyrik gerichteten Traditionspflege durch einen Kreis von Gleichgesinnten am Anfang des 14. Jahrhunderts, so bietet das Familienbuch der Herren von Eptingen bei Basel Einblicke ganz anderer Art für eine spätere Zeit: An ihm läßt sich erfahren, welche Elemente der ritterlich-höfischen Kultur eine niederadlige Familie im 15.–17. Jahrhundert für überlieferungswürdig erachtete: Wappen und Helmzierden, Kriege, Wallfahrten und Reisen, Turnierteilnahme, Jagd und ritterliche Ethik. Die Handschrift steht für das im Land- und Stadtadel weit verbreitete Genre der Familien- und Hausbücher, von denen viele auch praktisches Wissen tradierten.

Die Handschrift   Die „Chronick der Familie von Eptingen", wie sie auf dem Einband der ältesten Handschrift genannt wird, zählt insgesamt 256 Bll. und enthält reiche Illustrationen an Wappen, Burgen, Turnierbildern u. dgl. mehr. Sie ist 1621 z. T. nach älteren Vorlagen zusammengestellt worden. Hauptautoren waren die Brüder und Ritter Hans Bernhard von Eptingen (E.) Herr zu Pratteln (†1484) im ersten Teil und Ludwig (†1500) im zweiten; doch wird auch ihr Vater Rudolf († vor 1447) in der Ich-Form zitiert (fol. 50r, 54v). Die Handschrift, noch stets im Privatbesitz der Familie von Sonnenberg befindlich (Abschriften liegen in Pruntrut und Colmar), ist soeben erstmals ediert worden [17: CHRIST, Familienbuch, mit z. T. farbigen Abb.].

7. Traditionsbildung: Das Familienbuch der Herren von Eptingen 103

Auf fol. 35v heißt es: *Hienach findest du, wie der stam von Ep-*   Inhalt
tingen von erst her zu diese landt herrkhommen ist, auch vernimmest
von ihren mancherley kreyern [Helmzierden] halb füerungen, auch ih-
ren wahlfehrten, auch zuem theyl iren Turnieren. Diese Angabe erlaubt eine grobe Einteilung der behandelten Gegenstände:
    Familiengeschichte, Wappenbild und Helmzier hängen eng   Familiengeschichte
miteinander zusammen, beginnt doch das Buch schon (fol. 27r–35r   und Wappen
= Kap. 1) mit Wappenfolgen von ‚Triaden‘ und ‚Quaternionen‘
(Gruppen von je drei und vier inhaltlich einander zugeordneten
Schildern, etwa von je drei ‚Helden‘ oder je vier Reichsständen: vgl.
32: PARAVICINI, Meilleurs Trois), vermehrt um Nachrichten über das
Haus Österreich. Es enthält sogar ein ausführliches Wappenbuch,
wenngleich erst aus der 1. Hälfte des 16. Jahrhunderts (fol. 168r–
224r, wohl von der Hand des Konrad Schnitt †1541, dessen eigenes,
im Staatsarchiv Basel erhaltenes Wappenbuch von 1530–1539 zu da-
tieren ist). An das Familienwappen knüpft die Ursprungssage laut
einer *alten legent unnd kronickh* an (fol. 35v–42v = Kap. 2), denn
die E. führten einen (Reichs-)Adler ‚überzwerch‘, d. h. liegend im
Schilde. Sie stammen also – wie viele Fürsten- und Adelsfamilien
des 15. Jahrhunderts von sich behaupteten [vgl. 266: MOEGLIN, Dynastisches Bewußtsein] – von den Römern ab, hier von Catilina,
dessen Söhne nach Rheinfelden flohen (wo Ludwig von E. Vogt
war) und das Reichswappen führten. Der Kaiser stattete sie mit dem
„Adlergut" über Pratteln etc. aus zu freiem Eigen, aber das Wappen
mußten sie abändern: im Schild sollte der Adler *uff der seythen flie-*
gend sein, in der Helmzier aber aufrecht. Auch den Namen durften
sie nicht behalten, sondern nannten sich *Pulliant,* weil sie mit Catilina aus dem Lande *Pully* (Apulien) stammten (der Beiname ist erst
seit 1312 bezeugt). Die 15 verschiedenen Helmzierden (auf fol.
37r–v mit den verschiedenen Wappen der E. abgebildet) sind überhaupt voller Bedeutung: *ein teutscher herre* (eine schwarz-gold ge-
kleidete Figur) ist Lohn für die Dienste im Heidenkampf, die die E.
dem Deutschen Orden in Preußen geleistet hätten; der *heyden kopff*
einer anderen Linie stellt das Andenken an den siegreichen Zweikampf dar, den ein E. in Gegenwart des Kaisers bestanden habe
(fol. 41v). Doch meint der Autor, die E. sollten ausschließlich die
alte und echte Helmzier tragen, den gekrönten Adler und zwei Greifen; einen Menschenkopf würde er (Hans Bernhard von E.) auch
dann nicht führen, wenn er persönlich dem Sultan das Haupt abge-
schlagen hätte – so indes die Wappensage der pfälzischen Landschaden von Steinach [26: KURRAS, Turnierbuch, 38]. Es folgen aus-

führliche genealogisch-historische Notizen zur Geschichte des eigenen Familienzweiges, mit Angabe der Ahnen, Grablegen, Stiftungen (fol. 49r–54v = Kap. 4), ergänzt durch Ahnentafeln und weitere Genealogico-Heraldica jüngeren Datums am Ende des Bandes (fol. 241r–249r = Kap. 29).

Kriege   Mehrere Berichte zeugen von der Teilnahme der E. an bedeutenden kriegerischen Ereignissen oder wenigstens von ihrem Interesse daran: In der Schlacht bei Sempach 1386 seien fünf (nach anderen Quellen sieben) Eptinger an der Seite ihres Herrn des Herzogs von Österreich gefallen (fol. 53v): Die österreichisch gesinnte Familie pflegt wie andere die Erinnerung an die Schlacht [vgl. 263: KOLLER, Sempach]. Ausführlicher ist von den Burgunderkriegen die Rede, von der Belagerung von Neuss (wo Ludwig als Diener Graf Ulrichs von Württemberg im Reichsheer kämpfte) bis zur Schlacht von Nancy und der Hochzeit Maximilians (I.) mit Maria von Burgund 1474–1477 (fol. 138–139 = Kap. 17). Der Bericht über die Schlacht bei Grandson 1476, der sich nur in der Handschrift von 1776 findet [17: CHRIST, Familienbuch, Kap. 19], ist allerdings einem 1592 erschienen Werk nachgeschrieben: Hermann d. Ä. von E., †1479/1480, hatte dort an führender Stelle mitgekämpft. Bei der erfolgreichen Verteidigung von Rhodos gegen die Türken 1480 war zwar kein E. dabeigewesen, aber die Nachricht hiervon, zeitgenössischen Berichten bzw. deren Drucken von 1502/1513 entnommen, fand doch Aufnahme in das Familienbuch (fol. 140r–145r = Kap. 18).

Wallfahrten und Reisen   Ein Familienzweig führe einen Stern als Helmzier, weil ein E., wie einst Alexander der Große, bis dahin gereist sei, wo man Sonne, Mond und Sterne mit einander reden höre, wie die „Legende" erzähle (fol. 42r); *auch herr Hannß von Mantevilla auch da geweßen ist, alß er daß auch schreybet.* Wieder ein anderer Zweig führe aus Frauenhand eine goldene Wanne als Helmzier; ein *alter weytfarender Herold, der weyt geweßen was,* versicherte ihm, er habe diesen E. mit seiner goldenen Wanne selbst *zue der Eyßenen Portten* (der Eisernen Pforte, am Kaspischen Meer?) gesehen; der habe *sich selbsten mit der wannen aldo zue einem Zeichen gemohlet, unnd seinen namen geschryben dar zue [...] unnd sonsten auch einer mit ihme, der sich neben ihnen schreyben unnd mahlen thet* (fol. 42r) – ein beredtes Zeugnis für die auch monumental auf dem Sinai, in der Grabeskirche, in den Ägyptischen Wüstenklöstern, aber auch (bis 1944) im Dom zu Königsberg überlieferten Wappen und Inschriften adliger Reisender des Spätmittelalters [vgl. 122: PARAVICINI, Heidenfahrt,

7. Traditionsbildung: Das Familienbuch der Herren von Eptingen 105

und künftig die Kieler Diss. von D. KRAACK]. Die Handschrift enthält denn auch fol. 55v–110r (Kap. 5–16) als längsten Text Hans Bernhards eigenen Bericht über seine Reise über Venedig zum Hl. Grab im Jahre 1460, wo er Ritter wurde (fol. 90r) und die zypriotische „Gesellschaft" (den Schwertorden) erhielt (fol. 99r), deren Kette noch heute sein Wappen an der Prattelner Kirche schmückt. Auffälligerweise und gleichwohl verständlicherweise leitet er den Bericht mit der Aufzählung von seinen und seiner Frau je vier Ahnen ein – wäre er kein Edelmann gewesen, er hätte weder Ritterschlag noch „Gesellschaft" erhalten dürfen.

Die Abzeichen verschiedener Adels- und Turniergesellschaften stehen weit vorne im Band (fol. 36v): Fürspang, Falken & Fisch, Krone, Kranz, Wolf, Esel, Leitbracke, Fuchs (?). Von jenem E. mit der goldenen Wanne wird gesagt, er sei *ein buoler* gewesen und habe in diesem Minnedienst *vast geturniert (fol. 42r)*. Auch das erwähnte, spätere Wappenbuch gehört in diesen Zusammenhang, ist es doch nach den einzelnen Adels- und Turniergesellschaften bzw. Turnieren geordnet. Von den einzelnen Familienmitgliedern wird berichtet, an welchen Turnieren sie teilgenommen haben, darunter von Hans Bernhards und Ludwigs Vater Rudolf, der 1435 in Schaffhausen und Köln dabei gewesen war (fol. 50r, 54v). Ludwig berichtet umständlich über die von ihm besuchten großen Turniere der Jahre 1480–1487 (fol. 188r–227v, 234v–240r = Kap. 24–26, 28), insbesondere über das Heidelberger Turnier von 1481, notiert die Heilbronner Turnierordnung von 1485 (fol. 160v–164r = Kap. 21) und teilt auch die Mitgliedernamen von 1481 (fol. 168r–178r = Kap. 22) und die Statuten von 1484 (fol. 178v–185v = Kap. 23) seiner (Turnier-) Gesellschaft vom Fisch & Falken mit.

Turniere

Nicht in die selbstgenannten Kategorien einzuordnen sind einige weitere Gegenstände. Fol. 149r–159r (Kap. 20) ist *Von weydwerckh unnd sonderlich von Jagen* die Rede (von der Hand Ludwigs von E., ohne bekanntes Vorbild), fol. 228r–234v (Kap. 27) enthält einen Bericht über den Reichstag von Frankfurt und die Wahl und Krönung König Maximilians I. 1486 (der in der Edition der Deutschen Reichstagsakten fehlt). Der Turnierbericht wird stellenweise durch die Erwähnung von Naturereignissen: Kälte, Sonnenfinsternis, Hagel (fol. 195v, 224v, 235v), der Kriegsbericht durch die Erwähnung der eigenen Vermählung (fol. 138v) derart angereichert, daß er Züge einer Memorabiliensammlung annimmt. Besonders belangvoll sind die Bemerkungen über rechte und unrechte Ritterschaft und Regeln der (adligen) Lebensführung, unter

Jagd, Memorabilia, Ritterspiegel

Anführung einschlägiger Bibelstellen (in lat. Sprache): ein holzschnittartiger Ritterspiegel, z. T. nach dem Vorbild der Beichtvätersumme des Dominikaners Berthold von Freiburg vom Anfang des 14. Jahrhunderts (fol. 47v–48v = Kap. 3). *Rytterschaft üben ist nit sünd, sonder wohl unnd recht gethon [...] durch eines gemeinen nutzes willen der gemeindt, die von den reüttern sollen beschürmbt werden.* Aber *sünd unnd nit recht ist* es, wenn *die Ritter Knecht* den Leuten Zwing und Gewalt antun an Leib und Gut, von ihnen mehr nehmen, als sie zu geben schuldig sind, und drittens *ritterspil treyben mit stechen unnd turnieren durch weltliche ehr unnd wollust willen mit schaden, also daß jemandts dardurch leyblos, oder sonst die leüth geschädiget werden möchten.* Sechs Dinge zieren den Adel: Gottesfurcht, Demut, Barmherzigkeit, *miltigkheyt* = Freigebigkeit, Wahrheitsliebe und Liebe *zu dem Rechten*. Drei Dinge machen den Menschen weise, heißt es weiter: *büecher lesen, viel geystlichen sachen hören, viel landts erfahren.*

Bedeutung   Die literate Laienbildung hatte also den Adel erreicht, die geistliche Predigt Wirkung gezeigt. Hans Bernhard von E. konnte ein wenig Latein; auf Zypern und in Jerusalem hatte er auch aus dem Französischen gedolmetscht. *Vil lands erfahren* ist traditionell Teil der ritterlich-höfischen Kultur: Reisen gehört weiterhin und gerade in der ungemein mobilen Zeit um 1500 zum Kanon ritterlicher Lebensführung. Jean de Mandevilles rätselhaftes und vielgelesenes Reisebuch aus der Mitte des 14. Jahrhunderts, ab 1470 vielfach gedruckt, war gegenwärtig. Hans Bernhard von E. verfaßte sein eigenes Reisebuch. Auch des weitgereisten, bezeugenden Herolds wird gedacht (vgl. o. Kap. 4). Wichtig waren Herkommen und Standessicherung durch Ursprungssage und Turnierteilnahme, hier dokumentiert auch durch das starke Interesse an den sich im 15. Jahrhundert reorganisierenden Adelsgesellschaften [vgl. 131: KRUSE/PARAVICINI/RANFT, Ritterorden; 133: RANFT, Adelsgesellschaften]. Bei der Zulassung zu den Turnieren wurden Wappen und Helmzierden geprüft; gerade letztere führten ein heute vergessenes Eigenleben von vielerlei, stets und gerade in Deutschland bewußter Bedeutung. Der Heidenkampf klingt nach: Die E. haben tatsächlich dem Deutschen Orden mehrere Ritterbrüder gestellt; von deren Taten gegen Prussen und Litauer ist allerdings nichts weiter bekannt. Bei wichtigen Ereignissen dabeigewesen zu sein, hatte spürbare Bedeutung, war Standesausweis ebenso wie die Kenntnis der Jagd. Besonderes Interesse verdienen die Umrisse einer ritterlichen Standesethik, in der Altes und Neues, herkömmliche aristokratische Tugenden und neue geistliche Bildung sich mischen zu neuem Selbstverständnis und neuer Legitimität.

Das weiterer Einordnung bedürftige Eptingische Familienbuch ist kein Unikum. Hinzuweisen ist etwa auf das Familienbuch der Herren von Hallwil im Schweizerischen Landesmuseum in Zürich, das zwar auch erst ab 1562 zusammengestellt worden ist, aber wohl ebenfalls aus älteren Quellen [73: DÜRST, Rittertum, 287 u. Abb. 328–334; 213: Riddarlek, Nr. 25]. Aus stadtpatrizischen Kreisen etwa Berns, Augsburgs und Nürnbergs ist dergleichen wohl bekannt [15: ZAHND, Diesbach; 288: ders., Familienbücher] – und die E. standen Basels ungemein aristokratischer Stadtkultur mehr als nahe, war Hans Bernhard doch Bürger und ritterliches Ratsmitglied der Stadt (wenn er dann als burgundischer Parteigänger auch Gegner der Stadt wurde); ebenso wie Ludwig besaßt er Häuser in der Stadt. *Parallelen*

Der ganze Bereich hoch- und niederadeliger Traditionsbildung in der 2. Hälfte des 15. Jahrhunderts in Form von Familienchroniken und Lebenserinnerungen, z. B. der fränkischen Ritter Michael von Ehenheim [18: Ehenheim] und Wilwolt von Schaumburg (verf. v. Ludwig v. Eyb d. J.), beide dem Eptingischen Buche verwandte Notizen über Turnierbeteiligungen bietend; des Böhmen Christoph von Thein; des Niederösterreichers Andreas von Lappitz [P. JOHANEK, in: VL Bd. 1, 340f.; ders. in: 174: Feste und Feiern, 538f.], Reisebüchern wie demjenigen des Georg von Ehingen [insges. 16: WENZEL, Autobiographie; 118: PARAVICINI (Hrsg.), Deutsche Reiseberichte] und Wappenbüchern, z. B. aus der Zeit um 1400 ‚Uffenbach‘ [33: Uffenbach] oder ‚Grünenberg‘ von ca. 1480 [31: Grünenberg], das eine vermutlich, das andere sicher patrizisch, dazu zahlreiche unedierte Texte, zu welchen vorerst nur veraltete Verzeichnisse vorliegen [225: BERCHEM/GALBREATH/HUPP, Beiträge] – all dies bleibt zu erforschen. *Adlige Traditionsbildung*

An ‚Hausbüchern‘ ist z. B. zu nennen die Sammelhandschrift der steirischen Familie von Herberstein (ca. 1419, 1548–1550: Augsburg, Staats- u. Stadtbibl. 2° Cod. 25). In andere Bereiche ‚pragmatischer‘ Literatur führt der ‚Bellifortis‘ des Konrad Kyeser von Eichstätt, das Handbuch eines bürgerlichen Kriegs- und Technikspezialisten vom Anfang des 15. Jahrhunderts [K.-H. LUDWIG in: LexMA V 8, 1991, 1595f.; vgl. TH. BERG und U. FRIEDRICH in 102: Wissen für den Hof], in dessen Nachfolge auch die berühmteste dieser Handschriften steht, das sog. ‚Waldburg-Wolfeggsche Hausbuch‘ aus der Zeit um 1475–1485. Die Illustrationen des ‚Hausbuchmei- *‚Hausbücher‘*

sters' bzw. ‚Meisters des Amsterdamer Kabinetts' [vgl. 276: Vom Leben im späten Mittelalter, hier Nr. 177, mit teils farb. Abb. und Lit.] gehören zum Besten der Zeit und sind durch die Interpretation von N. ELIAS [41: ELIAS, Prozeß, Bd. 1, 283–301, 328–332] weithin bekannt geworden. Allerdings vernachlässigt ELIAS in seinem zivilisationshistorischen Kommentar lediglich der Planetenbilder und der höfischen Szenen die angedeutete ikonographisch-literarische Tradition, auch betrachtet er die Handschrift nicht als Ganzes, die doch ganz überwiegend hauswirtschaftliches, medizinisches, münztechnisches und vor allem kriegstechnisches Handbuch ist und auch ein Gesamtbild des kaiserlichen Heerlagers vor Neuss 1475 enthält, noch ordnet er sie ständisch ein: Ist sie das Werk eines bürgerlich-patrizischen „Büchsenmeisters" oder eines von Berufs wegen an Technik und Hauswesen interessierten Burgenverwalters, etwa eines Mitglieds der niederadligen Familie von Erzingen gen. von Ast auf der württembergischen Schalksburg (oder der Konstanzer Goldast), worauf das Exlibris hinweisen könnte? Oder stammt sie aus der Umgebung Kaiser Friedrichs III.? Die Diskussion ist nicht abgeschlossen. Doch auch so wird deutlich, daß ritterlich-höfische Kultur im engeren Sinne, geistliches und praktisches Wissen zusammengehören.

8. Der letzte Ritter?
Kaiser Maximilian I. (1459–1519)

Eine weitere und letzte Ansicht der ritterlich-höfischen Kultur vermag die Vorstellung einer Person zu geben; nicht einer Personifikation, wie diejenige des Herold eine war, sondern eines Individuums, nicht beliebigen, sondern höchsten Ranges: eines Königs und Kaisers. An Maximilian I. läßt sich das Verhältnis von Königtum und Rittertum und von Rittertum und Renaissance beispielhaft zur Anschauung bringen.

Ursprung der Bezeichnung

Wird der Name Kaiser Maximilians I. ausgesprochen, folgt geradezu unvermeidlich die Bezeichnung „der letzte Ritter". Dieses Epitheton stammt aus der Zeit der Restauration. Anton Alexander Graf von Auersberg alias Anastasius Grün hat es 1830 mit dem Titel seiner Versgedichte „Der letzte Ritter" geprägt [267: MÜLLER, Gedechtnus, 11f., 212f.; ders. in VL Bd. 6, 204–236]. Im geschichtssüchtigen 19. Jahrhundert, dem gerade die Dürer-, Luther- und Huttenzeit so wichtig war (aber aus anderen, bürgerlichen Gründen), ist

8. Der letzte Ritter? Kaiser Maximilian I. (1459–1519)

es ein Gemeinplatz geworden. Bis weit in unser Jahrhundert hat die griffig-sympathische Einordnung auch in der Forschung gewirkt.

Es wäre leicht, die Vorstellung von „dem letzten Ritter" zu verspotten, ihre zeitgebundenen Intentionen zu enthüllen, darzulegen, welche unhistorischen Epochenvorstellungen von Mittelalter und Neuzeit, Gotik und Renaissance dahinter stehen – obwohl doch jeder Mensch in *seiner* Gegenwart lebt. Aber damit würde weder dem Grafen Auersberg noch Maximilian Gerechtigkeit getan. Denn es gibt in des Kaisers Leben tatsächlich Elemente, die auf eine besondere Hochschätzung der traditionellen ritterlich-höfischen Kultur hinweisen. (Dabei wären die Nachwirkungen des burgundischen ‚Erlebnisses' infolge der Heirat der Erbtochter Maria von Burgund im Jahre 1477 genau wie dieses selbst erst noch zu ermitteln.)

Ihre Berechtigung

Maximilian war in der Tat ein begeisterter und geschickter Turnierkämpfer, der sich nicht mit dem Zuschauen begnügte, sondern selbst teilnahm, verwundet wurde, einen Turniergegner tötete (Arnheim 1481), und jenen so weitbeachteten Zweikampf siegreich bestand, zu dem Claude de Vaudrey aus der Freigrafschaft Burgund im Artus- und Rosengartenturnier auf dem hochbedeutenden Reichstag zu Worms 1495 herausgefordert hatte [279: WIESFLECKER, Bd. 2, 238; Bd. 5, 311, 392; 267: MÜLLER, Gedechtnus, 357]; die damals errungene Rüstung, ein Fußkampfharnisch, ist noch heute im Besitz der Wiener Waffensammlung. Maximilian hat die Ausdifferenzierung von bis zu 20 Turnierarten mit jeweils verschiedenen und ungemein teuren Rüstungen begünstigt und durch technische Innovationen gefördert [264: Kat. 1969, 126–130; 279: WIESFLEKKER, Bd. 5, 391–393; O. GAMBER in 214: Turnier, 513–531], auch einen eigenen adligen „Obersten Turniermeister" und einen adligen „Gestechmeister" beschäftigt. Hans Burgkmaier Vater und Sohn haben diese Formen und Personen im ‚Triumphzug' [274: Triumphzug, 41–56] und im ‚Turnierbuch' festgehalten, auch Maximilians eigene Ritte auf Turnieren der Jahre 1497, 1498 und 1511 [23: Burgkmaier, Turnierbuch; vgl. 264: Kat. 1969, Nr. 494f. und ibid. Beitrag v. P. KRENN, S. 86–92; 213: Riddarlek, 62–68, 101–104, 329–333, 354–356].

Der Turnierkämpfer

Maximilian war darüber hinaus ein großer Jäger und Fischer und wollte es sein. Nie vergaß er seinen ersten bei Brüssel erlegten Bären; auf der Gemsenjagd in steiler Wand scheute er keine Gefahr. Er ließ diese seine Jagden und Jagdgebiete ebenfalls in eigenen Büchern festhalten und illustrieren, im Tiroler Jagdbuch und Fischereibuch und im Österreichischen Jagdbuch etwa, und führte selbst

Der Jäger

ein Geheimes Jagdbuch, dem er seine Naturerlebnisse und Gedanken anvertraute: Auf dem Ötztaler Gletscher fühlte er sich auf dem höchsten Berg Europas; weder vor noch nach ihm sei irgendeiner höher oben und näher am Himmel gewesen als er. Er nannte sich selbst den „großen Waidmann", auch „des Heiligen Römischen Reiches oberster Erzjägermeister". Wie im Turnier wollte er hierin alle Standesgenossen übertreffen – ohne Rücksicht auf Rechte anderer, z. B. der Tiroler Bauern, deren wildes Jagen und Fischen nach seinem Tod 1519 den Aufstand eröffnete [264: Kat. 1969, 69–74; 279: WIESFLECKER, Bd. 5, 319–320, 339, 399–401, 580–583; J.-D. MÜLLER in: VL Bd. 6, 229–231].

Der Kreuzfahrer

Wie noch seinem Enkel Kaiser Karl V. war der Kampf gegen die Ungläubigen auch Maximilian das höchste Ziel und, angesichts der Türkengefahr, unbestreitbare Notwendigkeit. Er nahm deshalb die Kärntener Gründung des St. Georgs-Ritterordens seines Vaters Friedrich III. von 1469 wieder auf, in den Bruderschafts- und Gesellschaftsgründungen der Jahre 1493 und 1503, durch die er den Orden ständisch öffnete, ohne deshalb sein Ziel zu erreichen: die Aufstellung eines schlagkräftigen Kreuzheeres gegen die Türken [279: WIESFLECKER, Bd. 5, 308, 314; 131: KRUSE/PARAVICINI/RANFT, Ritterorden, Nr. 79, 89, 91].

Der Förderer der Ritterschaft

Den Ehrentitel eines „letzten Ritters" könnte sich Maximilian auch dadurch verdient haben, daß er den entstehenden reichsunmittelbaren Ritterstand stützte und für ihn neue Perspektiven zu öffnen hoffte, durchaus auch um diese mindermächtigen Leute gegen die Fürsten zu verwenden. Die Turniergesellschaften und die Gesellschaft mit St. Jörgenschild haben seine Förderung erfahren und so zwielichtige Figuren wie Götz von Berlichingen und Franz von Sikkingen wenigstens seine Duldung [131: KRUSE/PARAVICINI/RANFT, Ritterorden, Nr. 46; 279: WIESFLECKER, Bd. 5, 54–59, 91–101, unter Hinweis auf 269: PRESS, Reichsritterschaft].

Literarische Interessen

Hinzu kommt Maximilians ausgeprägtes Interesse für Heldenepik und ältere höfische Literatur. Er ließ sie sammeln und daraus das 1517 abgeschlossene ‚Ambraser Heldenbuch' zusammenstellen [279: WIESFLECKER, Bd. 5, 300; J. JANOTA in: VL Bd. 1, 323–327]. Diese Initiative hat uns u. a. den ‚Moriz von Craûn', Hartmans ‚Erec', ‚Kudrun', ‚Biterolf' und das ‚Frauenbuch' des Ulrich von Liechtenstein erhalten. In Tirol liebte er besonders die Burg Runkelstein über Bozen – wegen ihrer ‚sagenhaften' Ausmalung; tatsächlich waren darin ja die ‚Neun Helden', Triaden verschiedenster Art, war das ganze literarisch-ikonographische Programm der ritterlich-

8. Der letzte Ritter? Kaiser Maximilian I. (1459–1519)

höfischen Kultur abgebildet [229: HEINZLE, Triaden; vgl. 32: PARAVICINI, Meilleurs Trois].

Ein weiteres Element ist die gewinnende Einfachheit von Maximilians Auftreten, seine Zugänglichkeit auch für niedere Leute, selbst auf der Jagd, auf der ein Sekretär stets zugegen war oder wenigstens sein sollte, um die nötigen Notate aufzunehmen. Maximilian verspürt noch nicht die Notwendigkeit jener Distanz, die später die Fürsten so unnahbar machen sollte. Pracht, Aufwand, Zeremoniell gehörten für ihn noch nicht in den Alltag, waren besonderen Festen vorbehalten [267: MÜLLER, Gedechtnus, 23; 279: WIESFLECKER, Bd. 5, 380, 400]. Der im Reich allenthalben praktizierte „gespaltene Konsum" (TH. VEBLEN), der die seltene Pracht von der alltäglichen Schlichtheit schied, war noch nicht durch die ranghöchste Person aufgehoben worden.

Ritterliche Einfachheit

All dies hätte vermutlich nicht ausgereicht, der Nachwelt das Bild vom „letzten Ritter" zu vermitteln, oder wenigstens dieses Mißverständnis nahezulegen. Ursache hierfür ist die intensive Selbstdarstellung im Blick auf die Nachwelt, die Maximilian selbst zeitlebens betrieben hat: in den selbstbiographischen Werken ‚Weißkunig' (abgeschlossen 1517), ‚Freydal' und ‚Theuerdank'. Im ‚Freydal' ließ er seine eigene Lebensgeschichte als Folge von Turnieren und Maskenfesten darstellen; sie verwirklichten zugleich das Ideal der höfischen Minne. Der ‚Weißkunig' erzählt politisch-militärische Auseinandersetzungen als ritterliche Kriegszüge von Wappenkönigen mit ihren ‚Gesellschaften'. Der ‚Theuerdank' ist ein Ritter auf Abenteuersuche [267: MÜLLER, Gedechtnus, 213; 279: WIESFLECKER, Bd. 5, 306–320, vgl. 452–466 (Propaganda), 362–368 (Gedechtnus); Kat. 260: Hispania – Austria]. Es ist bezeichnend, daß Maximilian in seinem unvollendeten (Innsbrucker) Grabmal König Artus und Dietrich von Bern unter seine Ahnen aufnahm [J.-D. MÜLLER, in: VL, Bd. 6, 232].

Stilisierung

Mustert man das von Maximilian so geförderte, ja forcierte „Gedächtnis" seiner Person, wie J.-D. Müller es getan hat, dann ergeben sich jedoch bemerkenswerte Verschiebungen. Maximilian ist nicht der letzte Ritter – vielleicht war dies König Gustaf III. von Schweden im 18. Jahrhundert (s. o. Kap. 6), sondern, im Spiegel dieser Werke, der einzige Ritter [267: MÜLLER, Gedechtnus, 222]. Die ehemals von der Herrschertugend ausgehenden ritterlich-höfischen Tugenden werden wieder Monopol des Fürsten. Der genossenschaftliche Charakter ist verschwunden, aus der ritterlich-höfischen ist eine exklusiv höfische Kultur geworden, mit kompensato-

Der einzige Ritter

rischen Funktionen [267: MÜLLER, Gedechtnus, 31 f.]. Ein Phänomen und ein Problem der Zeit um 1500 wird damit sichtbar, das auch in anderen Ländern zu beobachten ist, denn Franz I. von Frankreich und Heinrich VIII. von England haben sich ähnlich verhalten: Die bewußte Wiederaufnahme geschieht um den Preis herrscherlicher Monopolisierung ritterlich-höfischer Lebensformen.

Vermeintliche Widersprüche

Dem widerspricht nicht, daß Maximilian, bei all seiner Traditionsliebe, offen für neue Entwicklungen war, daß er humanistische Gelehrte an seinen Hof zog, Geschützguß und technisches Wissen förderte [279: WIESFLECKER, Bd. 5, 323–330, 340, 559–562]. Neben den Turnier-, Jagd- und Fischereibüchern stehen die ‚Zeugbücher', die insbesondere die Artillerie in den Zeughäusern zu Innsbruck und andernorts verzeichnen und darstellen [264: Kat. 1969, Nr. 475 f.; 279: WIESFLECKER, Bd. 5, S. 320]. Auch die Förderung der neuen Kampfesweise im Landsknechtswesen [279: WIESFLECKER, Bd. 5, 545–554] und die entsprechende Einführung des Fußturniers mit der Pike bestätigt die neue Perspektive.

Das Beispiel Burgunds

Dies war in der vermeintlichen Hochburg ritterlich-höfischen Wesens, am burgundischen Hof nicht anders gewesen. Karl der Kühne führte in seinen Militärordonnanzen neue Formen des Kampfes ein und vermehrte die Infanterie. Seine Armee war für ihre Artillerie berühmt gewesen. Einer seiner führenden Räte, Ludwig von Brügge Herr von Gruuthuse, hatte sogar eine feuernde Bombarde zur Bilddevise gewählt. Die Edelleute hatten weniger mentale Probleme mit der Artillerie als gemeinhin angenommen wird [217: VALE, New Techniques].

Rittertum und Renaissance

Rittertum, Renaissance und Humanismus, ein weites Forschungsfeld, sind in der Person des Fürsten vereinbar, und nicht nur dort, sondern auch z. B. in der Person eines Ulrich von Hutten, der sich gleichwohl von seinen Standesgenossen einen „Schreiber" nennen lassen mußte [267: MÜLLER, Gedechtnus, 40]. Daß die lateinische Übersetzung des ‚Theuerdank' den italienisch anmutenden Titel ‚Magnanimus', der Großmütige, tragen sollte [279: WIESFLEKKER, Bd. 5, 315], ist für die partielle Identität der Stile bezeichnend. Ritterlich-höfische Kultur und Renaissance sind kein absoluter Gegensatz. Maximilian ist auch „Hercules Germanicus". Die älteren Elemente gehen auf in einem größeren Ensemble des allgemeinen Könnens und Wissens, um das sich Maximilian als *uomo universale* neuen Stils bemüht hat.

9. Nachtrag zur 3. Auflage

Vor fast zwanzig Jahren wurde dieser Band entworfen, 1994 erschien er zum ersten Mal, vier Jahre später gab es eine unveränderte Neuauflage. Seitdem hat sich viel getan, aber doch nicht so viel, dass er umgeschrieben werden müsste. Zwar haben sich neue Fragestellungen ergeben, aber in der Bibliographie waren keine neuen Rubriken einzurichten, einige Differenzierungen reichten aus. Immerhin hinterließ das allgemeine „Gendering" Spuren, die „Erinnerung" blieb ein bevorzugter Weg zum Verständnis der Vergangenheit, die „Kommunikation", besonders die „symbolische" trat in den Vordergrund, man begann klarer, wie die Zeit selbst, fürstliche von adliger Verhaltensweise zu trennen. In den letzten zwanzig Jahren wurde der Adel geradezu ein Modethema, indes vorwiegend der neuzeitliche [vgl. schon H. REIF, EdG 55, 1999]. Die Mediävisten wussten zwar schon lange von seiner anhaltenden Bedeutung, aber auch ihnen war nicht selbstverständlich, dass „Adel" als umfassendes Konzept erst im 15. Jahrhundert entstanden ist, wie J. MORSEL inzwischen gezeigt hat [349, 344, 350].

Einige bedeutende Fortschritte sind derweil zu verzeichnen: Die Fehde ist recht eingehend untersucht worden. Die Herolde beginnen sichtbarer zu werden als sie es vordem waren. Erstmals gibt es eine kritische Edition der Statuten von Ritterorden und Adelsgesellschaften [417: STORN-JASCHKOWITZ], deren Anfänge möglicherweise bis in die Zeit Ottos IV. zurückreichen [416: HUCKER]. Burg, Hof und Residenz im Reich sind intensiv erforscht und dargestellt worden, zuletzt in einer großen Nürnberg-Berliner Doppelausstellung [494]. Die sog. „Residenzen-Kommission" der Akademie der Wissenschaften zu Göttingen hat seit fünfundzwanzig Jahren [319] daran einigen Anteil, besonders aufgrund ihres vielbändigen Handbuchs [381], aber auch mit Hilfe der in ihren „Mitteilungen" laufend veröffentlichten Bibliographie, die alle fünf Jahre in Sonderheften zusammengefasst wird, im Übrigen auch online einsehbar ist (http://resikom.adw-goettingen.gwdg.de). Doch wirkte sie nicht allein: der Rudolstädter Arbeitskreis zu Residenzkultur e.V. (www.rudolstaedter-arbeitskreis.de), die Wartburg-Gesellschaft zur Erforschung von Burgen und Schlössern e.V. (www.wartburggesellschaft.de), sie haben unser Wissen zumal um das, was in Mitteldeutschland geschah, entschieden vermehrt, und dies taten auch Kollegen an den aufblühenden Universitäten und Denkmalämtern in den neuen Bundesländern, während die Deutsche Burgenvereinigung e.V. (www.deutsche-burgen.org) sich erneuerte

Fortschritte

und die Initiative Deutsches Burgenmuseum Veste Heldburg (www.deutschesburgenmuseum.de) ihre Arbeit aufnahm. Dem Bild einer Oberschicht, die sorglos ausgab, ohne sich um die Einkünfte zu kümmern, ist „Adel und Zahl" [316] entgegengesetzt worden. Die Hoftheorie sucht noch ihr Ziel [384], aber die Reiseforschung hat schon Ergebnisse vorzuweisen. Die Beschreibung des französisch-niederländischen Transfers ins Reich hinein ist vorangekommen [291: 420f., 424, 430, 436f.]. Dass adliges und fürstliches Verhalten nicht ohne Schaden an und für sich betrachtet werden darf, weil man dann nicht sieht, was es ausgelöst hat und worauf es reagiert, ist zu recht betont worden [376: BIHRER]. Schon Bd. 1 dieser Enzyklopädie, P. Blickles „Unruhen in der ständischen Gesellschaft" (1988, ²2010) erinnert daran. Die Statik geht ohnehin in Bewegung auf, es gibt nicht nur Dinge und Aktionen, sondern auch Dinge in Aktionen [Schätze etwa: 514]; die ständige „Aufführung" stellt nicht nur Wirklichkeiten dar, sondern vermag auch sie selbst zu schaffen – bis zu welchem Gerade, bleibt in der Ritualforschung allerdings umstritten. Kampfestechniken, wie sie Talhoffers Fechtbücher lehrten [301], werden nicht nur ausgegraben und ediert, sondern auch nachgeahmt, in einer Anverwandlung, die auch sonst Ausflüge in das Anderssein erlaubt und dabei unser Wissen vermehrt. Ansonsten wird dem Autor immer bewusster, dass es eigentlich nicht angeht, bei der Betrachtung der ritterlich-höfischen Welt beim Jahre 1500 innezuhalten. Die Reformation hat sozial weniger verändert als die industrielle Revolution um 1850. Dass sich vieles wandelte, steht außer Frage, aber ebenso, dass die Dominanz dieser Kultur bis 1789, ja bis 1918 erhalten blieb.

Desiderata Und die Defizite der Forschung? Auf eine gründliche Monographie zur Rittererhebung hofften wir bislang vergeblich, jetzt scheint sie in Arbeit zu sein [348]. Religion und Adelskultur, weltliche und geistliche Höfe, ein Merkmal des Reichs, müssen genauer betrachtet werden, ein Anfang ist aber gemacht [329, 332, 377, 380, 423, 461, 493, 511]. Der Hofnarr wartet immer noch auf das große Buch, das ihm gewidmet werden könnte, der Herold ebenfalls; nicht einmal Verzeichnisse gibt es für sie, was das Reich angeht. Das trifft auch auf die Turnierveranstaltungen zu, wenngleich wir über die Reichsturniere der 1470er/1480er Jahre nun besser unterrichtet sind [353, 530]. Und Siegelwerke fehlen, wie sie W. VAHL für Franken vorgelegt hat [355]. Ein gesamteuropäisches Verzeichnis der Devisen ist in greifbarer Nähe [415: HABLOT, Devise]. Aber die Heraldik hat sich immer noch nicht ganz von ihrem Ruf als Liebhaberei mehr oder minder Titulierter befreien können. Dabei ist sie das Signum der Epoche.

9. Nachtrag zur 3. Auflage 115

Entschieden ist eine Lanze für Editionen und Quellenuntersuchungen zu brechen, von denen es einige neu zu verzeichnen gibt. Sie sind nicht nur eine unersetzliche Schule für junge Wissenschaftler, die an ihnen lernen, was es heißt, einen Text herzustellen und ganz zu verstehen. Sie sind die Grundlage allen weiteren und veränderten Wissens: Ein neuer Text schlägt (oder bestätigt) jede Theorie. Das spätmittelalterliche Reich ist auch im Vergleich zum Westen und Süden Europas viel reicher an Rechnungen [285: MERSIOWSKY], Registern und Korrespondenzen als gemeinhin geglaubt wird, sie reichen oft genug über die Alpen, an die oberitalienischen Fürstenhöfe, nach Mailand, Mantua [465] und Ferrara. Währenddessen bleibt unklar, welche gesellschaftliche Rolle die höfische Literatur eigentlich spielte [423: BIHRER].

Editionen, Texte

Die ursprüngliche Hoffnung, dass manches in anderen Bänden dieser Enzyklopädie dargestellt werde, was hier nicht Platz finden konnte und kann, hat sich nur teilweise erfüllt: H. BOOCKMANN ist 1998 zu früh gestorben, als dass er den geplanten Band über die Sachkultur des Mittelalters hätte schreiben können. Seine Studien über den preußischen Hofmeisterhof aufgrund des Marienburger Treßlerbuchs von 1399–1409 wiesen den Weg; ein Ersatz fand sich bislang nicht. W. HECHBERGER hat seitdem die Darstellung von Rittertum und Adel veröffentlicht [321: EdG 72], nachdem R. ENDRES schon einen Band über den Adel in der Frühen Neuzeit vorgelegt hatte [EdG 28, 1993]. B. SCHIMMELPFENNIG schrieb über Könige und Fürsten im Hohen [EdG 37, 1996 ²2010], E. SCHUBERT über Fürsten im Späten Mittelalter [EdG 35, 1996, ²2006]. Nicht F. Irsigler stellt die mittelalterliche Stadt dar, wie ursprünglich vorgesehen, sondern F.G. HIRSCHMANN [EdG 84, 2009], und H. SCHILLING die frühneuzeitliche [EdG 24, 1993, ²2004]; doch W. Rösener schrieb wie geplant über die ländliche Gesellschaft [EdG 13, 1992, s. auch A. HOLENSTEIN, EdG 38, 1996]. Zwei der drei Pole, zwischen denen die hier behandelte Kultur steht, sind also erforscht worden. Über den frühneuzeitlichen Fürstenhof legte der ebenfalls vorzeitig (2004) verstorbene R.A. MÜLLER einen wichtigen Band vor [EdG 33, 1995, ²2004]. Der (fast) alles bestimmende wirtschaftliche Wandel aber ist dagegen immer noch nicht beschrieben worden, dafür aber Bildung und Wissenschaft vom 15. bis zum 17. Jahrhundert durch N. HAMMERSTEIN [EdG 64, 2003].

Andere Bände der EdG

Zahlreiche einschlägige Kolloquien sind noch nicht im Druck erschienen und deshalb hier nicht erwähnt, und was in genannten Sammelbänden veröffentlicht wurde, konnte nur in Ausnahmefällen Erwähnung finden – der Nachtrag hätte sonst leicht den vielfachen

Umfang annehmen können. Ebenfalls bekannt ist, dass jede Generation andere Fragen an dieselben Sachverhalte stellt. Jede „Er-"forschung ist Illusion. Aber es gibt Fortschritte, und die seien hier wenigstens in Umrissen festhalten.

Nachleben Zwar ist die Anrede „Fräulein" nun endgültig historisiert und zum Zitat geworden, was nicht mehr erlaubt, früher Schönheit auf diese Weise ein Kompliment zu machen. Aber die jungen „Frauen" lassen sich schon seit geraumer Zeit wieder in den Mantel helfen. Somit ist doch nicht alle Hoffnung verloren.

Kronshagen, am 22. März 2011   Werner Paravicini

III. Quellen und Literatur

Abkürzungen:

LexMA   Lexikon des Mittelalters
VL   Die deutsche Literatur des Mittelalters. Verfasserlexikon. 2. Aufl. Berlin 1979 ff.

Im übrigen entsprechen die hier verwendeten Abkürzungen denjenigen der Historischen Zeitschrift.

A. Quellen

1. Akten, Urkunden, Historiographie

1. Acta Aragonensia. Quellen [...] aus der diplomatischen Korrespondenz Jaymes II. (1291–1327), hrsg. v. H. FINKE. 3 Bde., Berlin/Leipzig 1908–1922. ND mit Nachtrag von 1933, Aalen 1966.
2. Deutsche Privatbriefe des Mittelalters, hrsg. v. G. STEINHAUSEN. Bd. 1: Fürsten und Magnaten, Edle und Ritter. Berlin 1899.
3. Deutsche Hofordnungen des 16. und 17. Jahrhunderts., hrsg. v. A. KERN. 2 Bde., Berlin 1905–1907.
4. L. A. v. GUMPPENBERG, Die Gumppenberger auf Turnieren. Würzburg 1862.
5. L. A. v. GUMPPENBERG, Nachrichten über die Turniere zu Würzburg und Bamberg in den Jahren 1479 und 1486, in: Archiv des Historischen Vereins von Unterfranken 9 (1869) 164–210.
6. Konrad von Megenberg, Ökonomik, Buch I–II, hrsg. v. S. KRÜGER. Stuttgart 1973–1977.
7. Politische Correspondenz des Kurfürsten Albrecht Achilles, hrsg. v. F. PRIEBATSCH. 3 Bde., Leipzig 1894–1898.

2. Dichtung

8. Johannes Hadlaub. Die Gedichte des Zürcher Minnesängers, hrsg. v. M. SCHIENDORFER. Zürich/München 1986.
9. Johannes Hadlaub. Dokumente zur Wirkungsgeschichte, hrsg. v. M. SCHIENDORFER. Göppingen 1990.

10. *mine sinne di sint minne*. Zürcher Liebesbriefe aus der Zeit des Minnesangs, hrsg. v. M. SCHIENDORFER. Zollikon 1988.
11. Mittelhochdeutsche Minnelyrik. Bd. 1: Frühe Minnelyrik. Texte und Übertragungen, Einführung und Kommentar, hrsg. v. G. SCHWEIKLE. Stuttgart/Weimar 1993.
12. Die Ritteridee in der deutschen Literatur des Mittelalters. Eine kommentierte Anthologie, hrsg. v. J. ARENTZEN / U. RUBERG. Darmstadt 1987.
13. Die Schweizer Minnesänger, hrsg. v. M. SCHIENDORFER. Bd. 1: Texte. Tübingen 1990.
14. A. WINKLER, Selbständige deutsche Tischzuchten des Mittelalters. Texte und Studien. Diss. phil. Marburg 1982.

3. Autobiographien, Familienbücher, Reisebeschreibungen

15. Die autobiographischen Aufzeichnungen Ludwigs von Diesbach, hrsg. v. U. M. ZAHND. Bern 1986.
16. Die Autobiographien des späten Mittelalters und der frühen Neuzeit, hrsg. v. H. WENZEL. 2 Bde., München 1980.
17. D. A. CHRIST, Das Familienbuch der Herren von Eptingen. Transkription und Kommentar. Liestal 1992.
17a. [Ludwig v. Eyb d. J.], Die Geschichten und Taten Wilwolts von Schaumburg, hrsg. v. A. v. KELLER. Stuttgart 1859.
18. Die Familienchronik des Ritters Michel von Ehenheim, hrsg. v. CHR. MEYER, in: Zs. für deutsche Kulturgeschichte NF 1 (1891) 69 ff., und SD Würzburg 1891.
19. S. v. GEBSATTEL, Die Aufzeichnungen des Siegmund von Gebsattel über die Turniere von 1484–1487, in: Anzeiger für Kunde der deutschen Vorzeit NF 1 (1853) 67–69.
20. K. STEHLIN, Ein spanischer Bericht über ein Turnier in Schaffhausen im Jahre 1435, in: BaslerZ 14 (1914) 145–176.
21. K. STEHLIN / R. THOMMEN, Aus der Reisebeschreibung des Pero Tafur, 1438 und 1439, in: BaslerZ 25 (1926) 45–107.

4. Turnierbücher

23. Hans Burgkmair, Turnier-Buch, hrsg. v. J. v. HEFNER, Frankfurt a. M. 1853. ND mit Nachwort v. R. BENTEMANN. Dortmund 1978.
24. Le Livre des Tournois du Roi René de la Bibliothèque nationale (ms. français 2695), hrsg. v. F. AVRIL. Paris 1986.

25. Georg Rüxner, Anfang, ursprung und herkomen des Thurnirs in Teutscher nation [...]. Simmern 1530.
26. Turnierbuch aus der Kraichgauer Ritterschaft. Faksimileausgabe des Cod. Ross. 711, Kommentar v. L. KURRAS. Zürich 1983.
27. H. STAMM, Das Turnierbuch des Ludwig von Eyb. Stuttgart 1986.
28. Marx Walther, Tournierbuch, in: Chroniken der deutschen Städte, Bd. 22, Leipzig 1892, 379–395.

5. Wappenbücher

29. L'Armorial universel du héraut Gelre (1370–1395), hrsg. v. P. ADAM-EVEN. Neuchâtel/Lausanne 1971. ND mit schwarz/weiß Faksimile und Einleitung von C. VANDEN BERGEN-PANTENS. Löwen 1992.
30. L'Armorial Bellenville, hrsg. v. L. JÉQUIER. Paris 1983.
31. Conrad Grünenberg, Wappenbuch, hrsg. v. R. GRAF STILLFRIED-ALCANTARA/A. M. HILDEBRANDT. 3 Bde., Görlitz 1874–1883.
32. W. PARAVICINI, Armoriaux et histoire culturelle: le rôle d'armes des *Meilleurs Trois*, in: Armoriaux médiévaux, hrsg. v. H. LOYAU u. a. [Kolloquium Paris 1994] (im Druck.).
33. Das Uffenbachsche Wappenbuch. Farbmikrofiche-Edition, hrsg. v. W. PARAVICINI. München 1990.
34. Das Wappenbuch des Reichsherolds Caspar Sturm, bearb. v. J. ARNDT, mit Beiträgen v. H. ANGERMEIER u. a. Neustadt a. d. Aisch 1984.
35. Die Wappenbücher Hz. Albrechts VI. von Österreich. Ingeram-Codex der ehem. Bibliothek Cotta, hrsg. v. C. BECHER / O. GAMBER. Wien 1986.
36. Die Wappenrolle von Zürich, hrsg. v. W. MERZ u. F. HEGI. Zürich/Leipzig 1930.

B. Literatur

1. Allgemeines

37. O. BRUNNER, Adeliges Landleben und europäischer Geist. Salzburg 1949.
38. J. BUMKE, Höfische Kultur. Literatur und Gesellschaft im hohen Mittelalter [bis ca. 1300]. 2 Bde., München 1986.
39. J. BUMKE, Höfische Kultur [bis ca. 1300]. Versuch einer Bestandsaufnahme, in: BGdtSprLit 114 (1992) 414–492.
40. Curialitas, hrsg. v. J. FLECKENSTEIN. Göttingen 1990.
41. N. ELIAS, Über den Prozeß der Zivilisation. 2 Bde., Bern 1969 (zuerst 1939).
42. N. ELIAS, Die höfische Gesellschaft. Darmstadt/Neuwied 1969.
43. J. FLECKENSTEIN, Die deutsche Ritterforschung im 19.Jahrhundert, in: Jb. des italienisch-deutschen Historischen Instituts in Trient, Beiträge 1, Bologna/Berlin 1988, 43–63.
44. Forme dell'identità cavalleresca, hrsg. v. F. CARDINI u.a. L'immagine riflessa. Rivista di Sociologia dei testi, Genua 1989, H. 1–2.
45. Höfische Literatur, Hofgesellschaft, Höfische Lebensformen um 1200, hrsg. v. G. KAISER / J.-D. MÜLLER. Düsseldorf 1986.
46. M. KEEN, Das Rittertum. Zürich 1987 (englisch 1984).
47. G. LABUDA, Kulturgeschichte als Geschichte der kreativen Innovationen, in: AKG 75 (1993) 195–220.
48. The Ideals and Practice of Medieval Knighthood. Papers from the [...] Strawberry Hill Conference[s], hrsg. v. CHR. HARPER-BILL/R. HARVEY. Woodbridge 1986 ff.
49. P. MORAW, Über Entwicklungsunterschiede und Entwicklungsausgleich im europäischen Mittelalter. Ein Versuch, in: Fschr. W. v. STROMER, Trier 1987, Bd. 2, 583–622.
50. W. PARAVICINI, Rittertum im Norden des Reichs, in: Nord und Süd in der deutschen Geschichte des Mittelalters, hrsg. v. W. PARAVICINI, Sigmaringen 1990, 147–191.
51. U. PETERS, Niederes Rittertum oder hoher Adel?, in: Euphorion 67 (1973) 244–260.
52. A. SCHULTZ, Das höfische Leben zur Zeit der Minnesinger. 2 Bde., Prag/Leipzig 1880, ²1889.
53. A. SCHULTZ, Deutsches Leben im 14. und 15. Jahrhundert, 2 Bde., Wien/Prag/Leipzig 1892.

2. Fürsten, Adelige, Ritter, Städter, Bauern

54. U. ANDERMANN, Ritterliche Gewalt und bürgerliche Selbstbehauptung. Frankfurt a. M. 1991.
55. M. BITTMANN, Kreditwirtschaft und Finanzierungsmethoden. Stuttgart 1991.
56. H. BOOCKMANN, Spätmittelalterliche deutsche Stadt-Tyrannen, in: BlldtLG 119 (1983) 73–91.
57. H. BOOCKMANN, Die [deutsche] Stadt im späten Mittelalter. München 1986.
58. R. ENDRES, Adel und Patriziat in Oberdeutschland, in: Ständische Gesellschaft und soziale Mobilität, hrsg. v. W. SCHULZE, München 1988, 221-238.
59. L'État et les aristocraties (France, Angleterre, Écosse) XIIe – XVIIe siècles, hrsg. v. PH. CONTAMINE. Paris 1989.
60. J. FLECKENSTEIN, Über den engeren und den weiteren Begriff von Ritter und Rittertum (*miles* und *militia*), in: Fschr. Karl Schmid, Sigmaringen 1988, 379–392.
61. R. GÖRNER, Raubritter. Münster 1987.
62. K. GRUBMÜLLER, Der Hof als städtisches Literaturzentrum, in: Fschr. H. Fromm, München 1979, 405–427.
63. E. ISENMANN, Die deutsche Stadt im Spätmittelalter. Stuttgart 1988.
63a. M. KAUFMANN, Fehde und Rechtshilfe. Die Verträge der brandenburgischen Landesfürsten zur Bekämpfung des Raubrittertums im 15. und 16. Jahrhundert. Pfaffenweiler 1993.
64. H. LIEBERICH, Landherren und Landleute. Zur politischen Führungsschicht Baierns im Spätmittelalter. München 1964.
65. H. LIEBERICH, Rittermäßigkeit und bürgerliche Gleichheit, in: Fschr. H. Krause, Köln/Wien 1975, S. 66–93.
66. Literatur in der Stadt, hrsg. v. H. BRUNNER. Göppingen 1982.
67. J. MORSEL, Une société politique en Franconie à la fin du moyen âge: les Thüngen. Thèse (Ms.) Univ. Paris I-Sorbonne 1993.
68. W. PARAVICINI, Rois et Princes chevaliers (Allemagne, XIIe– XVIe siècles), in: Les princes et le pouvoir au moyen âge, XXIIIe Congrès de la Société des Historiens Médiévistes de l'Enseignement Supérieur Public, Brest 1992, Paris 1993, 9–34.
69. U. PETERS, Literatur in der Stadt. Tübingen 1983.
70. Vom Reichsfürstenstande, hrsg. v. W. HEINEMEYER. Köln/Ulm 1987.
71. M. DE RIQUER, Cavalleria fra realtà et letteratura nel Quattrocento. Bari 1970.

72. Die Ritter [Katalog]. Burgenländische Landesausstellung 1990. Burg Güssing. Eisenstadt 1990.
73. Rittertum. Schweizerische Dokumente. Hochadel im Aargau, hrsg. v. H. DÜRST. Lenzburg 1962.
74. W. RÖSENER, Zur Problematik des spätmittelalterlichen Raubrittertums, in Fschr. B. Schwineköper, Sigmaringen 1982, 470–488.
75. W. RÖSENER, Bauer und Ritter im Hochmittelalter, in: Fschr. J. Fleckenstein, Sigmaringen 1984, 665–92.
76. W. RÖSENER, Bauern im Mittelalter. München 1985.
77. R. SABLONIER, Adel im Wandel. Eine Untersuchung zur sozialen Situation ostschweizerischen Adels um 1300. Göttingen 1979.
78. K.-H. SPIESS, Ständische Abgrenzung und soziale Differenzierung zwischen Hochadel und Ritteradel im Spätmittelalter, in: Rhvjbll 56 (1992) 181–204.
79. K.-H. SPIESS, Familie und Verwandtschaft im nichtfürstlichen Hochadel des Spätmittelalters. Stuttgart (im Druck).
80. Stadtadel und Bürgertum in den italienischen und deutschen Städten des Spätmittelalters, hrsg. v. R. ELZE/G. FASOLI, Berlin 1991.
81. Le travail au moyen âge, hrsg. v. J. HAMESSE/C. MURAILLE-SAMARAN. Louvain-la-Neuve 1990.
82. Über Bürger, Stadt und städtische Literatur im Spätmittelalter, hrsg. v. J. FLECKENSTEIN/K. STACKMANN. Göttingen 1980.
83. K. F. WERNER, Du nouveau sur un vieux thème. Les origines de la „noblesse" et de la „chevalerie", in: Académie des Inscriptions & Belles-Lettres, Comptes rendus 1985, 186–200.
84. TH. ZOTZ, Städtisches Rittertum und Bürgertum in Köln um 1200, in: Fschr. J. Fleckenstein, Göttingen 1984, 609–638.

3. Hof und Hofkritik

85. Alltag bei Hofe, hrsg. v. W. PARAVICINI. Sigmaringen 1994 (im Druck).
86. K. ANDERMANN, Die Hofämter der Bischöfe von Speyer, in: ZGO 140 (1992), 127–187.
87. M. BACKES, Das literarische Leben am kurpfälzischen Hof zu Heidelberg im 15. Jahrhundert. Tübingen 1992.
88. B. BASTERT, Der Münchner Hof und Fuetrers ‚Buch der Abenteuer'. Frankfurt a. M. 1993.
89. A. BELLEBAUM, Langeweile, Überdruß und Lebenssinn. Opladen 1990.

90. H. Bögl, Soziale Anschauungen bei Heinrich dem Teichner. Göppingen 1975.
91. Deutscher Königshof, Hoftag und Reichstag im späteren Mittelalter (12.–15. Jahrhundert), hrsg. v. P. Moraw. Sigmaringen (im Druck).
92. Fürstliche Residenzen im spätmittelalterlichen Europa, hrsg. v. H. Patze/W. Paravicini. Sigmaringen 1991.
93. Das geistige Leben am Hofe Kaiser Ottos IV., hrsg. v. B.-U. Hucker. Hannover 1993 (im Druck).
94. J. Hirschbiegel, Der Hof als soziales System, in: Mitt. der Residenzen-Kommission Jg. 3 (1993) Nr. 1, 11–25.
95. H. Kiesel, „Bei Hof, bei Höll". Untersuchungen zur literarischen Hofkritik von Sebastian Brant bis Friedrich Schiller. Tübingen 1979.
96. Princes, Patronage, and the Nobility. The Court at the Beginning of the Modern Age c. 1450–1650, hrsg. v. R. G. Asch/A. M. Birke. Oxford 1991.
97. Residenzenforschung, hrsg. von der Residenzen-Kommission der Göttinger Akad., Sigmaringen 1990ff.
98. W. Rösener, Hofämter an mittelalterlichen Fürstenhöfen, in: DA 45 (1989) 485–550.
99. R. Schnell, Hofkritik in Deutschland, in 91: Deutscher Königshof.
99a. K.-H. Spiess, Königshof und Fürstenhof. Der Adel und die Mainzer Erzbischöfe im 12. Jahrhundert, in: Fschr. A. Becker, Sigmaringen 1987, 203–234.
100. C. Uhlig, Hofkritik im England des Mittelalters und der Renaissance. Berlin 1973.
101. Die Welfen und ihr Braunschweiger Hof im hohen Mittelalter, hrsg. v. B. Schneidmüller (im Druck).
102. Wissen für den Hof, hrsg. v. J.-D. Müller. München 1993 (im Druck).

4. Entstehung und Frühzeit

103. G. Althoff, *Nunc fiant Christi milites, qui dudum extiterunt raptores*. Zur Entstehung von Rittertum und Ritterethos, in: Saec. 32 (1981) 317–33.
104. A. Buck, „Arma et litterae" – Waffen und Bildung. Zur Geschichte eines Topos. Stuttgart 1992.

105. C. ERDMANN, Die Entstehung des Kreuzzugsgedankens. Stuttgart 1935. ND Darmstadt 1974.
106. L'Europa dei secc. XI et XII fra novità e tradizione: sviluppo di una cultura. Mailand 1989.
107. J. FLORI, L'idéologie du glaive. Préhistoire de la chevalerie. Genf 1984.
108. J. FLORI, L'essor de la chevalerie aux XIe et XIIe siècles. Genf 1986.
109. ‚Militia Christi' e Crociata nei secc. XI–XIII. Mailand 1992.
110. P. v. MOOS, Das 12. Jahrhundert – eine ‚Renaissance' oder ein ‚Aufklärungszeitalter'? in: MJb 23 (1988, ersch. 1991) 1–10.
111. O. G. OEXLE, Die funktionale Dreiteilung als Deutungsschema der sozialen Wirklichkeit in der ständischen Gesellschaft des Mittelalters, in: Ständische Gesellschaft und soziale Mobilität, hrsg. v. W. SCHULZE, München 1988, 19–51.
112. O. G. OEXLE, Art. ‚Stand, Klasse (Antike und Mittelalter)', in: Geschichtliche Grundbegriffe, Bd. 6, Stuttgart 1990, 155–200.
113. J. RILEY-SMITH, The First Crusade and the Idea of Crusading. London 1993.
114. Das Rittertum im Mittelalter, hrsg. v. A. BORST. Darmstadt 1976.

5. Von der Heidenfahrt zur Kavalierstour

115. H. J. DOMSTA, Der Briefwechsel der Könige Peter IV. und Johann I. von Aragon mit Scheiffart von Merode, in: AnnNrh 173 (1971) 123–156.
116. H. J. DOMSTA, Merode und Aragon, in: ders., Geschichte der Fürsten von Merode im Mittelalter, Bd. 2, Düren 1981, 593–598.
117. D. EMEIS, Die Spanientradition der Herren von Merode im 14. Jahrhundert, in: Fschr. J. VINCKE, Bd. 2, Madrid 1963, 244–250.
118. Europäische Reiseberichte des späten Mittelalters. Analytische Bibliographie, hrsg. v. W. PARAVICINI. Bd. 1: Deutschland, bearb. v. CHR. HALM. Frankfurt a. M. 1993 (im Druck).
119. H. FINKE, Die angeblich gefälschte Korrespondenz der aragonesischen Könige mit Walram Scheiffart von Merode, in: HJb 57 (1937) 93–98.
120. H. E. ONNAU, Die Beziehungen des Geschlechts von Merode zum aragonesischen Königshaus im 14. Jahrhundert, in: HJb 174 (1972) 202–210.

121. W. Paravicini, Die Preußenreisen des europäischen Adels. Sigmaringen. Bd. 1, 1989. Bd. 2.1, 1994 (im Druck). Bd. 2.2 und 3 (in Vorber.).
122. W. Paravicini, Von der Heidenfahrt zur Kavalierstour. Über Motive und Formen adligen Reisens im späten Mittelalter, in Wissensliteratur im Mittelalter, Bd. 13, Wiesbaden 1993, 91–130.
123. W. Paravicini, „Fürschriften und Testimonia". Der Dokumentationskreislauf der spätmittelalterlichen Adelsreise am Beispiel des kastilischen Ritters Alfonso Mudarra (1411–1412), in: Fschr. E. Meuthen, München 1994 (im Druck).
124. Reisen und Reiseliteratur im Mittelalter und in der frühen Neuzeit, hrsg. v. X. v. Ertzdorf /D. Neukirch. Amsterdam 1992.
125. J. Vincke, Zu den Anfängen der deutsch-spanischen Kultur- und Wirtschaftsbeziehungen, in: Gesammelte Aufsätze zur Kulturgeschichte Spaniens 14 (1959) 111–182.

6. Ritterorden und Adelsgesellschaften

126. 800 Jahre Deutscher Orden [Katalog]. Gütersloh/München 1990.
127. H. Boockmann, Der Deutsche Orden. München 1981.
128. D'A. J. D. Boulton, The Knights of the Crown. The monarchical orders of knighthood in later medieval Europe 1325–1520. Woodbridge 1987.
129. H. Fuhrmann. Pour le mérite. Über die Sichtbarmachung von Verdiensten. Sigmaringen 1992.
130. Die geistlichen Ritterorden Europas, hrsg. v. J. Fleckenstein /M. Hellmann. Sigmaringen 1980.
131. H. Kruse/W. Paravicini/A. Ranft, Adelsgesellschaften und Ritterorden des deutschen Spätmittelalters. Ein analytisches Verzeichnis. Frankfurt a. M. 1991.
132. Ordines militares, hrsg. v. Z. H. Nowak. Thorn 1983 ff.
133. A. Ranft, Adelsgesellschaften. Gruppenbildung und Genossenschaft im spätmittelalterlichen Reich. Sigmaringen 1994 (im Druck).

7. Höfische Literatur, höfische Liebe, höfische Frau

134. R. H. Bloch, Medieval Misogyny and the Invention of Western Romantic Love. Chicago 1992.
135. A.-M. Bonnet, Rodenegg und Schmalkalden. München 1986.

136. J. BUMKE, Die romanisch-deutschen Literaturbeziehungen im Mittelalter. Ein Überblick. Heidelberg 1967.
137. J. BUMKE, Ministerialität und Ritterdichtung [in der Manessischen Hs.]. Umrisse der Forschung. München 1976.
138. J. BUMKE, Mäzene im Mittelalter. München 1979.
139. J. BUMKE, Geschichte der deutschen Literatur im hohen Mittelalter. München 1990.
140. K. CLAUSBERG, Die Manessische Liederhandschrift. Köln ¹1978, ²1988.
141. Chrétien de Troyes and the German Middle Ages, hrsg. v. M. H. JONES /R. WISBEY. Cambridge 1993.
142. Codex Manesse. Katalog zur Ausstellung, hrsg. v. E. MITTLER und W. WERNER. Heidelberg 1988.
143. TH. CRAMER, Geschichte der deutschen Literatur im späten Mittelalter. München 1990.
144. Deutsche Handschriften 1100–1400, Oxforder Kolloquium 1985, hrsg. v. V. HONEMANN/N. PALMER. Tübingen 1987.
145. *edele frouwen – schoene man*. Die Manessische Liederhandschrift in Zürich. Ausstellungskatalog von C. BRINKER und D. FLÜHLER-KREIS. Zürich 1991.
146. H. FRÜHMORGEN-VOSS, Bildtypen in der Manessischen Liederhandschrift, in: Werk – Typ – Situation. Studien zu poetologischen Bedingungen in der älteren deutschen Literatur, hrsg. v. I. GLIER u. a., Stuttgart 1969, 184–216.
147. Fürstinnen und Städterinnen. Frauen im Mittelalter, hrsg. v. G. BEYREUTHER u. a. Freiburg i. Br. 1993.
148. C. L. GOTTZMANN, Artusdichtung. Stuttgart 1989.
149. Grundlagen des Verstehens mittelalterlicher Literatur, hrsg. v. G. HAHN /H. RAGOTZKY. Stuttgart 1992.
150. M. JAHRMÄRKER, Die Miniatur Süsskinds von Trimberg in der Manessischen Liederhandschrift, in: Euphorion 81 (1987) 330–346.
151. E. JAMMERS, Das königliche Liederbuch des deutschen Minnesangs. Heidelberg 1965.
152. W. J. A. JONCKBLOET, Geschiedenis der middennederlandsche dichtkunst. Bd. 3, Amsterdam 1855.
153. P. KELLERMANN-HAAF, Frau und Politik im Mittelalter. Göppingen 1986.
154. Literarische Interessenbildung im Mittelalter, hrsg. v. J. HEINZLE, Stuttgart/Weimar 1993.

155. Literatur und Sprache im rheinisch-maasländischen Raum zwischen 1150 und 1450, hrsg. v. H. TERVOOREN/H. BECKERS ZdtPhil 108, Sonderheft). Berlin 1989.
156. T. MEDER, Sprookspreker in Holland. Leven en werk van Willem van Hildegaersberch (ca. 1400). Amsterdam 1991.
157. H. MENKE, „Het soete land Waes". Flandern als sprachliche und literarische Mittlerlandschaft, in: Brügge-Colloquium, hrsg. v. K. FRIEDLAND, Köln/Wien 1990, 83–102.
158. *Misselike tonghe*. De Middelnederlandse letterkunde in interdisciplinair verband, hrsg. v. F. P. VAN OOSTROM. Amsterdam 1991.
159. J. D. MÜLLER, Lachen – Spiel – Fiktion. Zum Verhältnis von literarischem Diskurs und historischer Realität im ‚Frauendienst' Ulrichs von Lichtenstein, in: DVJs 58 (1984) 38–74.
160. F. P. VAN OOSTROM, Het woord van eer. Literatuur aan het Hollands hof omstreeks 1400. Amsterdam ⁴1993 (englisch: Berkeley 1992).
161. U. PETERS, *Cour d'amour* – Minnehof. Ein Beitrag zum Verhältnis der französischen und deutschen Minnedichtung zu den Unterhaltungsformen ihres Publikums, in: ZdtA 101 (1972) 117–133.
162. A. RITSCHER, Literatur und Politik im Umkreis der ersten Habsburger. Dichtung, Historiographie und Briefe am Oberrhein. Frankfurt a. M. 1992.
163. G. SCHWEIKLE, Minnesang. Stuttgart 1989.
164. Stadtluft, Hirsebrei und Bettelmönch. Die Stadt um 1300. Stadtarchäologie in Baden-Württemberg und in der Nordostschweiz. [Katalog] Stuttgart 1992.
165. H. TERVOOREN, Literaturwege: Ida von Boulogne, Gräfin in Geldern, Herzogin von Zähringen, in: ZdtPhil 110 (1991) 113–120.
166. H. THOMAS, Brabant-Hennegau und Thüringen. Zur Entschlüsselung und zur Datierung des ‚Lohengrin', in: BGdtSprLit 108 (1986) 40–64.
167. H. THOMAS, ‚Das Turnier von Nantes': Ein Lehrgedicht für Hartmann von Habsburg, in: BGdtSprLit 108 (1986) 408–425.
168. H. THOMAS, Ordo equestris – ornamentum imperii. Zur Geschichte der Ritterschaft im ‚Moriz van Craûn', in: ZdtPhil 106 (1987) 341–353.
169. H. THOMAS, Matière de Rome – Matière de Bretagne. Zu den politischen Implikationen von Veldekes ‚Eneide' und Hartmanns ‚Erec', in: ZdtPhil 108 (1989) 65–104.

170. H. THOMAS, Nationale Elemente in der ritterlichen Welt des Mittelalters, in: Nationes 8, Sigmaringen 1989, 346–376.
171. W. G. ZIMMERMANN, Die Manessische Liederhandschrift im Spiegel von Wahrheit und Dichtung, in: Manesse Almanach auf das 40. Verlagsjahr, Zürich 1984, 309–472.
172. R. ZÖLLNER, Die Ludowinger und die Takeda. Feudale Herrschaft in Thüringen und Kai no kuni. Diss. phil. Kiel 1992.

8. Feste, Repräsentation, Verhaltensweisen

173. Essen und Trinken in Mittelalter und Neuzeit, hrsg. von I. BITSCH u. a., Sigmaringen ²1990.
174. Feste und Feiern im Mittelalter, hrsg. von D. ALTENBURG u. a., Sigmaringen 1991.
175. G. FOUQUET, Das Festmahl in den oberdeutschen Städten des Spätmittelalters, in AKG 74 (1992) 83–123.
176. H.-W. GOETZ, der ‚rechte' Sitz, in: Fschr. H. Kühnel, Graz 1992, 11–47.
177. B. HAUPT, Das Fest in der Dichtung. Düsseldorf 1989.
178. Höfische Repräsentation. Das Zeremoniell und die Zeichen, hrsg. v. H. RAGOTZKY /H. WENZEL. Tübingen 1990.
178a. F. MACHILEK, Frömmigkeitsformen des spätmittelalterlichen Adels am Beispiel Frankens, in: Laienfrömmigkeit im späten Mittelalter, hrsg. v. K. SCHREINER, München 1992, 157–189.
179. J.-D. MÜLLER, Die *hovezucht* und ihr Preis, in: Jb. der Oswald-von-Wolkenstein-Ges. 3 (1984/85) 281–311.
180. Ritterliches Tugendsystem, hrsg. v. G. EIFLER. Darmstadt 1970.
181. M. J. SCHUBERT, Zur Theorie des Gebarens im Mittelalter. Köln/Wien 1991.
182. R. SUCKALE, Die Hofkunst Kaiser Ludwigs des Bayern (1314–1347) München 1993.
183. H. WENZEL, Höfische Repräsentation. Zu den Anfängen der Höflichkeit im Mittelalter, in: Soziale Welt, Sonderbd. 6, Göttingen 1988, 105–119.
184. Zeremoniell als höfische Ästhetik im Europa des 15. bis 18. Jahrhunderts, hrsg. v. J. H. BERNS (im Druck).

9. Statussymbole

185. Adelige Sachkultur des Spätmittelalters. Hrg. v. H. KÜHNEL. Wien 1982.
186. U. ALBRECHT, Der Adelssitz im Mittelalter. München 1994.

187. TH. BILLER, Die Adelsburg in Deutschland. München 1993.
188. Burgen im deutschen Sprachraum, hrsg. v. H. PATZE. 2 Bde., Sigmaringen 1976.
189. Deutsche Königspfalzen. Repertorium der Pfalzen, Königshöfe und übrigen Aufenthaltsorte der Könige im deutschen Reich des Mittelalters. Göttingen 1983 ff.
190. H. W. ECKARDT, Herrschaftliche Jagd, bäuerliche Not und bürgerliche Kritik. Göttingen 1976.
191. D. EVANS, The Nobility of Knight and Falcon, in: The Ideals and Practice of Medieval Knighthood, Bd. 3. Woodbridge 1990, 79–99.
192. W. GOEZ, Über Fürstenzweikämpfe im Spätmittelalter, in: AKG 49 (1967) 135–163.
193. F. GUTTANDIN, Das paradoxe Schicksal der Ehre. Berlin 1993.
194. R. KAHSNITZ, Die Gründer von Laach und Sayn. Fürstenbildnisse des 13. Jahrhunderts. Nürnberg 1992.
195. H. KÜHNEL, Kleidung und Gesellschaft im Mittelalter, in: Bildwörterbuch der Kleidung und Rüstung, hrsg. v. H. KÜHNEL, Stuttgart 1992, XXVI–LXIX.
196. J.-M. MOEGLIN, L'honneur des princes du Saint-Empire (XIVe–XVe siècles), in: JS 1992, 317–344.
197. G. PIETZSCH, Fürsten und fürstliche Musiker im mittelalterlichen Köln. Köln 1966.
197a. F. SCHMIDT, Textil- und Kleidungsverbrauch am Hof des Basler Bischofs Johanns VI. von Venningen (1458–1478), in 263a: Die Kraichgauer Ritterschaft, 123–172.
198. W. STÖRMER, Über die Rolle der höfischen Tugendbegriffe *fröude, milte,* êre im politischen Spannungsfeld zwischen dem Hochstift Würzburg und dem Erzstift Mainz, in: Würzburger Diözesan-Geschichtsblätter 42 (1980) 1–10.
199. S. ZAK, Musik als „Ehr und Zier" im mittelalterlichen Reich. Neuss 1979.
199a. Zwischen Sein und Schein. Kleidung und Identität in der ständischen Gesellschaft, hrsg. von N. BULST/R. JÜTTE = Saeculum 44 (1993) H. 1.

10. Krieg und Turnier

200. J. W. BALDWIN, Jean Renart et le Tournoi de Saint-Trond, in: Annales E.S.C. 45 (1990) 565–588.
201. R. BARBER/J. BARKER, Tournaments. Woodbridge 1989.

202. Chivalrous tournaments in Central Europe in the Middle Ages, hrsg. v. A. NADOLSKI (im Druck).
203. La civiltà del torneo (secc. XII–XVII). Narni 1990.
204. PH. CONTAMINE, La guerre au moyen âge. Paris ³1992.
205. R. H. C. DAVIS, The medieval Warhorse. New York 1989.
206. Eisenkleider. Plattnerarbeiten aus drei Jahrhunderten aus der Sammlung des Deutschen Historischen Museums [Katalog], hrsg. v. G. QUAAS. Berlin 1992.
207. F. ERNST, Eberhard im Bart. Stuttgart 1933.
208. K. FOWLER, Medieval Mercenaries. The History of the Great Companies. Oxford (im Druck).
209. L. KURRAS, Ritter und Turnier. Ein höfisches Fest in Buchillustrationen. Stuttgart/Zürich 1992.
210. J. MORSEL, Le tournoi, mode d'éducation politique en Allemagne à la fin du moyen âge, in: Éducation, apprentissages, initiation au moyen âge. Actes de premier colloque international de Montpellier 1991 (Les Cahiers du C.R.I.S.I.M.A. 1), Montpellier 1993, Bd. 2, 309–331.
211. E. Oakeshott, Records of the medieval sword. Woodbridge 1991.
212. H. H. PÖSCHKO, Turniere in Mittel- und Süddeutschland von 1400–1550. Katalog der Kampfspiele und der Teilnehmer. Diss. phil. (Mikrofiche) Stuttgart 1987.
213. Riddarlek och Tornerspel. Tournaments and the Dream of Chivalry. Sverige – Europa. Stockholm 1992.
214. Das ritterliche Turnier im Mittelalter, hrsg. v. J. FLECKENSTEIN. Göttingen 1985.
215. K. H. SCHÄFER, Deutsche Ritter und Edelknechte in Italien während des 14. Jahrhunderts 4 Bde., Paderborn 1911–1940.
216. V. SCHMIDTCHEN, Kriegswesen im späten Mittelalter. Weinheim 1990.
217. M. G. A. VALE, New Techniques and Old Ideals. The Impact of Artillery on War and Chivalry at the End of the Hundred Years War, in: War, Literature, and Politics in the Late Middle Ages, hrsg. v. C. T. ALLMAND, Liverpool 1976, 57–72.
218. M. G. A. VALE, Le tournoi dans la France du Nord, l'Angleterre et les Pays-Bas (1280–1400), in: Actes du 115ᵉ Congrès national des Sociétés savantes (Avignon 1990), Section d'histoire médiévale et de philologie, Paris 1991, 263–271.
219. H. WATANABE-O'KELLY, *Triumphall Shews*. Tournaments at

German-speaking Courts in their European Context 1560–1730. München 1992.
220. H. WOZEL, Turniere. Exponate aus dem Historischen Museum zu Dresden. Berlin 1979.

11. Höfisches Personal: Herolde, Fahrende, Narren, ‚Helden'

221. P. ADAM-EVEN, Les fonctions militaires des hérauts d'armes, in: Schweizer Archiv für Heraldik 71 (1957) 2–33.
222. CL. AMELUNXEN, Zur Rechtsgeschichte der Hofnarren. Berlin 1991, 36 S.
223. W. VAN ANROOIJ, Spiegel van ridderschap. Heraut Gelre en zijn ereredes. Amsterdam 1990, ²1992.
224. K. ARNOLD, Reichsherold und Reichsreform. Georg Rixner und die sog. „Reformatio Friedrichs III.", in: BerHVBamberg 120 (1984) 91–109.
225. E. V. BERCHEM/D. L. GALBREATH/O. HUPP, Beiträge zur Geschichte der Heraldik. Berlin 1939.
226. CL. BRINKER, *Van manigen helden gute tat.* Geschichte als Exempel bei Peter Suchenwirt. Frankfurt a. M./Bern 1987.
227. M. DOBOZY, Beschenkungspolitik und die Erschaffung von Ruhm am Beispiel der fahrenden Sänger, in: Frühmittelalterliche Studien 26 (1992) 353–367.
228. P.-J. HEINIG, Die Türhüter und Herolde Friedrichs III., in: Kaiser Friedrich III., hrsg. v. P.-J. HEINIG, Köln/Weimar/Wien 1993, 355–375.
229. J. HEINZLE, Die Triaden auf Runkelstein und die mittelhochdeutsche Heldendichtung, in: W. Haug u. a. (Hrsg.), Runkelstein, Wiesbaden 1982, 63–93.
230. E. HENNING/G. JOCHUMS, Bibliographie zur [deutschen] Heraldik [bis 1980]. Köln/Wien 1984.
231. P. JOHANEK, König Arthur und die Plantagenets, in: Frühmittelalterliche Studien 21 (1987) 346–389.
242. L. KURRAS, Georg Rixner, der Reichsherold „Jerusalem", in: MVGNürnb 69 (1982) 341–344.
243. G. A. LESTER, The literary activity of the medieval English heralds, in: English Studies 71 (1990) 222–229.
244. M. LEVER, Zepter und Schellenkappe. Zur Geschichte des Hofnarren. Stuttgart 1992 (frz. 1983).
245. G. MELVILLE, Hérauts et héros, in: European Monarchy, hrsg. v. H. DUCHHARDT u. a., Stuttgart 1992, 81–97.

246. W. Mezger, Hofnarren im Mittelalter. Konstanz 1981.
247. W. Mezger, Narrenidee und Fastnachtsbrauch. Konstanz 1991.
248. Th. Nolte, Lauda post mortem. Die deutschen und niederländischen Ehrenreden des Mittelalters. Frankfurt a. M. 1983.
249. M. Pastoureau, Traité d'Héraldique. Paris ²1992.
250. U. Peters, Herolde und Sprecher in mittelalterlichen Rechnungsbüchern, in: ZdtA 105 (1976) 233–50.
251. L. Roemheld, Die diplomatischen Funktionen der Herolde im späten Mittelalter. Diss. phil. (Ms.) Heidelberg 1964.
252. H. Schröder, Der Topos der Nine Worthies in der Literatur und bildenden Kunst. Göttingen 1971. – Supplement, in: Arch. für das Studium der neueren Sprachen und Literaturen 218 (1981) 330–340.
253. E. Schubert, Das Fahrende Volk (im Druck).
254. G. A. Seyler, Geschichte der Heraldik. Nürnberg 1890.
255. W. Störmer, König Artus als aristokratisches Leitbild während des späteren Mittelalters, in: ZBLG 35 (1972) 946–971.
256. A. R. Wagner, Heralds and Heraldry in the Middle Ages. London ²1956.
257. Wappen in Bayern. (Katalog der] Ausstellung München 1974.

12. Renaissancen, Spätzeit, Ende

258. Adel im Wandel. Politik, Kultur, Konfession 1500–1700 (Katalog]. Wien 1990.
259. Chivalry in the Renaissance, hrsg. v. S. Anglo. Woodbridge 1990.
260. Hispania – Austria. Die Katholischen Könige – Maximilian I. und die Anfänge der Casa de Austria in Spanien [Katalog]. Innsbruck Schloß Ambras 1992.
261. Höfischer Humanismus, hrsg. v. A. Buck. Weinheim 1989.
262. W. H. Jackson, The Tournament and Chivalry in German Tournament Books of the Sixteenth Century and in the Literary Works of Emperor Maximilian I., in: The Ideals and Practice of Chivalry, Bd. 1, Woodbridge 1986, S. 58–68.
263. H. Koller, Die Schlacht bei Sempach im Bewußtsein Österreichs, in: Jb. der Histor. Gesellschaft Luzern 4 (1986) 48–60.
263a. Die Kraichgauer Ritterschaft in der frühen Neuzeit, hrsg. von St. Rhein. Sigmaringen 1993.
264. Maximilian I. [Katalog]. Innsbruck 1969.

265. Mittelalter-Rezeption, hrsg. v. P. WAPNEWSKI, Stuttgart 1986.
266. J.-M. MOEGLIN, Dynastisches Bewußtsein und Geschichtsschreibung. Zum Selbstverständnis der Wittelsbacher, Habsburger und Hohenzollern im Spätmittelalter, in: HZ 256 (1993) 593–635.
267. J.-D. MÜLLER, Gedechtnus. Literatur und Hofgesellschaft um Maximilian I. München 1982.
268. J.-D. MÜLLER, ‚Alt‘ und ‚neu‘ in der Epochenerfahrung um 1500, in: Fortuna Vitrea 5, Tübingen 1991, 121–144.
269. V. PRESS, Kaiser Karl V., König Ferdinand und die Entstehung der Reichsritterschaft. Wiesbaden ²1980.
270. C. RISCHER, Literarische Rezeption und kulturelles Selbstverständnis in der deutschen Literatur der „Ritterrenaissance" des 15. Jahrhunderts. Stuttgart 1973.
271. Die Ritterepik in der Renaissance, hrsg. v. K. W. HEMPFER. Stuttgart 1989.
272. Ritterrenaissancen, hrsg. v. W. HAUBRICHS. Göttingen 1988.
273. R. SCHNELL, Zum Verhältnis von hoch- und spätmittelalterlicher Literatur. Berlin 1978.
274. Der Triumphzug Kaiser Maximilians I. 1516–1518, hrsg. v. H. APPUHN. Dortmund 1979.
275. Ulrich von Hutten [Katalog]. Schlüchtern 1988.
276. Vom Leben im späten Mittelalter, Der Hausbuchmeister oder Meister des Amsterdamer Kabinetts [Katalog]. Amsterdam/Frankfurt a. M. 1985.
277. A. WANG, Der Miles Christianus im 16. und 17. Jahrhundert und seine mittelalterliche Tradition. Bern 1975.
278. H. WENZEL, Höfische Geschichte. Bern 1980.
279. H. WIESFLECKER, Kaiser Maximilian I. 5 Bde, Wien/München 1971–1986.
280. U. ZAHND, Einige Bemerkungen zu spätmittelalterlichen Familienbüchern aus Nürnberg und Bern, in: Nürnberg und Bern, Erlangen 1990, 7–37.

C. Nachtrag 2011

1. Quellen

1.1 Akten, Urkunden, Briefe, Rechnungen, Hofordnungen

281. Vgl. Fürstliche Frauentexte in Mittelalter und früher Neuzeit, hrsg. v. W. HAUBRICHS/P. OSTER. Stuttgart 2010.
282. Das Haushaltsbuch des Basler Bischofs Johannes von Venningen 1458-1478, hrsg. v. V. HIRSCH/G. FOUQUET. Basel 2008. Vgl. [332].
283. Hof-, Regiments- und Ämterordnungen von Jülich-Kleve-Berg, hrsg. v. B. KASTEN/ M. BRUCKHAUS. Ostfildern 2012 (im Druck). – Die klevischen Hofordnungen, hrsg. v. K. FLINK/B. THISSEN. Köln 1997.
284. Die Lebenszeugnisse Oswalds von Wolkenstein. Edition und Kommentar, hrsg. v. A. und U.M. SCHWOB. Wien. Bd. 1: 1382-1419 (1999); Bd. 2: 1420-1428 (2001); Bd. 3: 1428-1437 (2004); Bd. 4: 1438-1442 (2011). – Die Wolkensteiner. Facetten des Tiroler Adels in Spätmittelalter und Neuzeit, hrsg. v. G. PFEIFER/K. ANDERMANN. Innsbruck 2009.
285. M. MERSIOWSKY, Die Anfänge territorialer Rechnungslegung im deutschen Nordwesten: spätmittelalterliche Rechnungen, Verwaltungspraxis, Hof und Territorium. Stuttgart 2000.

1.2 Literatur und Dichtung

286. Handbuch Minnereden. Repertorium, hrsg. v. J. KLINGNER/L. LIEB. Berlin 2012 (im Druck). – Regesten deutscher Minnesänger des 12. und 13. Jahrhunderts, hrsg v. U. MEVES u.M.v. C. MYER/J. DROSTEL. Berlin 2005.
287. Mauritius von Craûn, hrsg. v. H. REINITZER. Tübingen 2000. – H. REINITZER, Mauritius von Craûn, Kommentar. Stuttgart 1999. – H. FISCHER, Ritter, Schiff und Dame. Mauritius von Craûn: Text und Kontext. Berlin 2006.
288. Thüring von Ringoltingen, Melusine (1456). Nach dem Erstdruck Basel: Richel um 1473/74, hrsg. v. A. SCHNYDER i.V.m. U. RAUTENBERG. 2 Bde. Wiesbaden 2006. – 550 Jahre deutsche Melusine – Coudrette und Thüring von Ringoltingen, hrsg. v. A. SCHNYDER. Bern 2008.
289. Ulrich von Hutten. Eines deutschen Ritters Dialog über den Hof, hrsg. v. R.A. MÜLLER (†)/K. SCHREINER, übersetzt von E. Wenzel. Kiel 2008. Eine Neuausgabe, zusammen mit dem "Elend der Hofleute" des Enea Silvio Piccolomini, ist bei Brill in Leiden im Druck.

290. Ulrich von Liechtenstein, Frauendienst, hrsg. v. F. V. SPECHTLER. Göppingen ²2003. – Ulrich von Liechtenstein. Leben – Zeit – Werk – Forschung, hrsg. v. S. LINDEN/CH. YOUNG. Berlin 2010.
291. Zwischen Deutschland und Frankreich. Elisabeth von Lothringen, Gräfin von Nassau-Saarbrücken, hrsg. v. W. HAUBRICHS/H.-W. HERRMANN. St. Ingbert 2002.

1.3 Autobiographien, Familienbücher, Reisebeschreibungen

292. [Ehenheim] S. RABELER, Das Familienbuch Michels von Ehenheim (um 1462/63 – 1518). Ein niederadliges Selbstzeugnis des späten Mittelalters. Edition, Kommentar, Untersuchung. Frankfurt a.M. 2007. – J. SCHNEIDER, Dynastische Historiographie und Totenmemoria beim Niederadel in sozialgeschichtlicher Sicht: Der Fall Ehenheim, in: Fschr. R. Sprandel. Stuttgart 2006, 306-334.
293. Europäische Reiseberichte des späten Mittelalters. Eine analytische Bibliographie. Teil 1: Deutsche Reiseberichte, bearb. von Chr. Halm, 2., durchges. und um e. Nachtr. erg. Aufl., Frankfurt a.M. 2001. – http://www.digiberichte.de: Digitized travel accounts of late medieval and early modern Europe, von J. WETTLAUFER für die Residenzen-Kommission der Akademie der Wissenschaften zu Göttingen.
294. Eyb, Ludwig von, der Ältere (1417-1502), Schriften, hrsg. v. M. THUMSER. Neustadt a.d. Aisch 2002.
295. [Harff, Arnold von] Rom, Jerusalem, Santiago. Das Pilgertagebuch des Ritters Arnold von Harff (1496-1498). Nach dem Text d. Ausgabe v. E. von Groote übers., komm. und eingel. v. H. BRALL-TUCHEL/F. REICHERT. Köln 2007, ³2009. – G. ROTH, Zur Reisebeschreibung des Arnold von Harff und ihrer westfälischen Überlieferung, in: Niederdeutsches Wort, 47-48 (2007/2008) 233-275.
296. Bürger Macht und Bücher Pracht. Augsburger Ehren- und Familienbücher der Renaissance. Ausstellungskat. Augsburg 2011 (www.buecherpracht.de). – Haus- und Familienbücher in der städtischen Gesellschaft des Spätmittelalters und der Frühen Neuzeit, hrsg. v. B. STUDT. Köln 2007. – A. RANFT, Adlige Wappen-, Turnier-, Haus- und Familienbücher. Zur Notationspraxis von Wappen und Namenslisten, in: 338: 115-139.
297. Quellen zur Geschichte des Reisens im Spätmittelalter, hrsg. von F. REICHERT u. M. STOLBERG-VOWINCKEL. Darmstadt 2009. Vgl. u. 408.
298. Die Reise eines niederadligen Anonymus ins Heilige Land im Jahre 1494, hrsg. v. G. FOUQUET. Frankfurt a.M. 2007.

1.4 Turnierbücher, Kriegslehren

299. Ars belli. Deutsche taktische und kriegstechnische Bilderhandschriften und Traktate im 15. und 16. Jahrhundert, hrsg. v. R. LENG. 2 Bde. Wiesbaden 2002.
300. H. KRIEG, Ritterliche Vergangenheitskonstruktion. Zu den Turnierbüchern des Spätmittelalterlichen Adels, in: Geschichtsbilder und Gründungsmythen, hrsg. v. H.-J. GEHRKE. Würzburg 2001, 89-118.
301. [Talhoffer] Der Königsegger Codex. Die Fechthandschrift des Hans Talhoffer [von ca.1455] des Hauses Königsegg, hrsg. v. J. GRAF ZU KÖNIGSEGG-AULENDORF/A. SCHULZE. Faks. und Kommentar. Mainz/Darmstadt 2010. – A. SCHULZE, Mittelalterliche Kampfesweisen. Talhoffers Fechtbuch anno domini 1467. Mainz. Bd. 1: Das Lange Schwert. 2006; Bd. 2: Der Kriegshammer, Schild und Kolben. 2007; Bd. 3: Scheibendolch und Stechschild. 2007.

1.5 Wappenbücher

302. Links zu vielen hss. und gedruckten Wappenbüchern, zunächst aus der Bayer. StB, und vielen anderen: http://www.dr-bernhard-peter.de/Heraldik/seite53-wabu.htm
303. [Bellenville] L'armorial Bellenville [Paris, BNF, ms. fr. 5230], hrsg. v. M. PASTOUREAU/M. POPOFF i.Z.m. CHR. VELLET. 2 Bde. [Faks., Kommentar]. Lathuile 2004.
304. [Beyeren] Wapenboek Beyeren [= Gelre], in Privatbesitz, Reproduktion: http://www.kb.nl/galerie/wapenboek/index.html
305. [Gaignières] M. POPOFF, Un armorial allemand ayant appartenu à Roger de Gaignières (BnF ms. Fr. 24049 – fol. 47-65v), in: Archives héraldiques suisses 119 (2005) 2, 59-94; 120 (2006) 1, 109-133; 2, 163-188; 121 (2007) 1, 3-26.
306. [Grünenberg] Des Conrad Grünenberg Ritters und Bürgers zu Constenz Wappenbuch [1483, München, StB, cgm 145], hrsg. v. S. CLEMMENSEN, s. sclem@ofir.dk und www.armorial.dk. – Édition critique de l'armorial de Conrad Grünenberg (1483), hrsg. v. M. PASTOUREAU/M. POPOFF. Mailand 2011.
307. [Heessel] Antwerpen, Erfgoedbibliotheek Hendrik Conscience, Ms. B 89420 = Ms. Hendrik van Heessel, s. http://anet.ua.ac.be/desktop/sba/static/ebooks/EHC_B89420_kl.pdf. Vgl. W. VAN ANROOIJ, Hendrik van Heessel, Herald at the Imperial and Burgundian Court, in: 545: 709-726.

308. [Ingeram] L'armorial de Hans Ingeram, d'après le manuscrit de Vienne, Kunsthistorisches Museum, Waffensammlung, ms. A 2302, hrsg. v. E. DE BOOS. Paris 2006.
309. [Steiermark und Kärnten] M. POPOFF, Armorial de Styrie et de Carinthie (BnF ms Allemand 399), in: Archives héraldiques suisses 2007/II, 171-214; 2008/I-II, 35-70.

2. Literatur

2.1 Allgemeines

310. A Companion to Middle High German Literature to the 14th Century, hrsg. v. F.G. GENTRY. Leiden 2002. – H. WEDDIGE, Einführung in die germanistische Mediaevistik. München ^{8}2010.
311. Adel in Bayern. Ritter, Grafen, Industriebarone, [Ausstellungskat.] hrsg. v. W. JAHN u.a. Augsburg 2008. – Adel und Adelskultur in Bayern, hrsg. v. W. DEMEL/F. KRAMER. München 2008.
312. Adel in Hessen. Herrschaft, Selbstverständnis und Lebensführung vom 15. bis ins 20. Jahrhundert, hrsg. v. E. CONZE u.a.. Marburg 2010.
313. Adel und Königtum im mittelalterlichen Schwaben. Fschr. Th. Zotz zum 65. Geburtstag, hrsg. v. A. BIHRER u.a. Stuttgart 2009.
314. Adel in Sachsen-Anhalt. Höfische Kultur zwischen Repräsentation, Unternehmertum und Familie, hrsg. v. E. LABOUVIE. Köln 2007.
315. Adel verbindet – Adel verbindt. Elitenbildung und Standeskultur in Nordwestdeutschland und den Niederlanden vom 15. bis 20. Jahrhundert, hrsg. v. M. VAN DRIEL u.a. Paderborn 2010.
316. Adel und Zahl. Studien zum adligen Rechnen und Haushalten in Spätmittelalter und früher Neuzeit, hrsg. v. H. v. SEGGERN/G. FOUQUET. Ubstadt-Weiher 2000. – Am Institut für Österreichische Geschichtsforschung wird das Projekt "Adeliges Rechnen im Spätmittelalter" verfolgt, vgl. Das Rechnungsbuch Heinrichs von Rottenburg, hrsg. v. C. FELLER. Wien 2010.
317. Les 'autres' rois. Études sur la royauté comme notion hiérarchique dans la société au bas Moyen Âge et au début de l'époque moderne, hrsg. v. T. HILTMANN. München 2010.
318. E. BÜNZ, Adlige Unternehmer? Wirtschaftliche Aktivitäten von Grafen und Herren im späten Mittelalter, in: 320: 35-69.
319. 25 Jahre Residenzen-Kommission, 1985–2010, eine Bibliographie, zusammengest. v. J. HIRSCHBIEGEL. Kiel 2010.

320. Grafen und Herren in Südwestdeutschland vom 12. bis zum17. Jahrhundert, hrsg. v. K. ANDERMANN/C. JOOS. Epfendorf 2006.
321. W. HECHBERGER, Adel, Ministerialität und Rittertum im Mittelalter. München ²2010. [Hier u.a. das Kapitel II 13: Rittertum]. – W. HECHBERGER, Adel im fränkisch-deutschen Mittelalter. Zur Anatomie eines Forschungsproblems. Ostfildern 2005 [grundlegend für die gesamte Adelsdiskussion. Kap. 10 behandelt das Rittertum].
322. Hofwirtschaft. Ein ökonomischer Blick auf Hof und Residenz in Spätmittelalter und Früher Neuzeit, hrsg. v. G. FOUQUET u.a. Ostfildern 2008.
323. König, Fürsten und Reich im 15. Jahrhundert, hrsg. v. F. FUCHS. Köln 2009.
324. J.-M. MOEGLIN, Kaisertum und allerchristlicher König 1214 bis 1500. Darmstadt 2010.
325. Nobilitas. Funktion und Repräsentation des Adels in Alteuropa, hrsg. v. O.G. OEXLE/W. PARAVICINI. Göttingen 1997.
326. W. PARAVICINI, Edelleute und Kaufleute im Norden Europas [Gesammelte Aufsätze II], hrsg. v. J. HIRSCHBIEGEL u.a. Ostfildern 2007. – W. PARAVICINI, Noblesse. Studien zum adeligen Leben im spätmittelalterlichen Europa [Gesammelte Aufsätze III], hrsg. v. U. CHR. EWERT u.a. Ostfildern 2012 (in Vorber.).
327. A. RANFT, Einer von Adel. Zu adligem Selbstverständnis und Krisenbewußtsein im 15. Jahrhundert, in: HZ 263 (1996) 317-343.
328. Vorbild, Austausch, Konkurrenz. Höfe und Residenzen in der gegenseitigen Wahrnehmung, hrsg. v. W. PARAVICINI/J. WETTLAUFER. Ostfildern 2010. – Atelier, hrsg. v. A.P. ORLOWSKA u.a. Kiel 2009.

2.2 Fürsten, Adlige, Ritter, Bürger, Bauern

2.2.1 Fürsten

329. A. BIHRER, Der Konstanzer Bischofshof im 14. Jahrhundert. Herrschaftliche, soziale und kommunikative Aspekte. Ostfildern 2005.
330. B. HAMMES, Ritterlicher Fürst und Ritterschaft. Stuttgart 2011.
331. Fürsten an der Zeitenwende zwischen Gruppenbild und Individualität. Formen fürstlicher Selbstdarstellung und ihre Rezeption (1450–1550), hrsg. v. O. AUGE u.a. Ostfildern 2009. – J. PELTZER, Personae publicae. Zum Verhältnis von fürstlichem Rang, Amt und politischer Öffentlichkeit im Reich des 13. und 14. Jahrhunderts, in: Politische Öffentlichkeit im Spätmittelalter, hrsg. v. M. KINTZINGER/B. SCHNEIDMÜLLER. Ostfildern 2011, 147-182.

332. V. Hirsch, Der Hof des Basler Bischofs Johannes von Venningen (1458–1478). Verwaltung und Kommunikation, Wirtschaftsführung und Konsum. Ostfildern 2004. Vgl. [282].
333. Fürstenspiegel des frühen und hohen Mittelalters – Specula principum ineuntis et progredientis medii aevi, hrsg. v. H.H. Anton. Darmstadt 2006.
334. C. Nolte, Familie, Hof und Herrschaft. Das verwandtschaftliche Beziehungs- und Kommunikationsnetz der Reichsfürsten am Beispiel der Markgrafen von Brandenburg-Ansbach (1440–1530). Ostfildern 2005.
335. Principes. Dynastien und Höfe im späten Mittelalter, hrsg. v. C. Nolte u.a. Stuttgart 2002.
336. J. Rogge, Herrschaftsweitergabe, Konfliktregelung und Familienorganisation im fürstlichen Hochadel. Das Beispiel der Wettiner von der Mitte des 13. bis zum Beginn des 16. Jahrhunderts. Stuttgart 2002.
337. K.-H. Spiess, Fürsten und Höfe im Mittelalter. Darmstadt 2008.

2.2.2 Adel

338. Adlige Welt und familiäre Beziehungen. Aspekte der "privaten Welt" des Adels in böhmischen, polnischen und deutschen Beispielen vom 14. bis zum 16. Jahrhundert, hrsg. v. H.-D. Heimann. Potsdam 2000.
339. G. Fouquet, "Machtfragen". Königliche und hochadlige Herrschaft im Spätmittelalter oder der verweigerte Gruß des Hans von Zimmern gegenüber König Sigmund, in: Machtfragen. Zur kulturellen Repräsentation und Konstruktion von Macht in Antike, Mittelalter und Neuzeit, hrsg. v. A.H. Arweiler/B.M. Gauly. Stuttgart 2008, 247-262.
340. B. Fuhrmann, Adliges Wirtschaften im Spätmittelalter. Das Beispiel Konrad von Weinsberg, in: ZWLG 68 (2009) 73-101.
341. Gelungene Anpassung? Adelige Antworten auf gesellschaftliche Wandlungsvorgänge vom 14. bis zum 16. Jahrhundert, hrsg. v. H. Carl/S. Lorenz. Stuttgart 2005.
342. Grafen und Herrn in Südwestdeutschland vom 12. bis ins 17. Jahrhundert, hrsg. v. K. Andermann/C. Joos. Epfendorf 2006.
343. Hochadelige Herrschaft im mitteldeutschen Raum (1200 bis 1600). Formen – Legitimation – Repräsentation, hrsg. v. J. Rogge. Leipzig 2003.
344. J. Morsel, L'aristocratie médiévale. La domination sociale en Occident (V^e–XVe siècle). Paris 2004.

2.2.3 Ritterschaft, Rittertum

345. J. Ehlers, Die Ritter. Geschichte und Kultur. München 2006.
346. J. Fleckenstein, Vom Rittertum im Mittelalter. Perspektiven und Probleme. Goldbach 1997. – J. Fleckenstein, Rittertum und ritterliche Welt. Unter Mitwirkung v. Th. Zotz. Berlin 2002.
347. G. Fouquet, Pfälzer Niederadel am Königshof und an Fürstenhöfen im späten Mittelalter, in: Mitteilungen des Historischen Vereins der Pfalz 108 (2010) 399-413.
348. D. Lizius, Von der Schwertleite zum Ritterschlag – Ritterliche Initiationsrituale im Wandel. Vortrag auf dem 4. Mannheim-Heidelberger Nachwuchsgespräch „Neues aus dem Mittelalter", 11. Juni 2010 [Diss. phil. Münster i. Vorber.].
349. J. Morsel, L'invention de la noblesse en Haute-Allemagne à la fin du moyen âge. Contribution à l'étude de la sociogenèse de la noblesse médiévale, in: Fschr. Ph. Contamine. Paris 2000, 533-545.
350. J. Morsel, La noblesse contre le prince. L'espace social des Thüngen à la fin du moyen âge (Franconie, v. 1250–1525). Stuttgart 2000.
351. M. Murray, Miles – Ritter – Chevalier. Zum Verständnis und Selbstverständnis des Rittertums in Mittel- und Westeuropa um 1200. Berlin 2001.
352. S. Rabeler, Niederadlige Lebensformen im späten Mittelalter. Wilwolt von Schaumberg (um 1450–1510) und Ludwig von Eyb d.J. (1450–1521). Würzburg 2006.
353. J. Schneider, Spätmittelalterlicher deutscher Niederadel. Ein landschaftlicher Vergleich. Stuttgart 2003 [grundlegend, auch für das Turnierwesen, die Wappen- und Turnierbücher, die Reichsturniere 1479–1487].
354. R. Strohm, Reinhard, Hofkapellen. Die Institutionalisierung der Musikpflege im Zusammenwirken von Hof und Kirche, in: Institutionalisierung als Prozess – Organisationsformen musikalischer Eliten im Europa des 15. und 16. Jahrhunderts, hrsg. v. B. Lodes/L. Lütteken. Laaber 2009, 79-102.
355. W. Vahl, Fränkische Rittersiegel. Eine sphragistisch-prosopographische Studie über den fränkischen Niederadel zwischen Regnitz, Pegnitz und Obermain im 13. und 14. Jahrhundert. 2 Bde. Neustadt a.d.Aisch 1997. – W. Vahl, Fränkische Rittersiegel und Regensburger Bürgersiegel im 13. und 14. Jahrhundert – ein Vergleich, in: Archiv für Diplomatik 44 (1998) 377-443.

2.2.4 Bürger, Bauer, Edelmann

356. Alter Adel – neuer Adel? Zürcher Adel zwischen Spätmittelalter und Früher Neuzeit, hrsg. v. P. Niederhäuser. Zürich 2003.
357. S. Dünnebeil, Die Lübecker Zirkel-Gesellschaft. Formen der Selbstdarstellung einer städtischen Oberschicht. Lübeck 1996.
358. R. Endres, Turniere und Gesellenstechen in Nürnberg, in: Fschr. K. Czok. Leipzig 2001, 263-280.
359. Feste und Bräuche aus Mittelalter und Renaissance. Die Augsburger Monatsbilder. Gütersloh 2007.
360. G. Fouquet, Städtische Lebensformen im Spätmittelalter. Neue Perspektiven und neue Forschungen, in: JbRegG 22 (2003) 11-36.
361. B. Frenz, Gleichheitsdenken in deutschen Städten des 12. bis 15. Jahrhunderts. Geistesgeschichte, Quellensprache, Gesellschaftsfunktion. Köln 2000.
362. Geschlechtergesellschaften, Zunft-Trinkstuben und Bruderschaften in spätmittelalterlichen und frühneuzeitlichen Städten, hrsg. v. G. Fouquet. Ostfildern 2003.
363. M. Häberlein, Die Fugger. Geschichte einer Augsburger Familie (1367–1650). Stuttgart 2006. – Die Fugger im Bild. Selbstdarstellung einer Dynastie in der Renaissance [Begleitband zur Ausstellung in München]. Darmstadt 2010.
364. M. Hecht, Patriziatsbildung als kommunikativer Prozess. Die Salzstädte Lüneburg, Halle und Werl in Spätmittelalter und Früher Neuzeit. Köln 2010.
365. J. Hirschbiegel/G. Zeilinger, Urban Space Divided? The Encounter of Civic and Courtly Spheres in Late-Medieval Towns, in: Urban Space in the Middle Ages and the Early Modern Age, hrsg. v. A. Classen. Berlin 2009, 481-503.
366. S. Lehner, Das Patriziat im Wandel. Identitätsbildung, Abgrenzung und Netzwerke im frühen 14. Jh. am Beispiel der Regensburger Familien Auer und Gumprecht. Regensburg 2008.
367. P. Monnet, Les Rohrbach de Francfort. Pouvoirs, affaires et parenté à l'aube de la Renaissance allemande. Genf 1997. – P. Monnet, Villes d'Allemagne au moyen âge [Aufsatzsammlung]. Paris 2004.
368. Repräsentationen der mittelalterlichen Stadt, hrsg. v. J. Oberste. Regensburg 2008.
369. O. Richard, Mémoires bourgeoises. Memoria et identité urbaine à Ratisbonne. Rennes 2011.

370. St. SELZER, Artushöfe im Ostseeraum. Ritterlich-höfische Kultur in den Städten des Preußenlands im 14. und 15. Jahrhunderts. Frankfurt a.M. 1996.
371. Sozialer Aufstieg. Funktionseliten im Spätmittelalter und in der Frühen Neuzeit, hrsg. v. G. SCHULZ, München 2002.
372. Städtisches Bürgertum und Hofgesellschaft. Kulturen integrativer und konkurrierender Beziehungen in Residenz- und Hauptstädten vom 14. bis ins 19. Jahrhundert, hrsg. v. J. HIRSCHBIEGEL u.a. Ostfildern 2011.
373. Zwischen Nicht-Adel und Adel, hrsg. v. K. ANDERMANN/P. JOHANEK. Stuttgart 2001 [grundlegend].

2.3 Hof und Hofkritik

374. O. AUGE, Unfaßliche Erscheinung? Mittelalterliche und frühneuzeitliche Höfe als Forschungsthema, in: Hofkultur um 1600. Die Hofmusik Herzog Friedrichs I. von Württemberg und ihr kulturelles Umfeld, hrsg. v. J. KREMER u.a. Ostfildern 2010, 25-59.
375. I. BIERSACK, Die Hofhaltung der „reichen Herzöge" von Bayern-Landshut. Regensburg 2006.
376. A. BIHRER, *Curia non sufficit*. Vergangene, aktuelle und zukünftige Wege der Erforschung von Höfen im Mittelalter und in der Frühen Neuzeit, in: ZHF 35 (2008) 235-272.
377. Fürstenhof und Sakralkultur im Spätmittelalter, hrsg. v. W. RÖSENER/C. FEY. Göttingen 2008.
378. Fürstenhöfe und ihre Außenwelt. Aspekte gesellschaftlicher und kultureller Identität im deutschen Spätmittelalter, hrsg. v. TH. ZOTZ. Würzburg 2004.
379. Höfe und Hofordnungen 1200-1600, hrsg. v. H. KRUSE/W. PARAVICINI. Sigmaringen 1999.
380. Höfe und Residenzen geistlicher Fürsten. Strukturen, Regionen und Salzburgs Beispiel in Mittelalter und Neuzeit, hrsg. v. G. AMMERER u.a. Ostfildern 2010.
381. Höfe und Residenzen im spätmittelalterlichen Reich, hrsg. v. W. PARAVICINI, bearb. v. J. Hirschbiegel und J. Wettlaufer. Ostfildern. Teil I: Ein dynastisch-topographisches Handbuch, Bd. 1: Dynastien und Höfe; Bd. 2: Residenzen. 2003. – Teil II: Bilder und Begriffe; Bd. 1: Begriffe; Bd. 2: Bilder. 2005. – Teil III: Hof und Schrift. 2007. – Teil IV: Grafen und Herren. 2 Bde. 2011 (im Druck).
382. Deutscher Königshof. Hoftag und Reichstag im späteren Mittelalter, hrsg. v. P. MORAW. Stuttgart 2002. – B.U. HUCKER, *drier künege man*

– königliche Hofämter in Nibelungenlied, in: *Ze Lorse bi dem Münster*, hrsg. v. J. BREUER, München 2006, 103-122, und DERS., Philipps Freunde, Philipps Feinde – Der Thronstreit im Spiegel zeitgenössischer Literatur (1202-1208), in: Philipp von Schwaben, hrsg. v. R. SPREITZER/A. RZIHACEK. Wien 2010, 245-262.
383. Der Hof und die Stadt. Konfrontation, Koexistenz und Integration in Spätmittelalter und Früher Neuzeit, hrsg. v. W. PARAVICINI/J. WETTLAUFER. Ostfildern 2006.
384. Hof und Theorie. Annäherungen an ein historisches Phänomen. Dresdner Gespräche I zur Theorie des Hofes, hrsg. v. R. BUTZ u.a. Köln 2004. – Hof und Macht. Dresdner Gespräche II zur Theorie des Hofes, hrsg. v. R. BUTZ/J. HIRSCHBIEGEL. Münster 2007. – Informelle Strukturen bei Hofe. Dresdner Gespräche III zur Theorie des Hofes, hrsg. v. R. BUTZ/J. HIRSCHBIEGEL. Münster 2008.
385. Hofwirtschaft. Ein ökonomischer Blick auf Hof und Residenz in Spätmittelalter und Früher Neuzeit, hrsg. v. G. FOUQUET u.a. Ostfildern 2008. – Atelier, hrsg. v. J. HIRSCHBIEGEL/W. PARAVICINI. Kiel 2007.
386. Der Innsbrucker Hof. Residenz und höfische Gesellschaft in Tirol vom 15. bis 19. Jahrhundert, hrsg. v. H. NOFLATSCHER/J.P. NIEDERKORN. Wien 2004.
387. Luxus und Integration. Materielle Hofkultur in Westeuropa vom 12. bis zum 18. Jahrhundert, hrsg. v. W. PARAVICINI. München 2010.
388. Mittelalterliche Fürstenhöfe und ihre Erinnerungskulturen, hrsg. v. C. FEY u.a. Göttingen 2007.
389. Ordnungsformen des Hofes, hrsg. v. U. CHR. EWERT/ST. SELZER. Kiel 1997.
390. W. RÖSENER, Leben am Hof. Königs- und Fürstenhöfe im Mittelalter. Ostfildern 2008.
391. E. WIDDER, Der Amberger Hof 1474. Entstehung und Funktion der ältesten kurpfälzischen Hordordnung, in: Fschr. P. Johanek. Münster 2000, 271-305.
392. Der württembergische Hof im 15. Jahrhundert, hrsg. v. P. RÜCKERT. Stuttgart 2006.

2.4 Entstehung und Frühzeit

393. D. BARTHÉLEMY, La chevalerie. De la Germanie antique à la France du XIIe siècle. Paris 2007.
394. J. EHLERS, Heinrich der Löwe. Eine Biographie. München 2008.

395. J. FLORI, L'Idéologie du glaive : Préhistoire de la chevalerie. Genf ²2010.
396. Friedrich Barbarossa und sein Hof, hrsg. v. K.-H. RUESS. Göppingen 2009.
397. CHR. HILLEN, Curia Regis. Untersuchungen zur Hofstruktur Heinrichs (VII.), 1220–1235, nach den Zeugnissen seiner Urkunden. Frankfurt a.M. 1999. — CHR. HILLEN, "... iustum est, ut eum sequar, quocunque ierit". Der kölnische und der staufische Hof im 12. und 13. Jahrhundert, in: Geschichte in Köln 50 (2003) 37-54.
398. ST. JAEGER, Die Entstehung höfischer Kultur. Vom höfischen Bischof zum höfischen Ritter. Aus dem Amerikanischen [The Origins of Courtliness, 1985, ²1991] übers. v. S. Hellwig-Wagnitz. Berlin 2001.
399. ST. PÄTZOLD, Curiam celebrare. König Philipps Hoftag zu Magdeburg im Jahre 1199, in: ZfG 47 (1999) 1061-1075.
400. Rittertum und höfische Kultur der Stauferzeit, hrsg. v. J. LAUDAGE/Y. LEIVERKUS. Köln 2006.
401. S. SCHRÖDER, Höfisches Leben und Alltag am Landgrafenhof von Thüringen zur Zeit der heiligen Elisabeth, in: Zeitschrift des Vereins für Thüringische Geschichte 57 (2003) 9-42.

2.5 Von der Heidenfahrt zur Kavalierstour

402. Grand Tour. Adeliges Reisen und europäische Kultur vom 4. bis zum 18. Jahrhundert, hrsg. v. R. BABEL/W. PARAVICINI. Ostfildern 2004.
403. V. HONEMANN, Reiseberichte des späten Mittelalters und der frühen Neuzeit aus dem Südwesten des Deutschen Reiches, in: ZWLG 68 (2009) 63-72 [Repertorium].
404. P. KAUFMANN, Gesellschaft im Bad. Die Entwicklung der Badefahrten und der „Naturbäder" im Gebiet der Schweiz und im angrenzenden südwestdeutschen Raum (1300–1610). Zürich 2009.
405. D. KRAACK, Monumentale Zeugnisse der spätmittelalterlichen Adelsreise. Inschriften und Graffiti des 14.–16. Jahrhunderts. Göttingen 1997.
406. W. PARAVICINI, Schriftlichkeit der Adelsreise. Empfehlungsschreiben, Geleitbriefe, Zeugnisse im spätmittelalterlichen Europa (in Vorber.) [Dossiers von Reisedokumenten des 15. Jh.s: Mudarra, Scharnachtal, Ehingen, Rozmital, Soltan, Popplau, aus Ordenspreußen, zum Purgatorium des hl. Patrick].
407. A. RANFT, Spätmittelalterlicher Hof und adliges Reisen, in: „Das kommt mir spanisch vor", hrsg. v. K. HERBERS/N. JASPERS. Münster 2004, 291-311.

408. F. Reichert, Erfahrung der Welt. Reisen und Kulturbegegnung im späten Mittelalter. Stuttgart 2001. Vgl. o. 297.
409. R.C. Schwinges, Illustre Herren. Markgrafen von Baden auf Bildungsreise (1452–1456), in: 313: 393-405.
410. St. Selzer, Die Iberische Halbinsel und Italien als Ziel bewaffneter Mobilität deutschsprachiger Edelleute im 14. Jahrhundert. Eine Skizze, in: 407: 185-216. – R. Salicrú i Lluch, Caballeros cristianos en el Occidente europeo e islámico, in: 407: 217-289.
411. Von Dresden nach Jerusalem. Albrecht der Beherzte im Heiligen Land, in: Herzog Albrecht der Beherzte (1443–1500). Ein sächsischer Fürst im Reich und in Europa, hrsg. v. A. Thieme. Köln 2002. 53-71.
412. H. Wolter, Kreuzfahrerburgen im westlichen Reichsgebiet, in: JbWLG 25 (1999) 109-139 [Monjoie/Monschau, Thurand, Monreal, Montabaur, Montfort/Starkenberg/Starkenburg].

2.6 Ritterorden, Adelsgesellschaften und Devisen

413. A.J. Boulton, The Knights of the Crown. The monarchical Orders of Knigthood in later medieval Europe 1325-1520. Woodbridge 1987, ³2006 [Mit umfangreichem, bes. das Reich betr. Nachtrag].
414. M. Frankl, Würzburger Vasallen und Diener im Hohenzollerischen Schwanenorden. Adel zwischen Hochstift Würzburg und Markgraftum Ansbach, in: Mainfränkisches Jahrbuch für Geschichte und Kunst 61 (2009) 94-127. – M. Frankl, Relikte des hohenzollerischen Schwanenordens in Franken [2010]. http://de.wikipedia.org/wiki/Benutzer:Marcus Cyron/FSEFrankl (23. Febr. 2011).
415. L. Hablot, La devise, mise en signe du prince, mise en scène du pouvoir. Les devises et l'emblématique des princes en France et en Europe à la fin du moyen âge, unveröff. Thèse de doctorat. 4 Bde. Poitiers 2001; Turnhout (im Druck). – St. Selzer, Devisen an reichsfürstlichen Höfen des Spätmittelalters. Umrisse eines Forschungsfeldes, in: Reiche Bilder. Aspekte zur Produktion und Funktion von Stickereien im Spätmittelalter, hrsg. v. U.-Chr. Bergemann/A. Stauffer. Regensburg 2010, 115-128.
416. B.U. Hucker, Die »Große Gesellschaft« Ottos IV., »Le Lui de Chevalerie« und der Gedanke der Tafelrunde des Königs Artus, in: Otto IV. Traum von welfischen Kaisertum [Ausstellungskat. Braunschweig] hrsg. v. B.U. Hucker u.a. Petersberg 2009. 219-226.
417. T. Storn-Jaschkowitz, Gesellschaftsverträge adliger Schwureinigungen im Spätmittelalter. Edition und Typologie. Berlin 2007.

2.7 Höfische Literatur, höfische Liebe, höfische Männer und Frauen

2.7.1 Höfische Literatur

418. G. Althoff, Spielen die Dichter mit den Spielregeln der Gesellschaft? [1999] in: G. Althoff, Inszenierte Herrschaft. Darmstadt 2003, 251-273.
419. The Arthur of the Germans. The Arthurian Legend in Medieval German and Dutch Literature, hrsg. v. W.H. Jackson und S.A. Ranawake. Cardiff 2000.
420. M. Backes, Fremde Historien. Untersuchungen zur Überlieferungs- und Rezeptionsgeschichte französischer Erzählstoffe im deutschen Mittelalter. Tübingen 2004.
421. B. Bastert, Helden als Heilige. Chanson de geste-Rezeption im deutschsprachigen Raum. Die französische Heldenepik in der deutschen Literatur des Mittelalters. Stuttgart 2010.
422. Schloß Runkelstein. Die Bilderburg [Ausstellungskat.], hrsg. v. A. Bechtold/H. Rizzolli. Bozen 2000.
423. A. Bihrer, Repräsentationen adelig-höfischen Wissens. Ein Tummelplatz für Aufsteiger, Außenseiter und Verlierer. Bemerkungen zum geringen gesellschaftlichen Stellenwert höfischer Literatur im späten Mittelalter [am Konstanzer Beispiel], in: Beiträge zur Kulturtopographie des deutschsprachigen Südwestens im späteren Mittelalter, hrsg. v. B. Fleith/R. Wetzel. Tübingen 2009. 215-228.
424. Germania litteraria mediaevalis Francigena. Handbuch der deutschen und niederländischen mittelalterlichen literarischen Sprache, Formen, Motive, Stoffe und Werke französischer Herkunft (1100–1300), hrsg. v. G.H.M. Claassens u.a., Bd. 5 [bislang einziger]: Höfischer Roman in Vers und Prosa, hrsg. v. R. Pérennec/E. Schmid. Berlin 2010.
425. B.D. Haage/W. Wegner, Deutsche Fachliteratur in Mittelalter und Früher Neuzeit. Berlin 2007.
426. D. Hess, Meister um das „mittelalterliche Hausbuch". Studien zur Hausbuchmeisterfrage. Mainz 1994. – D. Hess, Das Gothaer Liebespaar. Ein ungleiches Paar im Gewand höfischer Minne. Frankfurt a.M. 1996. – Jahreszeiten der Gefühle. Das Gothaer Liebespaar und die Minne im Spätmittelalter, hrsg. v. A. Schuttwolf [Ausstellungskat. Gotha]. Ostfildern 1998. – L. Lieb, Kann denn Schenken Sünde sein? Liebesgaben in Literatur und Kunst von Ovid bis zum Gothaer Liebespaar (um 1480), in: Geist und Geld, hrsg. v. A. Kehnel. Frankfurt a.M. 2009, 185–218.

427. Chr. Schneider, Hovezuht. Literarische Hofkultur und höfisches Lebensideal um Herzog Albrecht III. von Österreich und Erzbischof Pilgrim II. von Salzburg (1365–1396). Heidelberg 2008.
428. Die „Jenaer Liederhandschrift". Codex – Geschichte – Umfeld, hrsg. v. J. Haustein/F. Körndle. Berlin 2010.
429. G. Kornrumpf, Vom Codex Manesse zur Kolmarer Liederhandschrift. Aspekte der Überlieferung, Formtraditionen, Texte. Bd. 1: Untersuchungen. Tübingen 2008. – Der Codex Manesse und die Entdeckung der Liebe. [Ausstellungskat.], hrsg. v. M. Effinger u.a. Heidelberg 2010. – Codex Manesse. Die große Heidelberger Liederhandschrift, hrsg. v. Deutschen Historischen Museum und der Univ.-Bibl. Heidelberg, DVD-ROM, 2010 (die Hs. mit Register, Transkription u. Übers.).
430. H. Kugler, Romanisch-Germanischer Literaturtransfer, in: Hybride Kulturen im mittelalterliche Europa, hrsg. v. M. Borgolte/B. Schneidmüller. Berlin 2010, 195-214. – Literatur und Macht im mittelalterlichen Thüringen, hrsg. v. E. Hellgardt u.a. Köln 2002.
431. Literatur und Wandmalerei. Erscheinungsformen höfischer Kultur und ihre Träger im Mittelalter, hrsg. v. E.C. Lutz u.a. Bd. 1 [bislang einziger]. Freiburg i. Ü. 2002. – Paroles de murs. Peinture murale, Littérature et Histoire au Moyen Âge/Sprechende Wände. Wandmalerei, Literatur und Geschichte im Mittelalter, hrsg. v. E.C. Lutz/D. Rigaux. Grenoble 2007. – M. Curschmann, Vom Wandel im bildlichen Umgang mit literarischen Gegenständen. Rodenegg, Wildenstein und das Flaarsche Haus in Stein am Rhein. Freiburg i. Ü. 1997.
432. C. Meyer, Die deutsche Literatur im Umkreis König Heinrichs (VII.). Studien zur Lebenswelt spätstaufischer Dichter. Frankfurt a.M. 2007.
433. J.-D. Müller, Minnesang und Literaturtheorie [Aufsatzsammlung], hrsg. v. U. von Bloh/A. Schulz. Tübingen 2001. – Höfische Kompromisse. Acht Kapitel zur höfischen Epik um 1200. Tübingen 2007. – Mediävistische Kulturwissenschaft. Ausgewählte Studien. Berlin 2010.
434. U. Peters, Dynastengeschichte und Verwandtschaftsbilder. Die Adelsfamilie in der volkssprachigen Literatur des Mittelalters. Tübingen 1999.
435. R. Schnell, Die höfische Kultur des Mittelalters zwischen Ekel und Ästhetik, in: FMSt 39 (2005) 1-100.
436. Schnittpunkte. Deutsch-niederländische Literaturbeziehungen im späten Mittelalter, hrsg. v. A. Lehmann-Benz u.a. Münster i. Westf. 2003.
437. H. Tervooren, Van der Masen tot op den Rijn. Ein Handbuch zur Geschichte der volkssprachlichen mittelalterlichen Literatur im Raum von Rhein und Maas. Berlin 2005.

438. H. THOMAS, Wie teuer war Dichten im 14. Jahrhundert? in: Fschr. W. Hoffmann. Wien 1997, 375-391.
439. H. WENZEL, Höfische Repräsentation. Symbolische Kommunikation und Literatur im Mittelalter [Gesammelte Aufsätze, mit Auswahlbibliographie zum Gegenstand]. Darmstadt 2005.
440. Zivilisationsprozesse. Zu Erziehungsschriften in der Vormoderne, hrsg. v. R. SCHNELL. Köln 2004.

2.7.2 Höfische Liebe

441. J. EMING, Emotion und Expression. Untersuchungen zu deutschen und französischen Liebes- und Abenteuerromanen des 12. bis 16. Jahrhunderts. Berlin 2006.
442. W. HAUG, Die höfische Liebe im Horizont der erotischen Diskurse des Mittelalters und der frühen Neuzeit. Berlin ²2004.
443. J. JANOTA, Ich und sie, du und ich. Vom Minnelied zum Liebeslied. Berlin 2009.
444. A. KARNEIN, *Amor est passio*. Untersuchungen zum nicht-höfischen Liebesdiskurs des Mittelalters, hrsg. v. F. WOLFZETTEL. Triest 1997.
445. F.P. KNAPP, Die mittelalterliche Minnetheorie im Lichte der Religionssoziologie Max Webers, in: DVjs 83 (2009) 3, 361-374.
446. R. SCHNELL, Sexualität und Emotionalität in der vormodernen Ehe. Wien 2002.
447. Triviale Minne? Konventionalität und Trivialisierung in spätmittelalterlichen Minnereden, hrsg. v. L. LIEB/O. NEUDECK. Berlin 2006.

2.7.3 Höfische Männer, höfische Frauen

448. R. ALMOND, Daughters of Artemis. The Huntress in the Middle Ages and Renaissance. Woodbridge 2009. – K. FIETZE, Im Gefolge Dianas. Frau und höfische Jagd im Mittelalter (1200–1500). Köln 2004.
449. Aventiuren des Geschlechts. Modelle von Männlichkeit in der Literatur des 13. Jahrhunderts, hrsg. v. M. BAISCH u.a. Göttingen 2003.
450. J. DROSTEL, *des gerte diu edele herzoginne*. Möglichkeiten und Voraussetzungen weiblicher Teilhabe am mittelalterlichen Literaturbetrieb unter besonderer Berücksichtigung von Mäzenatentum. Frankfurt a.M. 2006.
451. A. FÖSSEL, Die Königin im mittelalterlichen Reich. Herrschaftsausübung, Herrschaftsrechte, Handlungsspielräume. Stuttgart 2000.
452. Frauen der Staufer, hrsg. v. K.-H. RUESS. Göppingen 2006.

453. Das Frauenzimmer. Die Frau bei Hofe in Spätmittelalter und Früher Neuzeit, hrsg. v. J. HIRSCHBIEGEL/W. PARAVICINI. Stuttgart 2000.
454. Fürstin und Fürst. Familienbeziehungen und Handlungsmöglichkeiten von hochadeligen Frauen im Mittelalter, hrsg. v. J. ROGGE. Stuttgart 2004.
455. E. MEUTHEN, Der Frauenanteil an der literarischen Produktion im deutschen 15. Jahrhundert und im italienischen Quattrocento. Ein Vergleich, in: Fschr. J. Petersohn. Stuttgart 2000, 312-334.
456. J. MORSEL, Personal naming and representation of feminine identity in Franconia in the Later Middle Ages, in: Personal Names Studies of Medieval Europe. Social Identity and Familial Structures, hrsg. v. G.T. BEECH u.a. Kalamazoo 2002, 157-180.
457. C. NOLTE, Frauen und Männer im Mittelalter. Eine Kultur- und Sozialgeschichte. Darmstadt 2011.
458. K.-H. SPIESS, Europa heiratet. Kommunikation und Kulturtransfer im Kontext europäischer Königsheiraten des Spätmittelalters, in: Europa im späten Mittelalter, hrsg. v. R.C. SCHWINGES. München 2006, 435-464.
459. R. WEICHSELBAUMER, Der konstruierte Mann. Repräsentation, Aktion und Disziplinierung in der didaktischen Literatur des Mittelalters. Münster 2003.
460. J. WETTLAUFER, Des Herrenrecht der ersten Nacht. Hochzeit, Herrschaft und Heiratszins im Mittelalter und in der frühen Neuzeit. Frankfurt a.M. 1999.
461. „... wir wollen der Liebe Raum geben". Konkubinate geistlicher und weltlicher Fürsten um 1500, hrsg. v. A. TACKE. Halle 2006.

2.8 Feste, Repräsentation, Alltag, Verhaltensweisen

462. Adelige und bürgerliche Erinnerungskulturen, hrsg. v. W. RÖSENER. Göttingen 2000.
463. Alltag auf Burgen im Mittelalter, hrsg. v. J. ZEUNE. Passau 2006.
464. Alltag bei Hofe, hrsg. v. W. PARAVICINI. Sigmaringen 1995.
465. Circa 1500. Leonardo [von Görz] und Paola [Gonzaga]. Ein ungleiches Paar. De ludo globi. Vom Spiel der Welt. An der Grenze des Reiches [Kat. der Landesausstellung Innsbruck/Brixen/Trient]. Genf/Mailand 2000. – CHR. ANTENHOFER, Briefe zwischen Süd und Nord. Die Hochzeit und Ehe von Paula de Gonzaga und Leonhard von Görz im Spiegel der fürstlichen Kommunikation (1473–1500). Innsbruck 2007. – Von Mantua nach Württemberg: Barbara Gonzaga und ihr

Hof. Ausstellungskat., bearb. v. P. Rückert, Stuttgart 2011 (Eine Edition der Briefe der Barbara Gonzaga, verh. Gräfin von Württemberg, ist in Vorber.). – Siehe auch C. FELLER, Briefe nach Manuta. Spätmittelalterliche Dokumente der Herzöge und Herzoginnen von Österreich aus dem Archivio Gonzaga, in: MIÖG 118 (2010) 377-394. – Vgl. Antonia Visconti (†1405). Ein Schatz im Hause Württemberg. Begleitbuch und Katalog zur Ausstellung, hrsg. v. P. RÜCKERT. Stuttgart 2005.

466. C. BABENDERERDE, Sterben, Tod, Begräbnis und liturgisches Gedächtnis bei weltlichen Reichsfürsten des Spätmittelalters. Ostfildern 2006.
467. H. CZERNY, Der Tod der bayerischen Herzöge im Spätmittelalter und in der frühen Neuzeit 1347–1579. Vorbereitung – Sterben – Trauerfeierlichkeiten – Grablegen – Memoria. München 2005.
468. G. DEUTSCHLÄNDER, Dienen lernen, um zu herrschen. Höfische Erziehung im ausgehenden Mittelalter (1450–1550). Berlin 2011.
469. Erziehung und Bildung bei Hofe, hrsg. v. W. PARAVICINI/J. WETTLAUFER. Sigmaringen 2002.
470. Der Fall des Günstlings. Hofparteien in Europa vom 13. bis zum 17. Jahrhundert, hrsg. v. J. HIRSCHBIEGEL/W. PARAVICINI. Stuttgart 2004.
471. Die Familie in der Gesellschaft des Mittelalters, hrsg. v. K.-H. SPIESS. Ostfildern 2009.
472. G. FOUQUET, *begehr nit doctor zu werden, und habs Gott seys gedanckht, nit im Sünn* – Bemerkungen zum Erziehungsprogramm ritterschaftlicher Adliger in Südwestdeutschland (14.–17. Jahrhundert), in: Fschr B. Kirchgässner. Ubstadt-Weiher 1998, 95-127.
473. K. GRAF, Retrospektive Tendenzen in der bildenden Kunst vom 14. bis zum 16. Jahrhundert. Kritische Überlegungen aus der Perspektive des Historikers, in: Fschr. K. Schreiner. München 1996, 389-420.
474. J. HIRSCHBIEGEL, Nahbeziehungen bei Hof – Manifestationen des Vertrauens? Karrieren in reichsfürstlichen Diensten am Ende des Mittelalters. Unveröff. Habilitationsschrift. Kiel 2011.
475. Höfische Feste im Spätmittelalter, hrsg. v. G. FOUQUET u.a. Kiel 2003.
476. Jagd und höfische Kultur im Mittelalter, hrsg. v. W. RÖSENER. Göttingen 1997.
477. Konversationskultur in der Vormoderne. Geschlechter im geselligen Gespräch, hrsg. v. R. SCHNELL. Köln 2008.
478. Die öffentliche Tafel. Tafelzeremoniell in Europa 1300-1900 [Ausstellungskat. Berlin], hrsg. v. H. OTTOMEYER/M. VÖLKEL. Wolfratshausen 2002.

479. A. RANFT, Feste des deutschen Adels am Ausgang des Mittelalters. Form und Funktion, in: Il tempo libero. Economia e società, hrsg. v. S. CAVACIOCCHI. Prato 1995, 245-256.
480. W. RÖSENER, Die Geschichte der Jagd. Kultur, Gesellschaft und Jagdwesen im Wandel der Zeit. Düsseldorf/Zürich 2004.
481. Sépulture, mort et représentaton du pouvoir au moyen âge. Tod, Grabmal und Herrschaftsrepräsentation im Mittelalter, hrsg. v. M. MARGUE. Luxemburg 2006.
482. Spektakel der Macht. Rituale im Alten Europa 800-1800, hrsg. v. B. STOLLBERG-RILINGER u.a. Darmstadt 2008.
483. K.-H. SPIESS, Höfische Feste im Europa des 15. Jahrhunderts, in: Das europäische Mittelalter im Spannungsbogen des Vergleichs, hrsg. v. M. BORGOLTE. Berlin 2001, 339-357.
484. K.-H. SPIESS, Kommunikationsformen im Hochadel und am Königshof im Spätmittelalter, in: Formen und Funktionen öffentlicher Kommunikation im Mittelalter, hrsg. v. G. ALTHOFF. Stuttgart 2001, 261-290.
485. B. STOLLBERG-RILINGER, Symbolische Kommunikation in der Vormoderne. Begriffe – Thesen – Forschungsperspektiven, in: ZHF 31 (2004) 489-527.
486. P. TÖBELMANN, Dienst und Ehre. Wenn der Herzog dem Kaiser den Braten schneidet, in: ZHF 37 (2010) 561-600.
487. Verletzte Ehre. Ehrkonflikte in Gesellschaften des Mittelalters und der frühen Neuzeit, hrsg. v. K. SCHREINER und G. SCHWERHOFF. Köln 1995.
488. E. WIDDER, Alltag und Fest am welfischen Fürstenhof im 15. und 16. Jahrhundert, in: Niedersächsisches Jahrbuch für Landesgeschichte 72 (2000) 11-43.
489. G. ZEILINGER, Die Uracher Hochzeit 1474. Form und Funktion eines höfischen Festes im 15. Jahrhundert. Frankfurt a.M. 2003.
490. Zeremoniell und Raum, hrsg. v. W. PARAVICINI. Sigmaringen 1997. – Zeichen und Raum. Ausstattung und höfisches Zeremoniell in den deutschen Schlössern der Frühen Neuzeit, hrsg. v. P.-M. HAHN/U. SCHÜTTE. München 2006.

2.9 Statussymbole

491. Apelles am Fürstenhof. Facetten der Hofkunst um 1500 im Alten Reich, hrsg. v. M. MÜLLER u.a. [Ausstellungskat. Coburg]. Berlin 2010.

492. TH. BILLER/G.U. GROSSMANN, Burg und Schloß. Der Adelssitz im deutschsprachigen Raum. Regensburg 2002.
493. Bischofsresidenz Burg Ziesar. Das Haus – Das Denkmal – Das Museum, hrsg. v. CL. BERGSTEDT u.a. Berlin 2005. – Die Bischofsresidenz Burg Ziesar und ihre Kapelle. Dokumentation der Wandmalereien im Kontext der spätmittelalterlichen Kunst- und Kulturgeschichte der Mark Brandenburg und angrenzender Regionen, hrsg. v. CL. BERGSTEDT u.a. Berlin 2009.
494. Die Burg. Internationales Symposion anlässlich der Ausstellungen „Burg und Herrschaft" und „Mythos Burg" im Jahr 2010; veranstaltet vom Germanischen Nationalmuseum Nürnberg, dem Deutschen Historischen Museum Berlin und der Wartburg-Gesellschaft Eisenach Eisenach, 19. März bis 22. März 2009. – Burg und Herrschaft. Eine Ausstellung des Deutschen Historischen Museums Berlin, 25. Juni bis 24. Oktober 2010 [Kat.], hrsg. v. R. ATZBACH u.a. Dresden 2010. – Mythos Burg. Eine Ausstellung des Germanischen Nationalmuseums Nürnberg, 8. Juli bis 7. November 2010 [Kat.], hrsg. v. G.U. GROSSMANN. Dresden 2010. – Die Burg. Wissenschaftlicher Begleitband zu den Ausstellungen „Burg und Herrschaft" und „Mythos Burg", hrsg. v. G.U. GROSSMANN/H. OTTOMEYER. Dresden 2010.
495. Burgen in Mitteleuropa. Ein Handbuch, hrsg. v. d. Deutschen Burgenvereinigung e.V. durch H.W. BÖHME u.a. 2 Bde. Stuttgart 1999.
496. PH. CONTAMINE, Le cheval "noble" du milieu du XIVe au début du XVIe siècle: une approche européenne, in: Relations, échanges, transferts dans l'Occident médiéval au cours des derniers siècles du Moyen âge, hrsg. v. B. GUENÉE/J.-M. MOEGLIN. Paris 2011, 311-342 (im Druck).
497. Drache, Greif und Liebesleut. Mainzer Bildteppiche aus spätgotischer Zeit, hrsg. v. H.-J. KOTZUR. Mainz 2000.
498. Fashion and Clothing in Late Medieval Europe. Mode und Kleidung im Europa des späten Mittelalters, hrsg. v. R.C. SCHWINGES/R. SCHORTA u.M.v. K. OSCHEMA. Basel 2010.
499. C. FEY, Die Begräbnisse der Grafen von Sponheim. Untersuchungen zur Sepulkralkultur des mittelrheinischen Adels. Mainz 2003.
500. H. FLACHENECKER, Automaten und lebende Bilder in der höfischen Kultur des Spätmittelalters, in: Automaten in Kunst und Literatur des Mittelalters und der Frühen Neuzeit, hrsg. v. KL. GRUBMÜLLER/M. STOCK. Wiesbaden 2003,173-195.
501. Das Gehäuse der Macht. Der Raum der Herrschaft im interkulturellen Vergleich. Antike, Mittelalter, Frühe Neuzeit, hrsg. v. W. PARAVICINI. Kiel 2005.

502. St. Hoppe, Die funktionale und räumliche Struktur des frühen Schloß-
 baus in Mitteldeutschland 1470-1570. Köln 1996.
503. J. Keupp, Die Wahl des Gewandes. Mode, Macht und Möglichkeits-
 sinn in Gesellschaft und Politik des Mittelalters. Ostfildern 2010.
504. M. Müller, Das Schloß als Bild des Fürsten. Göttingen 2004.
505. Orte der Herrschaft. Mittelalterliche Königspfalzen, hrsg. v. C. Ehlers. Göttingen 2002.
506. K. Oschema, Herrschaft mit dem Überfluß. Tisch- und Weinbrunnen
 als Medium der Herrschaftsrepräsentation im späten Mittelalter, in:
 ... zum allgemeinen statt nutzen. Brunnen in der europäischen Stadt-
 geschichte, hrsg. v. D. Rippmann u.a. Trier 2008, 171-192.
507. Rittersitze: Facetten adligen Lebens im Alten Reich, hrsg. v. K. Andermann. Tübingen 2002.
508. Schloßbau der Spätgotik in Mitteldeutschland, hrsg. v. Staatliche
 Schlösser, Burgen und Gärten Sachsen und Kuratorium Schloß Sach-
 senburg e.V. Dresden 2007.
509. Cl. Schopphoff, Der Gürtel. Funktion und Symbolik eines Kleidungs-
 stücks in Antike und Mittelalter. Köln 2008.
510. St. Selzer, Blau. Ökonomie einer Farbe im spätmittelalterlichen
 Reich. Stuttgart 2010 [wichtig für das Hofgewand].
511. Spätmittelalterliche Residenzbildung in geistlichen Territorien Mit-
 tel- und Nordostdeutschlands, hrsg. v. K. Neitmann/H.-D. Heimann.
 Berlin 2009.
512. Der Spieleteppich im Kontext profaner Wanddekoration um 1400.
 Beiträge des internationalen Symposions am 30. und 31. Oktober
 2008 im Germanischen Nationalmuseum, hrsg. v. J. Zander-Seidel.
 Nünrnberg 2010.
513. Tradition und Erinnerung, hrsg. v. W. Rösener. Göttingen 2003.
514. Vom Umgang mit Schätzen. Internationaler Kongress Krems an
 der Donau, 28. bis 30. Oktober 2004, hrsg. v. E. Vavra u.a. Wien
 2007.
515. A. Zajic, „Zu ewiger gedächtnis aufgericht". Grabdenkmäler als
 Quelle für Memoria und Repräsentation von Adel und Bürgertum im
 Spätmittelalter und in der Frühen Neuzeit. Das Beispiel Nieder-
 österreichs. Wien 2004.

2.10 Turnier, Zweikampf, Fehde, Krieg und Gewalt

516. O. Auge, „So solt er im namen gottes mit mir hinfahren, ich were
 doch verderbt zu einem kriegsmann" – Durch Kampf und Turnier

körperlich versehrte Adelige im Spannungsfeld von Ehrpostulat und eigener Leistungsfähigkeit, in: Medizin, Gesellschaft und Geschichte 28 (2009), 21-46.

517. R. BACH, *der ritterschaft in eren*. Das Bild des Krieges in den historiographischen Schriften niederadliger Autoren des 15. und frühen 16. Jahrhunderts. Wiesbaden 2002.

518. Bereit zum Konflikt. Strategien und Medien der Konflikterzeugung und Konfliktbewältigung im europäischen Mittelalter, hrsg. v. O. AUGE u.a. Ostfildern 2008.

519. D. CROUCH, Tournament. A Chivalric Way of Life. London 2005.

520. W. EHBRECHT, *Ruten, roven, dat en is gheyn schande, dat doynt de besten van dem lande*. Bemerkungen zu adligem Land- und Seeraub im spätmittelalterlichen Nordwesten, in: Störtebeker – 600 Jahre nach seinem Tod, hrsg. v. W. EHBRECHT, Trier 2005, 253-271.

521. A. JENDORFF/S. KRIEB, Adel im Konflikt. Beobachtungen zu den Austragungsformen der Fehde im Spätmittelalter, in: ZHF 30 (2003), 179-206.

522. J. KEUPP, Verschwendung – Luxus – Kapital. Das Turnier des Hochmittelalters als Beispiel adliger Ökonomie, in: Fschr. N. Bulst. Bielefeld 2008, 35-49.

523. H.-H. KORTÜM, Kriege und Krieger 500–1500. Stuttgart 2010. – Krieg im Mittelalter, hrsg. v. H.-H. KORTÜM. Berlin 2001.

524. Der Krieg im Mittelalter. Gründe, Begründungen, Bilder, Bräuche, Recht, hrsg. v. H. BRUNNER. Wiesbaden 1999. – Die Wahrnehmung und Darstellung von Kriegen im Mittelalter und in der Frühen Neuzeit, hrsg v. H. BRUNNER. Wiesbaden 2000.

525. Kriegs/Bilder in Mittelalter und Früher Neuzeit, hrsg. v. B. EMICH/G. SIGNORI. Berlin 2009.

526. TH. MENZEL, Der Fürst als Feldherr. Militärisches Handeln und Selbstdarstellung bei Reichsfürsten zwischen 1470 und 1550. Dargestellt an ausgewählten Beispielen. Berlin 2003. [Max. I., Karl V., Johann u. Joachim I. v. Brandenburg, Albrecht IV. und Wilhelm IV. v. Bayern.]

527. J. MORSEL, *Das sy sich mitt der besstenn gewarsamig schicken, das sy durch die widerwertigenn Franckenn nitt nidergeworffen werdenn*. Überlegungen zum sozialen Sinn der Fehdepraxis am Beispiel des spätmittelalterlichen Franken, in: Strukturen der Gesellschaft im Mittelalter. Interdisziplinäre Mediävistik in Würzburg, hrsg. v. D. RÖDEL/J. SCHNEIDER. Wiesbaden 1996, 140-167.

528. S. Neumann, Der gerichtliche Zweikampf: Gottesurteil – Wettstreit – Ehrensache. Ostfildern 2010. Vgl. o. 301. – Zwei Tagungen des Jahres 2012, veranstaltet v. U. Israel und Chr. Jaser (Dresden), werden das Thema erneuern: „Kampf um Reputation – Kämpen, Fechtmeister und Duellanten zwischen Mittelalter und Früher Neuzeit" und „Agon und Distinktion. Soziale Räume des Zweikampfs zwischen Mittelalter und Früher Neuzeit".
529. M. Prietzel, Krieg im Mittelalter. Darmstadt 2006. – M. Prietzel, Malte, Kriegführung im Mittelalter. Handlungen, Erinnerungen, Bedeutungen. Paderborn 2006.
530. A. Ranft, Die Turniere der Vier Lande: Genossenschaftlicher Hof und Selbstbehauptung des niederen Adels, in: Zeitschrift für die Geschichte des Oberrheins 142 (1994), 83-102.
531. „Raubritter" oder „Rechtschaffene vom Adel". Aspekte von Politik, Friede und Recht im späten Mittelalter, hrsg. v. K. Andermann. Sigmaringen 1997.
532. Chr. Reinle, Bauernfehden. Studien zur Fehdeführung Nichtadliger im spätmittelalterlichen römisch-deutschen Reich, besonders in den bayerischen Herzogtümern. Stuttgart 2003.
533. L.E. Scales, Germen militiae. War and German identity in the Later Middle Ages, in: Past and Present 180 (Aug. 2003) 41-82.
534. St. Selzer, Deutsche Söldner im Italien des Trecento. Tübingen 2001.
535. R. Sprandel, Das Raubrittertum und die Entstehung des öffentlichen Strafrechts, in: Saeculum 57 (2006) 61-76.
536. A. Thieme, Zum Fehdewesen in Mitteldeutschland. Grundlinien der Entwicklung im 15. und 16. Jahrhundert (mit Editionsanhang), in: Der Altenburger Prinzenraub. Strukturen und Mentalitäten eines spätmittelalterlichen Konflikts, hrsg. v. J. Emig. Beucha 2007, 47-82.
537. U. Tresp, Söldner aus Böhmen im Dienst deutscher Fürsten. Kriegsgeschäft und Heeresorganisation im 15. Jahrhundert. Paderborn 2004.
538. J. Wild, Der Fehdebrief. Zur Diplomatik des Fehdewesens im Herzogtum Bayern, in: Rechtssetzung und Rechtswirklichkeit in der bayerischen Geschichte, hrsg. v. H.-J. Hecker u.a. München 2006, 99-122.
539. G. Zeilinger, Lebensformen im Krieg. Eine Alltags- und Erfahrungsgeschichte des süddeutschen Städtekriegs 1449/50. Stuttgart 2007.
540. H. Zmora, State and nobility in early modern Germany. The knightly feud in Franconia 1440–1567. Cambridge 1998.

2.11 Höfisches Personal: Herolde und Heraldik, Musiker, Fahrende, Narren, ‚Helden'

2.11.1 Herolde und Heraldik

541. L. BIEWER, Bemerkungen zum Stand der Wappenkunde im deutschsprachigen Raum, in: Archiv f. Diplomatik 54 (2008), 285-308.
542. N. BOCK, Herolde im Reich des späten Mittelalters. Forschungsstand und Perspektiven, in: Francia 37 (2010) 259-282. – N. BOCK, Die Funktionen der Herolde in der spätmittelalterlichen 'Öffentlichkeit'. Eine vergleichende Studie zur höfischen Kommunikation in Deutschen Reich und Frankreich zwischen Spätmittelalter und Renaissance (ca. 1430–1520). Diss. phil. Univ. Münster (in Vorber.).
543. K. GRAF, Herold mit vielen Namen. Neues zu Georg Rüxner alias Rugen alias Jerusalem alias Brandenburg alias ..., in: 569:114-125.
544. The herald in late medieval and early modern Europe, hrsg. v. K. STEVENSON. Woodbridge 2009.
545. Le héraut d'armes, figure européenne (XIVe–XVIe siècle), hrsg. v. B. SCHNERB = Revue du Nord 86, n° 366-367 (2006).
546. T. HILTMANN, Spätmittelalterliche Heroldskompendien. Referenzen adeliger Wissenskultur in Zeiten gesellschaftlichen Wandels (Frankreich und Burgund, 15. Jahrhundert). München 2011.
547. G. MELVILLE, „Un bel office". Zum Heroldswesen in der spätmittelalterlichen Welt des Adels, der Höfe und der Fürsten, in: 382: 291-321.
548. M. POPOFF, Bibliographie héraldique internationale selective. Paris 2003. Online-Version auf dem Stand vom 24. Mai 2008: http://sfhs.free.fr/documents/biblio_internationale.pdf.
549. A. RABBOW, Kaiser Otto IV. und sein deutsch-englisches Wappen – Anspruch und Konflikt, in: Herold-Jahrbuch NF 14 (2009) 171-188.
550. G. SCHEIBELREITER, Heraldik. Wien 2006. – G. SCHEIBELREITER, Wappenbild und Verwandtschaftsgeflecht. Kultur- und mentalitätsgeschichtliche Forschungen zu Heraldik und Genealogie [Aufsatzsammlung]. München 2009.
551. B. STUDT, Register der Ehre. Formen heraldischer und zeremonialer Kommunikation im späteren Mittelalter, in: 313: 375-392.
552. R.-G. WERLICH, Altes Medium in neuer Zeit – Beobachtungen zum Formenwandel reichsfürstlicher Wappen an der Wende vom Mittelalter zur Frühen Neuzeit, in: 331: 145-206 und (Abb.) 466-495.

2.11.2 Narren, Musiker, Fahrende

553. H. BUSEMEYER, Das Königreich der Spielleute. Organisation und Lebenssituation elsässischer Spielleute zwischen Spätmittelalter und Französischer Revolution. Reichelsheim 2003.
554. B.U. HUCKER, Eulenspiegel in Braunschweig. Mit dem Faksimile des einzigen erhaltenen Lieddruckes ‚von Tilen Eulenspiegeln' von 1606. Braunschweig 2009. [Til Eulenspiegel = Tile von Kneitlingen, Hofnarr des Herzogs v. Sachsen-Lauenburg, †1351].
555. Der Narr in der deutschen Literatur im Mittelalter und in der Frühen Neuzeit, hrsg. v. J. SCHILLINGER. Bern 2009. – W. SALMEN, Der Tanzmeister. Hildesheim 1997; DERS., Tanz und Tanzen vom Mittelalter zur Renaissance, ibid. 1999; DERS. Spielfrauen im Mittelalter, ibid. 2000. – S. LEOPOLD, Der politische Ton. Musik in der öffentlichen Repräsentation, in: 448: 21-39.
556. E. SCHUBERT, Fahrendes Volk im Mittelalter. Bielefeld/Darmstadt 1995.
557. M. ZEUS, Von Narren und Fürsten am Exempel des Hofnarren Hans von Singen und der Markgrafen von Baden. Karlsruhe 2004.

2.11.3 ‚Helden'

558. W. VAN ANROOIJ, Helden van Weleer. De Negen Besten in de Nederlanden (1300–1700). Amsterdam 1997 [grundlegend].
559. G. SCHEIBELREITER, Höfisches Geschichtsverständnis. Neuf Preux und Neuf Preuses als Sinnbilder adeliger Weltsicht, in: MIÖG 114 (2006) 251-288 [ohne Kenntnis von van Anrooij].
560. I. SEDLACEK, Die Neuf Preuses. Heldinnen des Spätmittelalters. Marburg 1997.

2.12 Renaissancen, Spätzeit, Ende

561. Der Aufstieg eines Kaisers: Maximilian I. von seiner Geburt bis zur Alleinherrschaft, 1459–1493 [Ausstellungskat.]. Wiener Neustadt 2000.
562. S. [BAERISWYL-]ANDRESEN, Strategen am Hof. Gelehrte Räte im Einsatz für den Kurfürsten Albrecht von Brandenburg-Ansbach. Unveröff. Diss. phil. Bern 2009 (in Bearb. für den Druck).
563. M. GIESE, Über die Gamsjagd im 13. bis 18. Jahrhundert, insbesondere unter Kaiser Maximilian I., in: MIÖG 117 (2009) 51-73.

564. K. GRAF, Ritterromantik? Renaissance und Kontinuität des Rittertums im Spiegel des literarischen Lebens im 15. Jahrhundert, in: 291: 517-532.
565. Die heroische Monarchie. Königtum und ritterliches Erbe in der Frühen Neuzeit, Koll. Greifswald, 10.-12. März 2011, org. v. M. Wrede.
566. M. HOLLEGER, Maximilian I. (1459–1519). Herrscher und Mensch einer Zeitenwende. Stuttgart 2005.
567. Kaiser Maximilian I. (1459–1519) und die Hofkultur seiner Zeit, hrsg. v. S. HARTMANN/R. STEINKE. Wiesbaden 2009.
568. H. KRIEG, Kaiser Maximilian I. und das Rittertum, in: 331: 221-238.
569. Ritterwelten im Spätmittelalter. Höfisch-ritterliche Kultur der Reichen Herzöge von Bayern-Landshut [Ausstellungskat.]. Landshut 2009.
570. ST. SCHWEIZER, Der Großherzog im Historienbild. Die Vergegenwärtigung des Mittelalters auf der Wartburg als fürstliche Legitimationsstrategie, in: Bilder gedeuteter Geschichte, hrsg. v. O.G. OEXLE u.a. Bd. 2. Göttingen 2004, 383-446, 467. – B. WACHINGER, Der Sängerstreit auf der Wartburg. Von der Manessischen Handschrift bis zu Moritz von Schwindt. Freiburg i. Ü. 2004.
571. K.-H. SPIESS, Idealisiertes Rittertum: Karl der Kühne und Maximilian I. im Vergleich, in: 565.

Register

Acaedia 70
Adel 20, 22, 33
Adelsgesellschaften s. auch Gesellschaften 14, 37, 39, 42f., 81, 97, 105
Adelsnamen 20
Albrecht Achilles, Kf. von Brandenburg-Ansbach 97
Alexander der Gr. s. auch Helden, Neun 18, 104
Alltag 70
Ambraser Heldenbuch 110
Amt 3, 6
amour courtois 10f.
Antonio de Guevara 47
Aragon 86
Arbeit 8, 52
Artillerie 41, 44
Artus s. auch Helden, Neun 18, 111
Artusroman 102
aula 6

Badges 15
Barschel, Uwe 56
Bauer 21
Beizeichen 15
Belagerung 41
Bellifortis 107
Berlichingen, Götz von 53, 110
Bernhard von Clairvaux 5, 24
Bernhard von der Geist 46
Berthold von Freiburg 106
Berthold IV. Hz. von Zähringen 58
Bilddevise 41f.
Bildung 18, 106
Bligger von Steinach 32
Böhmen 30f.
Bonizo von Sutri 27
Brisur 15
Buch 71

Budapester Fragment 76
Bürgertum 33, 50–53
Bürgerturnier 70
Burgund, Hzz. s. Karl, Philipp
Buhurt 12
Burckhardt, Jacob 61
Burg 9
Burgkmaier, Hans 109

Caesar s. Helden, Neun 18
caritas 11, 24
Castiglione, Baldassare 47, 54
Catilina 103
Cervantes 18, 54
cingulum militiae s. Rittergürtel 9
civilitas 7
civilité 54
Condottieri 41
conversio 45
cortesia 54
cortezia 7
courtoisie 7, 54
curia s. auch Hof 6
curia ordinaria 67
curia plena 67
curialitas 7, 55
curtis 6

David, s. auch Helden, Neun 18
Devise 15
Dietrich von Bern 111
Dithmarschen 29
domesticitas 90
Duell 42

Eberhard, Herr von Runkelstein 88
Ehe 47f.
Ehebruch 11
Ehenheim, Michael von 95, 100, 107

Ehingen, Georg von 45, 107
Ehre 5f., 80, 85
Ehrengeschenke 90
Ehrentisch 80
Ehrenwort 6, 56
Eidgenossen 39
Eisfogel, Heinrich 83 s. auch Herold
Elisabeth von Thüringen 24
Emanzipation 25
Eptingen 81, 97
- Herren von 102–108
- Familienbuch 102–108
- Hans Bernhard von 102f., 105–107
- Hermann d. Ä. 104
- Ludwig von 95, 98f., 102–105, 107
- Rudolf von 102, 105
Erziehung 8, 92
Eyb, Ludwig von 95

Fahrendes Volk 68
Falke 9, 90
familiaritas 90
Fehdeverbot 42
Felonie 23
Fest 13, 94
Feuerwaffen 41
„Fortunatus"-Roman 54
Frau 24
Frauendienst 5
Frauenlob 5
Freigebigkeit 6
Frieden 26
Fürschriften 93
Fürstenhof s. Hof 6
Fürstenstand 22
Fuetrer, Ulrich 44

Gattenliebe 25
Gebsattel, Sigmund von 95, 99f.
Gegenreformation 53
Geistliche Fürsten 30
Gelehrsamkeit 18f.
Geographische Räume 28f.
Georgssegen 3
Gerhard, Gf. von Geldern 58
Gerichtsbarkeit 42
Gesellschaften und Orden 63, 91

- Antonius-Orden 91
- „Banda" 39, 92
- „Esel" 94
- „Fürspänger" 53, 94
- St. Georg 18, 39, 86, 88, 91, 110
- Goldenes Vlies 37, 55
- Heiliger Geist-Orden 91
- Hosenbandorden 55
- Löwen-Gesellschaft 14, 41
- Mäßigkeitsgesellschaft 43
- „Katze" 34
- Pelikan-Orden 39
- Pour le Mérite 55
- „Roter Ärmel" 39
- Schwertorden 105
- „Squama" 92
- SS-Collar 91
- Stola und Jarra 92
- Tempelaise-Gesellschaft 39
- Zirkelgesellschaft 34
Gesellschaft, bürgerliche 34
Gesellschaftszeichen 16
St. Giorgetto in Verona 37
Gleichberechtigung 25
Görz 30
Goethe 5
Gold 10
„Goldene Sporen" 10
Gottesfrieden 26, 42
Gottfried von Bouillon s. Helden, Neun 18
Gottfried von Straßburg 6
Graffiti 64
Grandson, Schlacht bei 104
Gregor VII. 27
Grün, Anastasius 108
Grünenberg, Konrad 16, 18, 44, 107 (Wappenbuch)
Gürtel 9
Guevara, Antonio de 47
Gustav III. Kg. von Schweden 101, 111
„Guter Gerhard" 21 s. Rudolf von Ems
Gyrus 12

Hadamar von Laber 19
Hadlaub, Johannes 74
Hallwil, Herren von 107
Handschriften 71

Hartlieb, Johannes 84
Hartmann von Aue 110
Hauptstadt 68
Hausbuch 107
Hausbuchmeister 107 f.
Haushalt (Hof) 67
Herberstein, Familie von 107
Hector s. Helden, Neun 18
Heerschild 23
Heerschildordnung 73
Heidelberger Liederhandschrift, kleine 76
– große s. Manesse-Codex
Heidenkampf 6
Heiliges Grab 17, 34, 105
Heinrich der Löwe 31, 58
Heinrich der Teichner 30, 52
Heinrich von Veldeke 59, 73
Heinrich von Wachtendonk 87
Helden, Neun 18, 28, 35, 110
Helm 98
Helmschau 98, 101
Helmzier 15, 36, 91, 103 f.
Heraldik s. Wappenwesen
Herold 6, 16, 40, 43, 77–85
– Aragon 87
– Jörg Brandenburg 85
– Hans Burggraf 84
– Ulrich Burggraf 85
– Eisvogel (Eisfogel) 82 f.
– Deutschland 82
– Fleckenstein 81
– Jean de Francolin (Ungarn) 84
– Garter 83
– Gelre 19, 78
– Germania 82
– Georgenburg 82
– Heinrich (Reichardt) von Heessel, Österreich 84
– Hirzelein 79
– Nikolaus Holland 84
– Hans Ingeram 84
– Jülich 81
– Keyser 81
– Kleve 91
– Königsberg 82
– Livland 82
– Lob den Frumen 82
– Hans Lutz 85
– Maienblüte 82
– Matthäus 88
– Monjoie 83
– Preußen 82
– Rex de Ruris (H. Heessel) 84
– Georg Rixner (Rüxner) 78
– Romreich 81 f., (Bernhard Sittich) 85
– Samaiten 82
– Bernhard Sittich s. Romreich
– Caspar Strengberger 85
– Caspar Sturm 78, 82, 85
– Suchenwirt 19, 78 f., 82
– Jean de Francolin, Ungarn 84
– „Verswig es nit" 82
– „Zyt vor zyt" 82
Heroldsliteratur 16
Heroldstab 83
Herrenspeise 89
Herrschertugenden 26
Höfische Liebe 25, 32
Höfling 6
höveschait 7, 36, 58
Hof 6, 65, 68
Hof der Fürstin 25
Hof, geistlich 36
Hofämter 67 f.
Hoffeste 69
Hofforschung
Hofkritik 46 f., 70
Hofkultur 66
Hofmodell 64
Hofnarr 6, 16 f., 40, 43
Hoforden 37 s. Gesellschaften
Hofordnungen 67
honor militaris 5
Hugo Gf. von Montfort 19
Hugo von Trimberg („Renner") 46
Huizinga, Johan 65
Humanismus 49
Hund 9

Ida von Boulogne 58
illiteratus 27
Imprese 15, 88, 91
Infanterie 44
Ingeram-Codex 95
Investiturstreit 27
Iwein-Zyklus 31

Jagd 9, 106, 109
Jakobus von Compostela 89
Jenaer Handschrift 76
Jerusalem 18
Johann, Infant von Aragon 86–88, 91
Johann, Kg. von Böhmen 13
Jolande von Vianden 24
Josua s. Helden, Neun 18
Juan de Merlo 90
Judas s. Helden, Neun 18

Kämmerer 6
Kaiserchronik 8, 36
Karl der Große s. Helden, Neun 18, 31
Karl IV. Ks. 17
Karl V. Kg. von Frkr. 49
Karl der Kühne Hz. von Burgund 58, 112
Kavalier 56
Kavalierstour 18, 45
Keller, Gottfried 71
Kirchenreform 27
Kleiderordnung 8, 99
Kleidung 12, 47
Klingenberg, Fam. 75
Königsberg, Dom zu 104
Königshof 32
Konrad von Megenberg 67
Kreuzzug 5
Kreuzzugsgedanke 27
Kulturgeschichte 65
Kudrun-Lied 118
Kyeser, Konrad, von Eichstätt 107

Landenberg, Fam. 75
Landfrieden 26
Landsknechte 44
Landschaden von Steinach 103
– Bligger 32
Landstand 43
Lannoy, Guilbert de 89
Lappitz, Andreas von 107
Lehngericht 23
Lehnsrecht 23
Lehnswesen 22 f.
Liebe, höfische 10 f., 47 f.
Liebesburg 54
Liebeshof 55, 59
Liederbuch Henrici IV. 72

Liederhandschrift X 76
litera de statu 90
Literatur 54
litteratus 27, 29
Lohengrin 5
Lucidarius, dt. 31
Ludowinger 31
Ludwig von Brügge, Herr von Gruuthuse 112
Luxusordnungen 51

Mäzen 27, 33
Mainzer Fest 32
Makkabäus s. Helden, Neun 18
Mandeville, Johann von 104
Manesse (Familie) 75
– Johann 74
– Rüdiger d. Ä. 74
Manesse-Codex 9, 11, 40, 71–77, 86, 102
Manesse-Kreis 18, 35, 62, 75
Maria von Burgund 104, 109
Marienminne 24
Marschall 6
Mathilde von England 31, 58
Maximilian I. Ks. 44, 85, 96, 101, 104 f., 108–112
Meier Helmbrecht 21
Memoria 36
Mentalität 64
Merode 80, 86–93
– Walraf 86 f.
– Werner, Propst von St. Georgen in Köln 86, 89
– Werner Scheiffart, Herr von Hemmersbach 86 f., 89
miles christianus 5, 53
Militär 38 f., 44
militia 3 f.
Ministeriale 21 f., 33
Minne 10 f.
Minnehof 59
Minnesang 76
Minnetheorie 10 f.
Moriz von Craun 32, 110
Motte 9

Naglerisches Fragment 76
Neidhart 21, 59
nobilitas 22

Ofener Tag 81 f.
Orden s. auch Gesellschaften 5
- Deutscher 5, 30, 38
- Johanniter 5, 38
- Templer 5, 38
Ordenszeichen s. auch Gesellschaften 16
Ostfriesland 29
Oswald von Wolkenstein 19
Otto IV. Ks. 31
Ovid 10

palatium 6
Patrizier 33 f.
Pero Tafur 100
Persevant s. auch Herold 83 f., 86–89
Peter IV. Kg. von Aragon 86 f.
Peter Gf. von Aarberg 19
Peter von Blois 70
Peter von Hagenbach 58
Petrarca 49
Pferd 9
Philipp der Gute Hz. von Burgund 47
Philipp von Kronberg 100
Philippe de Commynes 37
Piccolomini, Enea Silvio 46, 84
Pilgerzeichen 16
Pisanello-Medaille 16
Politik 62
Popplau, Nikolaus von 93
Poyers 12
Preußenreisen 106
princeps 22
Püterich, Jacob, von Reichertshausen 16, 18, 44
Pulliant 103

Rapper von Rosenhart 100
Raubritter 42, 52 f.
Reformation 53
Reichenstein 34
Reichsherold 78
Reichsritterschaft 4, 43
Reinhard Fuchs 46
Reinhard von Westerburg 18
Reise 15, 17 f., 40, 45, 92, 106
Religiöse Grundlagen 5
Renaissance 49 f., 54, (12. Jh.) 27

René d'Anjou 101
Repräsentation 68
Residenz 6, 68 f.
Rezeption 7, (der Antike) 28
Rheinlande 30
Rieter von Kornburg 34
Ritterbürtige 22, 41
Ritterburg 20
Rittergürtel 3
Ritterorden s. Gesellschaften 14, 37, 39, 55
Ritterrenaissance 40, 44
Ritterschaft 4, 22
Ritterschlag 3, 34, 41
Ritterspiegel 106
Ritterspiele 54
Ritterweihe 3
Rixner (Rüxner) s. Herold 98
Rodenegg 31
Rolandslied 31
Roman de Renart 46
Romreich s. Herold 83
Rudolf von Ems 8, 21, 58
Rüxner s. Rixner
Runkelstein 31, 110
Ruyers 12, *Rex de Ruris* 84

Sacchetti, Franco 36
Sachkultur 62
Sachsenspiegel 23
Schachspiel 10
Schalerburg 34
Schaumburg, Wiwolt von 107
Schenk 6
Schlesien 30
Schmalkalden 32
Schnitt, Konrad (Wappenbuch) 103
Schützenfest 70
Schultz, Alwin 61
Schutzgebot 26 f.
Schweiz 29
Schwert 9, 90
Schwertleite 3
Schwertsegen 3, 26
Sempach 194
Sexualverhalten 25
Sickingen, Franz von 110
Sigmund von Dietrichstein 43
Silber 10
Solddienst 36 f., 41

Sonnenberg, Fam. 102
Soziologie 63
Spiel 9
Spielmannskönig 80
Sprache 8, 35
Staat 53
Stadt 50 f.
Stadtadel 33
Stände 27
Standesordnung 99
Statussymbole 8
Staufer 32
Stedinger Bauern 29
Steinach, Landschaden von 103
– Bligger von 32
Streitgespräch (liter.) 28
Suchenwirt s. Herold 19, 78 f., 82
Süßkind (Jud) 73
Systemtheorie 64

Tanz 8
Tappert 40, 83
Thein, Christoph von 107
„Theuerdank" Maximilians I. 85, 111 f.
Thüring von Ringoltingen 44
Tieck, Ludwig 72
Tischzucht 9
Titurel, Jüngerer 13
Tjost 13, 94, 98, 100
Traditionspflege 77
treuga Dei 26
trifunktionales Schema 27
Troßsches Fragment 76
Truchseß 6
Tugendkatalog 26
Tugendsystem 7 f.
Turnier 11–14, 34 (bürgerl.), 37, 43 f., 48, 93–102, 105 f., 109
Turnierbuch 44, 95 f., 101
– der Kraichgauer Ritterschaft 96
– Maximilians I. 109
– Triumphzug Maximilians I. 109
– René d'Anjou 101
– Georg Rixner 96
Turnierdank 12, 98
Turnierfähigkeit 99 f.
Turniergesellschaften s. Gesellschaften 37, 105
– „Fisch und Falke" 105

Turnierordnung 99
Turnierplatz 13
Turnierregeln 12 f.

Uffenbach (Wappenbuch) 107
Ulrich von Hutten 37, 46, 49, 54, 112
Ulrich von Liechtenstein 13, 18, 110
Unio mystica 25
Urbanität

Vaudrey, Claude de 109
„Vier Lande" (Turniere) 14, 43, 84, 94 f., 97–100
Vinque Vertinborch (Spielmann) 87
Visconti 16

Wackernagel, Wilhelm 72
Waldburg-Wolfeggsches Hausbuch 107
Waffen 9, 90, 112
Wallfahrt 17
Walther von der Vogelweide 30 f.
Walther, Marx 34
Walter Map 46
Wappen 14–16, 103 (Eptingen)
Wappenbücher 16, 75, 78, 84 f., 95, 107
– Bellenville 91
– Eptingen 103
– Gelre 91
– Grünenberg 95
– Konrad Schnitt 95
– Uffenbach 107
– Zürcher Wappenrolle 75
Wappenkönig s. Herold 80 f., 83, 86 f., 89 (Berry)
Wappenwesen 36
Wartburger Sängerkrieg 31
Welfen 31
Weingartener Handschrift 76
„Weißkunig" Maximilians I. 111
Wenzel, Kg. von Böhmen 16
Wernher der Gartenaere 46
Wilhelm V., Gf. von Jülich 89
Wirtschaft 62
Wissenschaft 49
Wittenwiler, Heinrich 21

Wolfram von Eschenbach 58, 76
Wolfger, Bf. von Passau 31

Zeremoniell 64
Zeugbücher 112

Zimmersche Chronik 76
Zürcher Liebesbriefe 75
Zürcher Wappenkästchen 75
Zürcher Wappenrolle 75
Zweikampf 13

Enzyklopädie deutscher Geschichte
Themen und Autoren

Mittelalter

Agrarwirtschaft, Agrarverfassung und ländliche Gesellschaft im Mittelalter (Werner Rösener) 1992. EdG 13	Gesellschaft
Adel, Rittertum und Ministerialität im Mittelalter (Werner Hechberger) 2. Aufl. 2010. EdG 72	
Die Stadt im Mittelalter (Frank Hirschmann) 2009. EdG 84	
Die Armen im Mittelalter (Otto Gerhard Oexle)	
Frauen- und Geschlechtergeschichte des Mittelalters (N. N.)	
Die Juden im mittelalterlichen Reich (Michael Toch) 2. Aufl. 2003. EdG 44	
Wirtschaftlicher Wandel und Wirtschaftspolitik im Mittelalter (Michael Rothmann)	Wirtschaft
Wissen als soziales System im Frühen und Hochmittelalter (Johannes Fried)	Kultur, Alltag, Mentalitäten
Die geistige Kultur im späteren Mittelalter (Johannes Helmrath)	
Die ritterlich-höfische Kultur des Mittelalters (Werner Paravicini) 3., um einen Nachtrag erw. Auflage 2011. EdG 32	
Die mittelalterliche Kirche (Michael Borgolte) 2. Aufl. 2004. EdG 17	Religion und Kirche
Grundformen der Frömmigkeit im Mittelalter (Arnold Angenendt) 2. Aufl. 2004. EdG 68	
Die Germanen (Walter Pohl) 2. Aufl. 2004. EdG 57	Politik, Staat, Verfassung
Das römische Erbe und das Merowingerreich (Reinhold Kaiser) 3., überarb. u. erw. Aufl. 2004. EdG 26	
Die Herrschaften der Karolinger 714–911 (Jörg W. Busch) 2011 EdG 88	
Die Entstehung des Deutschen Reiches (Joachim Ehlers) 3., um einen Nachtrag erw. Aufl. 2010. EdG 31	
Königtum und Königsherrschaft im 10. und 11. Jahrhundert (Egon Boshof) 3., aktual. und um einen Nachtrag erw. Aufl. 2010. EdG 27	
Der Investiturstreit (Wilfried Hartmann) 3., überarb. u. erw. Aufl. 2007. EdG 21	
König und Fürsten, Kaiser und Papst nach dem Wormser Konkordat (Bernhard Schimmelpfennig) 2. Aufl. 2010. EdG 37	
Deutschland und seine Nachbarn 1200–1500 (Dieter Berg) 1996. EdG 40	
Die kirchliche Krise des Spätmittelalters (Heribert Müller) 2012. EdG 90	
König, Reich und Reichsreform im Spätmittelalter (Karl-Friedrich Krieger) 2., durchges. Aufl. 2005. EdG 14	
Fürstliche Herrschaft und Territorien im späten Mittelalter (Ernst Schubert) 2. Aufl. 2006. EdG 35	

Frühe Neuzeit

Bevölkerungsgeschichte und historische Demographie 1500–1800 (Christian Pfister) 2. Aufl. 2007. EdG 28	Gesellschaft
Migration in der Frühen Neuzeit (Matthias Asche)	

Umweltgeschichte der Frühen Neuzeit (Reinhold Reith) 2011 EdG 89
Bauern zwischen Bauernkrieg und Dreißigjährigem Krieg (André Holenstein)
   1996. EdG 38
Bauern 1648–1806 (Werner Troßbach) 1992. EdG 19
Adel in der Frühen Neuzeit (Rudolf Endres) 1993. EdG 18
Der Fürstenhof in der Frühen Neuzeit (Rainer A. Müller) 2. Aufl. 2004. EdG 33
Die Stadt in der Frühen Neuzeit (Heinz Schilling) 2. Aufl. 2004. EdG 24
Armut, Unterschichten, Randgruppen in der Frühen Neuzeit
   (Wolfgang von Hippel) 1995. EdG 34
Unruhen in der ständischen Gesellschaft 1300–1800 (Peter Blickle) 2., erw. Aufl.
   2010. EdG 1
Frauen- und Geschlechtergeschichte 1500–1800 (N. N.)
Die deutschen Juden vom 16. bis zum Ende des 18. Jahrhunderts
   (J. Friedrich Battenberg) 2001. EdG 60

Wirtschaft
Die deutsche Wirtschaft im 16. Jahrhundert (Franz Mathis) 1992. EdG 11
Die Entwicklung der Wirtschaft im Zeitalter des Merkantilismus 1620–1800
   (Rainer Gömmel) 1998. EdG 46
Landwirtschaft in der Frühen Neuzeit (Walter Achilles) 1991. EdG 10
Gewerbe in der Frühen Neuzeit (Wilfried Reininghaus) 1990. EdG 3
Kommunikation, Handel, Geld und Banken in der Frühen Neuzeit (Michael
   North) 2000. EdG 59

Kultur, Alltag, Mentalitäten
Renaissance und Humanismus (Ulrich Muhlack)
Medien in der Frühen Neuzeit (Andreas Würgler) 2009. EdG 85
Bildung und Wissenschaft vom 15. bis zum 17. Jahrhundert (Notker Hammerstein) 2003. EdG 64
Bildung und Wissenschaft in der Frühen Neuzeit 1650–1800
   (Anton Schindling) 2. Aufl. 1999. EdG 30
Die Aufklärung (Winfried Müller) 2002. EdG 61
Lebenswelt und Kultur des Bürgertums in der Frühen Neuzeit (Bernd Roeck)
   2., um einen Nachtrag erw. Aufl. 2011. EdG 9
Lebenswelt und Kultur der unterständischen Schichten in der Frühen Neuzeit
   (Robert von Friedeburg) 2002. EdG 62

Religion und Kirche
Die Reformation. Voraussetzungen und Durchsetzung (Olaf Mörke)
   2., aktualisierte Aufl. 2011. EdG 74
Konfessionalisierung im 16. Jahrhundert (Heinrich Richard Schmidt)
   1992. EdG 12
Kirche, Staat und Gesellschaft im 17. und 18. Jahrhundert (Michael Maurer)
   1999. EdG 51
Religiöse Bewegungen in der Frühen Neuzeit (Hans-Jürgen Goertz)
   1993. EdG 20

Politik, Staat, Verfassung
Das Reich in der Frühen Neuzeit (Helmut Neuhaus) 2. Aufl. 2003. EdG 42
Landesherrschaft, Territorien und Staat in der Frühen Neuzeit (Joachim Bahlcke)
Die Landständische Verfassung (Kersten Krüger) 2003. EdG 67
Vom aufgeklärten Reformstaat zum bürokratischen Staatsabsolutismus
   (Walter Demel) 1993. EdG 23
Militärgeschichte des späten Mittelalters und der Frühen Neuzeit
   (Bernhard R. Kroener)

Themen und Autoren 169

Das Reich im Kampf um die Hegemonie in Europa 1521–1648 (Alfred Kohler)   Staatensystem,
1990. EdG 6   internationale
Altes Reich und europäische Staatenwelt 1648–1806 (Heinz Duchhardt)   Beziehungen
1990. EdG 4

19. und 20. Jahrhundert

Bevölkerungsgeschichte und Historische Demographie 1800–2000 (Josef   Gesellschaft
    Ehmer) 2004. EdG 71
Migrationen im 19. und 20. Jahrhundert (Jochen Oltmer) 2010. EdG 86
Umweltgeschichte im 19. und 20. Jahrhundert (Frank Uekötter) 2007.
    EdG 81
Adel im 19. und 20. Jahrhundert (Heinz Reif) 1999. EdG 55
Geschichte der Familie im 19. und 20. Jahrhundert (Andreas Gestrich)
    2. Aufl. 2010. EdG 50
Urbanisierung im 19. und 20. Jahrhundert (Klaus Tenfelde)
Von der ständischen zur bürgerlichen Gesellschaft (Lothar Gall)
    1993. EdG 25
Die Angestellten seit dem 19. Jahrhundert (Günter Schulz) 2000. EdG 54
Die Arbeiterschaft im 19. und 20. Jahrhundert (Gerhard Schildt)
    1996. EdG 36
Frauen- und Geschlechtergeschichte im 19. und 20. Jahrhundert (Gisela Mettele)
Die Juden in Deutschland 1780–1918 (Shulamit Volkov) 2. Aufl. 2000.
    EdG 16
Die deutschen Juden 1914–1945 (Moshe Zimmermann) 1997.
    EdG 43
Pazifismus im 19. und 20. Jahrhundert (Benjamin Ziemann)

Die Industrielle Revolution in Deutschland (Hans-Werner Hahn)   Wirtschaft
    3., um einen Nachtrag erw. Aufl. 2011. EdG 49
Die deutsche Wirtschaft im 20. Jahrhundert (Wilfried Feldenkirchen)
    1998. EdG 47
Ländliche Gesellschaft und Agrarwirtschaft im 19. Jahrhundert (Clemens Zimmermann)
Agrarwirtschaft und ländliche Gesellschaft im 20. Jahrhundert (Ulrich Kluge)
    2005. EdG 73
Gewerbe und Industrie im 19. und 20. Jahrhundert (Toni Pierenkemper)
    2., um einen Nachtrag erw. Auflage 2007. EdG 29
Handel und Verkehr im 19. Jahrhundert (Karl Heinrich Kaufhold)
Handel und Verkehr im 20. Jahrhundert (Christopher Kopper) 2002.
    EdG 63
Banken und Versicherungen im 19. und 20. Jahrhundert (Eckhard Wandel)
    1998. EdG 45
Technik und Wirtschaft im 19. und 20. Jahrhundert (Christian Kleinschmidt)
    2007. EdG 79
Unternehmensgeschichte im 19. und 20. Jahrhundert (Werner Plumpe)
Staat und Wirtschaft im 19. Jahrhundert (Rudolf Boch) 2004. EdG 70
Staat und Wirtschaft im 20. Jahrhundert (Gerold Ambrosius) 1990.
    EdG 7

Kultur, Bildung und Wissenschaft im 19. Jahrhundert (Hans-Christof Kraus)   Kultur, Alltag und
    2008. EdG 82   Mentalitäten

	Kultur, Bildung und Wissenschaft im 20. Jahrhundert (Frank-Lothar Kroll) 2003. EdG 65
Lebenswelt und Kultur des Bürgertums im 19. und 20. Jahrhundert (Andreas Schulz) 2005. EdG 75
Lebenswelt und Kultur der unterbürgerlichen Schichten im 19. und 20. Jahrhundert (Wolfgang Kaschuba) 1990. EdG 5
Religion und Kirche	Kirche, Politik und Gesellschaft im 19. Jahrhundert (Gerhard Besier) 1998. EdG 48
Kirche, Politik und Gesellschaft im 20. Jahrhundert (Gerhard Besier) 2000. EdG 56
Politik, Staat, Verfassung	**Der Deutsche Bund 1815–1866 (Jürgen Müller) 2006. EdG 78**
Verfassungsstaat und Nationsbildung 1815–1871 (Elisabeth Fehrenbach) 2., um einen Nachtrag erw. Aufl. 2007. EdG 22
Politik im deutschen Kaiserreich (Hans-Peter Ullmann) 2., durchges. Aufl. 2005. EdG 52
Die Weimarer Republik. Politik und Gesellschaft (Andreas Wirsching) 2., um einen Nachtrag erw. Aufl. 2008. EdG 58
Nationalsozialistische Herrschaft (Ulrich von Hehl) 2. Aufl. 2001. EdG 39
Die Bundesrepublik Deutschland. Verfassung, Parlament und Parteien (Adolf M. Birke) 2. Aufl. mit Ergänzungen von Udo Wengst 2010. EdG 41
Militär, Staat und Gesellschaft im 19. Jahrhundert (Ralf Pröve) 2006. EdG 77
Militär, Staat und Gesellschaft im 20. Jahrhundert (Bernhard R. Kroener) 2011. EdG 87
Die Sozialgeschichte der Bundesrepublik Deutschland bis 1989/90 (Axel Schildt) 2007. EdG 80
Die Sozialgeschichte der DDR (Arnd Bauerkämper) 2005. EdG 76
Die Innenpolitik der DDR (Günther Heydemann) 2003. EdG 66
Staatensystem, internationale Beziehungen	**Die deutsche Frage und das europäische Staatensystem 1815–1871 (Anselm Doering-Manteuffel) 3., um einen Nachtrag erw. Aufl. 2010. EdG 15**
Deutsche Außenpolitik 1871–1918 (Klaus Hildebrand) 2. Aufl. 1994. EdG 2
Die Außenpolitik der Weimarer Republik (Gottfried Niedhart) 2., aktualisierte Aufl. 2006. EdG 53
Die Außenpolitik des Dritten Reiches (Marie-Luise Recker) 1990. EdG 8
Die Außenpolitik der Bundesrepublik Deutschland 1949 bis 1990 (Ulrich Lappenküper) 2008. EdG 83
Die Außenpolitik der DDR (Joachim Scholtyseck) 2003. EDG 69

Hervorgehobene Titel sind bereits erschienen.

Stand: (Juli 2011)

www.ingramcontent.com/pod-product-compliance
Lightning Source LLC
Chambersburg PA
CBHW030827230426
43667CB00008B/1418